HEYNE <

© privat

Prof. Dr. Gerd Bosbach, geboren 1953, lehrt Statistik, Mathematik und Empirie an der Fachhochschule Koblenz, Standort Remagen. Tiefen Einblick in die amtliche Statistik und den Umgang der Politik mit diesen Daten erhielt er bei seiner mehrjährigen Tätigkeit im Statistischen Bundesamt. Er hat bereits zahlreiche Beiträge zu den Themen Bevölkerungsentwicklung, Gesundheitsfinanzierung und Statistikmissbrauch veröffentlicht.

© Susi Freitag

Jens Jürgen Korff M. A., geb. 1960 in Aachen, ist studierter Historiker und Politologe, Werbe- und Webtexter, Autor von Umweltlexika und aktiv im Umwelt- und Klimaschutz. Er lebt in Hiddenhausen bei Bielefeld.

Gerd Bosbach / Jens Jürgen Korff

LÜGEN MIT ZAHLEN

Wie wir mit Statistiken manipuliert werden

WILHELM HEYNE VERLAG
MÜNCHEN

MIX
Papier aus verantwortungsvollen Quellen
FSC® C014496

Verlagsgruppe Random House FSC® N001967
Das für dieses Buch verwendete
FSC®-zertifizierte Papier *Lux Cream*
liefert Stora Enso, Finnland.

3. Auflage
Taschenbucherstausgabe 09/2012

Umschlaggestaltung: Nele Schütz Design, München
Cartoons: Brigitte Kuka
Satz und Grafiken: Uhl + Massopust, Aalen
Druck und Bindung: GGP Media GmbH, Pößneck
Printed in Germany 201
ISBN 978-3-453-60248-9

www.heyne.de

Inhalt

Prolog

Kriminelle Zahlen

Geschätzte Leserin, geschätzter Leser, bitte raten Sie mal: Wo ist das gefährlichste Pflaster der Welt? Welche Stadt hat die höchste Kriminalitätsrate?

New York? Nein, New York hat sich aus dieser Spitzengruppe schon lange verabschiedet.

New Orleans? Rio de Janeiro? Kairo? Kapstadt? Bagdad?

Ja, Sie kommen der Weltmetropole des Verbrechens immer näher.

Vielleicht Mogadischu? Ciudad de Juárez?

Respekt! Da kennt sich jemand in den Abgründen der Welt aus. Diese beiden Städte streiten sich tatsächlich um den Spitzenrang der Welt bei den Morden. Wir meinen aber hier die gesamte Kriminalität, einschließlich Diebstahl und Betrug.

Und da ist der Spitzenreiter die Città del Vaticano, die Vatikanstadt! Das musste uns der päpstliche Generalstaatsanwalt Nicola Picardi auch für das Jahr 2009 wieder einmal vermelden.[1]

Wie ist das möglich?

Das liegt an der Definition: Die Anzahl der ermittelten Delikte (beziehungsweise der eingeleiteten Strafverfahren) in einer Stadt geteilt durch deren Einwohnerzahl ergibt die Kriminalitätsrate. Bei rund 18 Millionen Pilgern und Touristen, die jährlich den Vatikan aufsuchen, kommt es auch zu vielen Diebstählen, Betrügereien und Ähnlichem. Und die werden in dieser Rechnung auf die knapp fünfhundert offiziellen Einwohner der Vatikanstadt umgelegt. Leider ist dieses Beispiel für Irreführung durch Statistik kein theoretisches. Beim Berechnen der sogenannten Ausländerkriminalität verfahren deutsche, österreichische und Schweizer Nationalisten auf dieselbe Art: Sie legen alle von ausländischen Touristen begangenen Diebstähle auf die ansässige Bevölkerung um und tun rechnerisch so, als hätten die ansässigen Bürger ausländischer Herkunft diese Taten begangen.

Sie glauben, auf so etwas fallen Sie nicht herein? Schau'n wir mal! Stellen Sie sich vor, Sie bekommen sechs Wochen lang jede Woche einen Werbebrief eines Anlageberaters, jedes Mal mit einem Aktientipp für die nächsten Tage, und jedes Mal kann der Folgebrief berichten: Unser Tipp letzte Woche war richtig, die Aktie X ist tatsächlich gestiegen (oder gefallen). Wen würden Sie danach als Erstes fragen, wenn Sie mit Aktien spekulieren wollten? Sechs Treffer hintereinander – das kann doch kein Zufall sein!

Tja, reingefallen! Das kann nämlich doch eine Art Zufall sein. Welche Art, werden wir Ihnen gleich erklären. Davor schauen wir uns, natürlich fiktiv, eine Liste der Entscheidungen an, die Sie letztes Jahr getroffen haben. Da finden wir zum Beispiel so etwas: Aufgrund einer Statistik über die Schadstoffe haben Sie Produkt A vorgezogen, und Versicherung B hat Sie mit ihren »Fakten« überzeugt. Bei der Übersicht über die Gebühren war der Handy-Anbieter C Ihr Gewinner. Dazu kommt eine Liste von Entscheidungen anderer, die Sie später ausbaden mussten: Ihr Arzt kannte die beste Therapie nicht, weil deren Entwickler, ein kleiner Fisch, die Vorteile nicht geschickt genug »nachgewiesen« hatte. Große Pharmakonzerne haben dafür einen ganzen Stab von Fachleuten. Die Regierung hat Ihnen eine Sozialleistung weggekürzt, weil gewisse Experten ihr vorgerechnet haben, dass ohne diese »Reform« Deutschland spätestens 2030 nicht mehr konkurrenzfähig sei. Bei all diesen Entscheidungen spielten Statistiken eine wichtige Rolle.

Jetzt aber zur Auflösung der rätselhaften Aktientipps! Der Anlageberater hat einfach Folgendes gemacht: In der ersten Woche hat er 16 000 Briefe verschickt mit dem Tipp: Aktie X wird steigen. Und 16 000 Briefe mit dem Tipp: Aktie X wird sinken. An die 16 000 Adressen, die den richtigen Tipp bekommen hatten, hat er danach 8000 Briefe verschickt mit dem Tipp: Aktie Y wird steigen. Und 8000 Briefe mit dem Tipp: Aktie Y wird sinken. Und so weiter. Am Ende der Übung blieben 500 Adressaten übrig, die sechsmal hintereinander den richtigen Tipp bekommen hatten. Der Zufall liegt darin, dass Sie zu diesen letzten 500 gehörten. Das wollen wir aber nur als Zahlenspiel verstanden wissen, als eine Art »Wunder der Statistik«. In Wirklichkeit ist dieses Szenario unwahrscheinlich, weil eine solche Beratungsfirma außer den Kosten der Werbebriefe auch die negative Imagewirkung der vielen falschen Prognosen berücksichtigen muss.

Wie kommt es eigentlich, dass so viele Menschen gleich Ja und Amen sagen, sobald jemand exakte Zahlen in den Raum wirft? Es ist immer wieder verblüffend: Sagen wir, dass im Jahre 2050 etwa jeder Dritte in Deutschland fünfundsechzig und älter sein wird, ernten wir skeptische Blicke. Sprechen wir dagegen von 32,5 Prozent Senioren, glaubt man uns andächtig. Das ist seltsam, denn in Wirklichkeit kann niemand auch nur ungefähr wissen, wie viele junge und ältere Leute es in vierzig Jahren geben wird. Was man 1970 für heute prognostiziert hat, ist schon lange Makulatur. Aber trotzdem glauben die meisten einer unehrlichen exakten Zahl eher als einer ehrlichen Schätzung.

Ein anderes Beispiel: Jahrelang haben Klimaforscher, Umweltschützer, Meeresbiologen und Wasserexperten gewarnt: Die Erderwärmung wird Überschwemmungen, Dürren und andere Katastrophen auslösen, unermessliche Schäden verursachen und viele Menschen das Leben kosten. Die Reaktion? Allgemeines Schulterzucken in den verantwortlichen Ländern. Dann kam eines Tages ein Ökonom und legte eine Rechnung vor: Der Klimawandel wird, wenn er nicht gebremst wird, bis 2050 wahrscheinlich Kosten von mindestens 5 Prozent des globalen Bruttoinlandsprodukts verursachen, während wirksame Gegenmaßnahmen nur etwa 1 Prozent des Bruttoinlandsprodukts kosten würden.[2] Und schon wurde der Klimawandel zum großen Thema auf dem nächsten Weltwirtschaftsgipfel.

Sind Dinge erst dann real, wenn sie in Zahlen angegeben werden? Sind Zahlenangaben stets etwas Rationales? Warum glauben so viele Menschen an Zahlen, als ob sie eine Religion wären? Auch auf solche Fragen wollen wir hier eingehen. Der Philosoph und Aufklärer Voltaire resignierte schon im 18. Jahrhundert: »Je häufiger eine Dummheit wiederholt wird, desto mehr bekommt sie den Anschein von Klugheit.« Dass Dummheit sich auch ins Gewand von Parametern, Tabellen und Graphen kleiden kann, war damals noch kaum üblich. Voltaires grantiges Fazit soll aber nicht das letzte Wort in dieser Angelegenheit bleiben.

Wir versprechen Ihnen: Bald werden Sie wissen, mit welchen Tricks der statistischen Schönfärberei, Aufbauscherei, Ausblenderei und Lügerei sogenannte Sachzwänge konstruiert und wichtige Entscheidungen beeinflusst werden. Sie denken, »die da oben« sind kluge Leute, die sich nicht so leicht hinters Licht führen lassen? Das hatten wir auch gehofft – bis wir sie näher kennengelernt haben.

Wir stützen uns dabei auf jahrzehntelange Erfahrung, gesammelt in der Beratung von Ministerien und Bundestagsabgeordneten (in der Bonner Beratungsstelle des Statistischen Bundesamts), in der Statistikschmiede einer großen bundesweiten Ärzteorganisation und nicht zuletzt durch unseren jahrzehntelang geschärften Blick auf öffentlich dargestellte Zahlen und Fakten.

Nach der Lektüre dieses Buches gehören auch Sie, so hoffen wir, zum Kreis der Aufklärer, die kritische Blicke hinter die Kulissen der Statistikmacher werfen und dabei selber erkennen oder zumindest erahnen, wo etwas »faul ist im Staate Dänemark«.

Doch bitte nicht das Kind mit dem Bade ausschütten! Zahlen und Statistiken sind und bleiben – innerhalb gewisser Grenzen und Voraussetzungen, über die man offen sprechen muss – ein höchst nützliches Instrument, um wichtige Teile der Wirklichkeit zu beschreiben. Wer Statistiken an sich für Teufelszeug erklärt, dem sagen wir: *Dummheit ohne Zahlen ist auch nicht besser als Dummheit mit Zahlen.*

Damit dieses Buch trotz des trockenen und für manche Leser vielleicht einschüchternden Themas locker bleibt und stellenweise sogar vergnüglich ausfällt, schmücken wir es mit zahlreichen persönlichen Erlebnissen aus, die Gerd Bosbach als Statistiker in der merkwürdigen Welt der Zahlen und Diagramme erlebt hat und oft auf amüsante Art zum Besten gibt. Deshalb ist der Ich-Erzähler in den folgenden Kapiteln Gerd Bosbach. Coautor Jens Jürgen Korff sorgt für Lesefreundlichkeit und würzt als Historiker das Werk vor allem mit neugierigen und klugen Zwischenfragen, mit einigen Beispielen aus dem Umweltbereich sowie mit einem Abstecher in Philosophie und Psychologie der Zahlengläubigkeit (»Exkurs: Gespräche über den Kult der Zahl«).

Die Kapitel 1 bis 10 des Buches sind bestimmten Methoden gewidmet. Hier erläutern wir Statistiktäuschungen gleicher Struktur zunächst an Beispielen und dann prinzipiell. Die Kapitel 11 bis 13 stellen politische Komplexe wie Armut, Gesundheitswesen und Rentenversicherungen in den Mittelpunkt. Hier untersuchen wir, wer auf dem jeweiligen Feld welche der bereits bekannten Methoden einsetzt, um bestimmte Ziele durchzusetzen. Dabei werden aufmerksame Leser hier und da Beispiele wiedererkennen, die sie schon in den Methodenkapiteln kennengelernt haben. In den Kapiteln »Der Sack der Rosstäuscher« und »Die Dummen und die Bösen« haben wir weitere Beispiele zusammengetragen, die den Rahmen der übrigen Kapitel gesprengt hätten – wobei uns im Kapitel »Die Dummen und die Bösen« die Grundfrage interessiert: Wird da aus Dummheit oder aus böser Absicht getäuscht? Die Kapitel »Resigniert wird nicht!« und »Übung macht den Meister« liefern Ihnen praktische Tipps und Übungen, um selber Täuschungen entlarven zu können.

Wir wünschen Ihnen so manches Aha-Erlebnis bei der Lektüre und viel Spaß beim Lachen über Prozentisten und Sachzwangsneurotiker!

1 Laut *heute.de Magazin*, 10.1.2010, kamen 2009 in der Vatikanstadt auf 490 Einwohner 446 Strafverfahren; umgerechnet also 910 Strafverfahren pro 1000 Einwohner.

2 *Stern Review on the Economics of Climate Change*, vorgelegt von Nicholas Stern am 30.10.2006 (Wikipedia: Stern-Report).

Kapitel 1

Yang ohne Yin

Auch Sie haben wahrscheinlich eine Schokoladenseite. Wenn Sie sich an Ihr letztes Rendezvous oder Date (für die jüngeren Leser) erinnern, fällt Ihnen wahrscheinlich ein, dass Sie Ihrem Gegenüber ein nicht ganz vollständiges Bild von Ihrer Persönlichkeit präsentiert haben; die positiven Aspekte werden deutlich überwogen haben. Manchmal gibt es auch Menschen, die genau das Gegenteil tun und uns stets ihre Schattenseite zeigen. Aber eine von zwei Seiten fehlt oft vollständig.

Die vergessene zweite Seite

Bei der Auswahl von Passfotos ist es ähnlich; die meisten greifen zu denen, die dem vorherrschenden Schönheitsideal am nächsten kommen, und vernichten die anderen. Der Schwarzwald, das Sauerland, der Harz, das Allgäu, auch die Balearen, Kanaren und Seychellen haben eines gemeinsam: Die Bilder, die man im Internet oder Prospekt zuerst von ihnen zu sehen bekommt, zeigen immer einen blauen Himmel und fröhliche Menschen. Die andere Seite der Medaille würde Leute abschrecken und wird deshalb gerne versteckt. Allerdings gibt es auch die entgegengesetzte Verzerrung: Bilder von Afrika, die das deutsche Fernsehen präsentiert, zeigen – wenn dort nicht gerade die Fußballweltmeisterschaft stattfindet – fast immer traurige oder verzweifelte Menschen. Afrika interessiert deutsche Journalisten merkwürdigerweise nur dort, wo es gerade Krieg oder eine Katastrophe gibt.

Wir nennen diese Praxis hier »Yang ohne Yin«.

Das Symbol für Yin und Yang. © Vadim Cebaniuc – Fotolia.com

Die Idee von Yin und Yang stammt aus der altchinesischen Naturphilosophie. Sie besagt, dass die Welt von zwei entgegengesetzten kosmischen Grundkräften beherrscht werde: dem weiblichen Yin, dem die Erde und die gerade Zahl entsprechen, und dem männlichen Yang, mit dem der Himmel und die ungerade Zahl verbunden werden. Eine ganzheitliche Sicht der Welt muss stets beide Grundkräfte im Blick behalten.

So zu verfahren wie die Flirtenden oder die Bewerber im Vorstellungsgespräch ist menschlich, und niemand würde deshalb von Lüge sprechen. Dass Politiker genauso vorgehen, ist zwar nicht ehrlich, aber auch nicht verwunderlich. Allerdings sollten wir den Effekt, den sie damit erzielen, ernst nehmen. Auf einer Kundgebung zum 1. Mai in Köln sprach einmal der damalige Ministerpräsident des Landes Nordrhein-Westfalen – nennen wir ihn Herrn Yang. Da in jenem Jahr Wahlen waren, nahm das Lob für die eigene, die Regierungspartei, einen großen Raum ein. Zum Schluss dann sein gewichtigstes Argument: sein persönlicher Einsatz für mehr Bildung. Er beschrieb unter Beifall, wie wichtig Bildung für den Arbeitsmarkt und die Zukunft sei, aber ebenso für die Entwicklung einer eigenen Persönlichkeit. Wer mochte ihm da widersprechen? Und deshalb verkündete er auch ganz stolz: »Im letzten Jahr haben wir an den öffentlichen Schulen unseres Landes 2200 vollzeitbeschäftigte Lehrer neu eingestellt.« Großer Beifall. Einer plötzlichen Eingebung folgend fragte ich laut: »Und wie viele sind pensioniert worden?« Damit zog ich mir sofort den Unmut einiger Umstehender zu: »So ein Unsinn! Natürlich hat der die vorher abgezogen.« Doch genau das hatte Herr Yang bewusst unterlassen, wie ich anderntags bei einer kurzen Recherche feststellte. Das Land NRW hatte im Jahr davor in der Tat 2200 neue Vollzeitkräfte eingestellt, aber im gleichen Jahr waren 2500 ausgeschieden. Es ist also ratsam, das Eigenlob von Politikern auch dann zu überprüfen, wenn sie scheinbar unwiderlegbare Zahlen nennen.

Diesem Spiel mit der vergessenen zweiten Seite der Medaille begegnen wir ständig. Freute sich die Presse 2008 über eine Rentenerhöhung von 1,1 Prozent, so hatte sie übersehen, dass die Preise um 2,6 Prozent gestiegen waren. Im Wahljahr 2009 hatte die Regierung zwar das Glück, dass ihr Wahlgeschenk, eine Rentenerhöhung von 2,4 Prozent, nicht von den Preisen aufgefressen wurde. Aber sie »vergaß« darüber gerne die ersten drei Jahre Ihres Wirkens: Die Renten stiegen um insgesamt 1,6 Prozent, die Preise aber um 7 Prozent; die Rentner verloren also real über 5 Prozent Kaufkraft! Ähnlich geht es Arbeitern und Angestellten mit Lohnerhöhungen und Studierenden beim BAföG: Preissteigerungen und Verluste der Vorjahre werden in der Darstellung einfach unterschlagen.

Bei manchen Themen ist die Lücke nicht so schnell erkennbar, und die ums Yin gekürzte Sicht der Dinge erscheint den meisten Leuten auf den ersten Blick einleuchtend und vollständig.

Etwa im *Gesundheitswesen.* Dort bezweifelt kaum jemand, dass eine Kostenexplosion stattfinde und das Hauptproblem der Gesundheitsfinanzierung darstelle. Entsprechende Grafiken und Zahlen haben wir schon oft gesehen, und die mahnenden Worte der Politikerinnen und Professoren klingen uns in den Ohren. Seit meiner Zeit als Statistiker bei der Kassenzahnärztlichen Bundesvereinigung verfolge ich die Fakten in diesem Bereich sehr genau, sodass mir bald auffiel, dass die Medaille noch eine andere Seite hat. Neben den Ausgaben, auch Kosten genannt, stehen die Einnahmen. Diese eigentlich banale Feststellung hat überraschende Konsequenzen. Während nämlich die Gesundheitsausgaben für die gesetzlich Versicherten ähnlich wie die gesamte Wirtschaft wuchsen, blieben die Einnahmen der Krankenversicherungen hinter diesem Wachstum deutlich zurück. Genaueres dazu erfahren Sie im Kapitel »Die konstruierte Explosion«.

Auch wenn die folgende Grafik andere Tücken hat, die wir auf Seite 291 aufgreifen werden, zeigt sie, wo das wirkliche Problem ist: Das Aufkommen an Krankenkassenbeiträgen ist notorisch im Sinkflug, weil die Löhne stagnieren und es immer weniger gut bezahlte sozialversicherungspflichtig Beschäf-

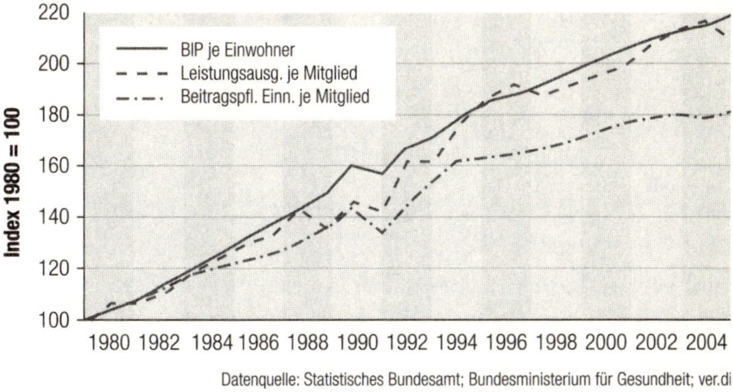

Die Grafik zu den Gesundheitskosten der gesetzlich Versicherten zeigt ausnahmsweise Yin und Yang: Einnahmen, Ausgaben und parallel die Entwicklung des Bruttoinlandsprodukts (BIP) als Maß für die wirtschaftliche Leistungsfähigkeit.[1]

tigte gibt. Wie Sie sehen, wird ständig an der falschen Seite herumgedoktert, und das eigentliche Problem wird nicht gelöst – obwohl es dazu gute Ideen gibt, wie die Bürgerversicherung. Aber so ist Politik.

»*Deren* Politik«, sagt mein Freund Jens, während er sich eifrig Notizen macht, und vage nach Südosten (Frankfurt?) und Nordosten (Berlin?) zeigt. Dabei lässt er offen, ob die Bankmanager oder gewisse Politiker gemeint sind.

Um ihn abzulenken, frage ich ihn: »Woran denkst du beim Thema technischer Fortschritt im Gesundheitswesen?«

»Der Kostentreiber, klar.« Seine Antwort kommt spontan und reflexhaft.

Ja, da ist sie wieder, die allgegenwärtige Angst vor der Unbezahlbarkeit, wenn es um Gesundheit geht. Dass technischer Fortschritt nicht nur teure Apparate bedeutet, sondern auch dem Menschen dient und die Behandlungen oft sogar preiswerter machen kann, dieser Yin-Aspekt, ja, wo ist er hin? Eine Krampfaderoperation zum Beispiel bedeutete noch vor zwanzig Jahren: zwei Wochen Krankenbett, Schwitzen im Stützstrumpf und Dutzende von Anti-Thrombose-Spritzen. 2003 wurde die OP bei mir, dank fortgeschrittener Technik, ambulant vorgenommen – eine Sache von vier Stunden. Das nenne ich technischen Fortschritt mit eingebauter Kostendämpfung. Dazu noch eine beeindruckende Zahl: 1960 lag die durchschnittliche Liegedauer in westdeutschen Krankenhäusern bei 28,7 Tagen, 2004 nur noch bei 8,7 Tagen.[2]

Bei anderen Themen ist man mit Kosten nicht so zimperlich. Im Streit um die *Waldschlösschenbrücke*, die neue geplante Straßenbrücke über die Elbe bei Dresden, zählen die Befürworter meist nur die Fahrminuten, die die Brücke zwischen Johannstadt und Albertstadt einsparen soll, und die Staukilometer, die dann, so hoffen sie, verschwinden. Über Yin-Aspekte wie die Landschaftszerstörung und den Verlust des Weltkulturerbe-Titels wurde viel diskutiert; dafür fiel hier zur Abwechslung der Kosten-Aspekt meist unter den Tisch. Geplant waren (mit Stand 2003) Baukosten von 160 Millionen Euro für Brücke, Tunnel und Kreuzungsbauwerke. Was heißt das? Die Befürworter erwarten für 2015 45 000 Autos pro Tag auf der Brücke.[3] Wenn wir eine industrieübliche Abschreibung über zehn Jahre vornehmen und Finanzierungs- sowie Unterhaltskosten für diese Zeit mitberücksichtigen, ergeben sich daraus Kosten von 1,40 Euro pro Elbüberquerung.[4] Ein Berufspendler, der an zweihundert Tagen im Jahr zweimal täglich die Brücke passiert, hätte 560 Euro im Jahr zu berappen, wenn die Kosten der Brücke auf ihre Benutzer umgelegt würden. Wahrscheinlich noch deutlich mehr, da Projekte dieser Art fast immer viel teurer werden als erwartet, und da die Zahl der Nutzer angesichts sinkender Einwohnerzahl und massiv steigender Spritpreise wohl deutlich geringer sein wird.

Einmal in Fahrt, bringt Jens noch eines seiner Lieblingsthemen ein: die *guten bösen Steuern*. Der Wiener Kabarettist Georg Kreisler hat für das leidige Problem einmal einen Lösungsvorschlag erdichtet. Sagen Sie dem Finanzamt, wenn es Sie zum Steuernzahlen überreden will, einfach Folgendes:

Ich hab ka Lust! Ich hab jetzt grad nichts in bar.
Ich hab ka Lust! Ich zahl im folgenden Jahr.
Denn erstens kostet Zahlen Überwindung,
und zweitens hab ich folgende Begründung:

Ich hab ka Lust! Ich geb das Geld nicht gern her.
Ich hab ka Lust, und es verdient sich so schwer.
Vielleicht sagt das Finanzamt gar, ich brauch nicht,
denn schließlich zahl ich andern Leuten auch nicht …

Und nach diesem Motto werden kräftig und mit bestem Gewissen Steuern hinterzogen. Je größer die Firma, je reicher die Person, desto erfolgreicher meist. Dass dabei mancher sich modern und dynamisch dünkender Kleinunternehmer mehr für Steuerberater, Anlageberater und Unternehmensberater ausgibt, als er an Steuern einspart, zeigt den krankhaft einseitigen Blick auf die »bösen Steuern«. Ist es denn wirklich so viel angenehmer, Zinsen, Mieten, Versicherungsbeiträge, Honorare oder Provisionen zu zahlen?

Sie ahnen es schon, auch die »bösen Steuern« haben eine Yin-Seite, die meist im Dunkeln bleibt: Das sind die Dienstleistungen des Staates. Sie mögen den Staat nicht? Gut, dann stellen Sie sich einfach mal vor, was passieren würde, wenn er plötzlich weg wäre. Sie fahren mit dem Auto zügig die Hauptstraße entlang und verlassen sich darauf, dass der aus der Nebenstraße kommende Wagen stehen bleibt. Tut er aber nicht; der Fahrer hatte keine Lust, auf die Bremse zu treten. Wenn Sie Ihr kaputtes Auto an den Straßenrand geschoben haben und zu Fuß nach Hause gehen, werden Sie vielleicht einem Staat nachtrauern, der Verkehrsschilder aufstellt, Fahrprüfungen abnimmt, Verkehrspolizisten auf die Straße schickt und eine Verkehrssünderkartei führt. Wenn Ihr achtjähriges Kind sich hartnäckig weigert, Lesen, Schreiben oder Rechnen zu lernen, könnte der Moment kommen, in dem Sie denken, dass das Verschwinden der Schulen, Lehrerinnen und Sozialarbeiter vielleicht doch keine so gute Idee war. Und wenn Ihr Kunde Ihnen nach der dritten Mahnung immer noch eine Nase dreht und sagt: »Ich hab halt keine Lust, diese blöde Rechnung zu bezahlen…« Dann kriegen *Sie* vielleicht plötzlich Lust auf ein Bürgerliches Gesetzbuch samt Amtsgericht und Gerichtsvollzieher. Doch von dieser Seite des Staates ist in der »Steuern runter!«-Propaganda fast nie die Rede.

Wenn FDP, Unternehmerverbände und Wirtschaftsprofessoren *»Mehr Netto vom Brutto«* schreien, verschweigen sie geflissentlich zwei Tatsachen: *Mehr Brutto* wäre noch viel besser für die Gehälter der Arbeiter und Angestellten; und was sie heute nicht in die Kranken- oder Rentenversicherung einzahlen, wird ihnen morgen, wenn sie krank sind oder in Rente gehen, fehlen. 1995 bis 2007 ist die Entwicklung der Bruttolöhne und -gehälter in Deutschland gegenüber dem Durchschnitt der anderen Euro-Länder um 10 Prozent zurückgeblieben. Im privaten Dienstleistungssektor zum Beispiel lagen die Arbeitskosten 2007 in Deutschland bei 24,50 Euro pro Stunde und damit ganz nah beim Durchschnitt der Eurozone, weit unter dem Niveau in Dänemark, Belgien, Frankreich und Holland.[5] 2003 bis 2009 sind die Reallöhne der Beschäftigten – also nach Abzug der Preissteigerungen – um 4 Prozent gesunken, trotz eines Wirtschaftsaufschwungs in den Jahren 2003 bis 2007.[6]

Yang ohne Yin hat aber nicht nur etwas mit Geld zu tun, wie die nächsten Beispiele zeigen.

In der *Demografiedebatte* geht es um das Problem, dass die Bevölkerung im Schnitt immer älter wird, immer weniger Menschen geboren werden und die Rentnerzahl steigt. Nur wenige können öffentlich über dieses Thema sprechen, ohne mit dramatischer Geste auf eine schreckliche Zukunft zu verweisen. Die Qualität der Prognosen, die dort bemüht werden, ist sehr zweifelhaft, worauf wir im Kapitel »Die Magie der Prognose« zu sprechen kommen. Doch selbst, wenn wir das beiseitelassen, bleibt es verwunderlich, wie konsequent hier die Yin-Seite ausgeblendet wird: nämlich der Blick zurück in die Geschichte. Dabei könnten wir dort sehen, dass wir in Deutschland im letzten Jahrhundert eine Alterung von über 30 Jahren, ein Absinken des Jugendanteils von 44 auf 20 Prozent der Bevölkerung und eine satte Verdreifachung des Rentneranteils fast problemlos gemeistert haben. Und allen Kassandrarufen zum Trotz, an denen es schon viel früher, etwa in den 1920er-Jahren, nicht gefehlt hat, hat sich die Gesellschaft ökonomisch und sozial sehr gut dabei entwickelt. Dieses Yin lehrt uns: Alterung führt keineswegs zwangsläufig zu sozialen Problemen.[7]

In den Jahren um 2000 geisterten die Parolen *Bürokratieabbau und Deregulierung* fast täglich durch Politik und Verwaltung in Deutschland, Österreich und der Schweiz. Überall wurden angeblich wirtschaftshemmende Vorschriften und vermeintlich überflüssige Behörden abgeschafft – besonders gern im Umweltschutz. Auch die Konzerne waren betroffen: Dort schaffte man sogenannte mittlere Hierarchieebenen ab und schuf »flache Hierarchien«. Im Eifer des Auslichtens und Durchforstens übersahen die zuständigen Minister, Vorstände und ihre Berater so allerlei: zum Beispiel, dass der Abbau von Arbeitsplätzen im öffentlichen Dienst die Arbeitslosigkeit vergrößert, also gegen das so häufig propagierte Ziel Nummer eins sämtlicher Wirtschaftspolitik verstößt. Oder dass es plötzlich kaum noch möglich war, den Gewässer- und Hochwasserschutz für den Rhein, die Elbe und die Donau zu koordinieren. Man hatte nämlich, obwohl diesen Flüssen Landesgrenzen ziemlich egal sind, alle einschlägigen Kompetenzen auf Landesebene verlagert, und damit nicht genug: Auch einige Fachbehörden der Bundesländer hatte man kurzerhand aufgelöst und deren Kompetenzen auf noch tiefere Ebenen abgeschoben. Die Folgen waren zum Teil katastrophal: Als sich beim Elbehochwasser 2002 die Behörden Sachsens und Sachsen-Anhalts mit denen von Niedersachsen koordinieren wollten, fanden sie dort keine kompetenten Ansprechpartner mehr. Die plötzliche Überflutung des Städtchens Hitzacker ist nach Meinung einiger Experten mit auf diese Panne zurückzuführen.[8]

Ähnliche Phänomene gab und gibt es in der deutschen Justiz oder bei der Studienplatzvergabe nach Auflösung der früher dafür zuständigen Zentralstelle (ZVS).[9] Und natürlich bei der Deregulierung der Finanzmärkte, die 2007 bis 2009 die Welt des Kapitals in die große Finanzkrise führte. Wie viel die modische Abschaffung von Kompetenzebenen in den Konzernen mit den großen Produktpannen der 2000er-Jahre zu tun hatte (wir erinnern an Toll-Collect 2003/04, Daimler/Bosch 2005, Airbus 2006, Siemens/ICE 2008, Toyota 2010), harrt noch der Erforschung. Wenn Sie planen, ein Amt, eine Abteilung, eine Norm oder auch nur eine Statistik abzuschaffen, ist es also ratsam, nicht nur das Yang der Kosten anzuschauen, sondern auch das Yin des Nutzens, den Ihnen diese Institution bringt.

Mein Zickzack-Kurs?
Ach, das dürfen Sie nicht so ernst nehmen, Herr Wachtmeister. Ich bin Manager.

Jetzt aber genug der politischen und ökonomischen Beispiele! Auch der Alltag hat Yang-ohne-Yin-Phänomene zu bieten. Wenn bei der Freitagabend-Alkoholkontrolle vor Ihrer Stammkneipe von 500 Autofahrern letzte Woche 10 und diese Woche 15 unangenehm aufgefallen sind, kann die örtliche Zeitung tief empört titeln: »Immer mehr betrunkene Autofahrer: Polizei erwischte 50 Prozent mehr.« Alkohol am Steuer soll auch kritisiert werden, da kennen wir kein Pardon. Aber Frau Yin möchten wir Ihnen doch noch kurz vorstellen, wenn Sie sie nicht schon selber erkannt haben: »Verantwortungsbewusste Autofahrer fahren fast alle nüchtern: Waren es letzte Woche 98 Prozent, so hat sich der Anteil diese Woche nur minimal auf 97 Prozent verringert.«

Der Verkehr ist überhaupt eine ergiebige Quelle. Wer kennt es nicht, das Phänomen der *»vielen Raser auf der Überholspur«*? Wenn Sie auf der Autobahn die Richtgeschwindigkeit einhalten und Tempo 120 oder 130 fahren, haben Sie den Eindruck, dass fast alle anderen Autofahrer schneller sind und Sie überholen. Doch dieser Eindruck täuscht. Sie können nämlich das Yin, also die Autos, die genauso schnell fahren wie Sie, gar nicht sehen; oder höchstens zwei davon: Ihren Vordermann und den einen Hintermann, der Sie *nicht* überholt. Machen Sie sich das Phänomen mit folgendem Beispiel deutlich: 20 Autos fahren mit Tempo 120 und jeweils 100 Metern Abstand von Yangheim nach Yinningen. Gleichzeitig fahren 5 Raser mit Tempo 200 und überholen dabei alle »Normalos«. Dann sieht jeder der 20 »Normalos« 2 Autos, die genauso schnell fahren wie er, und 5 Autos, also mehr als doppelt so viele, die ihn mit Tempo 200 überholen – und denkt sich: »Typisch! Die anderen fahren alle viel schneller als ich …«

Eine eklatante Yin-Blindheit kennt Jens aus Gesprächen, bei denen Autofahrer zu beweisen versuchen, dass *Bahnfahren teurer sei als Autofahren.* Im Frühjahr 2010 behauptete das sogar ein Marketingfachmann, ein studierter Betriebswirt, bei einem Messevortrag in Bielefeld. Wie viele andere verglich er die Kosten einer Bahnfahrkarte mit den reinen Benzinkosten der Autofahrt. Jens fragte ihn nach diversen Yins: Was ist mit dem Wertverlust des Autos, mit Versicherungsbeiträgen, Reparaturen, Ersatzteilen, Parkgebühren, Knöllchen? Nein, die werden merkwürdigerweise häufig auf Konten verbucht, die nach Meinung der Autofahrer nichts mit den Kosten einer Autofahrt zu tun haben, oder sie werden komplett verdrängt. Auch Wertverlust, Reparaturen oder Bußgelder hängen von den gefahrenen Kilometern ab, legen sich also auf jede einzelne Fahrt um.

Nach so vielen fehlenden Yins darf am Ende das Lob nicht fehlen. Positive Verstärkung nennen wir das in der Pädagogik und probieren das gleich an Ihnen aus.

Zuwanderer nach Deutschland

Zuzüge und Fortzüge von Ausländern in Tausend

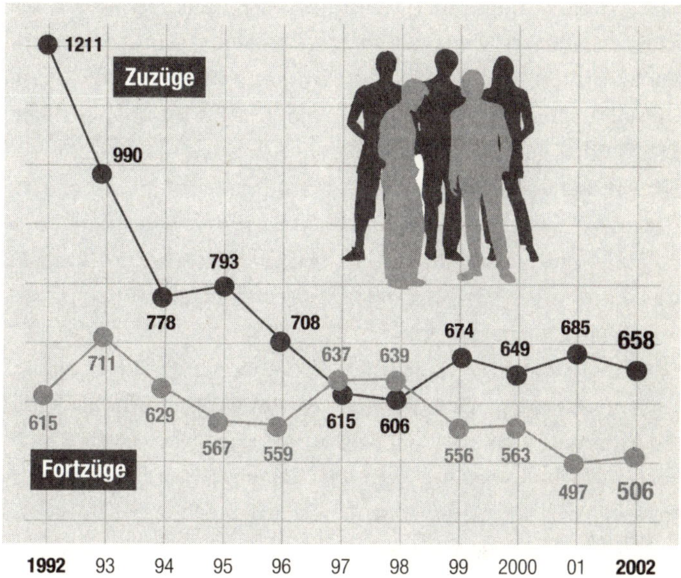

Die beiden Seiten der Medaille Migration. So oder ähnlich erschien die Grafik 2004 in mehreren Tageszeitungen.

Diese Grafik über den *Zuzug und Wegzug von Ausländern* nach und aus Deutschland war 2004 der Presse zu entnehmen. Dankenswerterweise hat sie nicht einseitig mit den Zuzügen nach Deutschland die Panik vor der »Überfremdung«

geschürt, sondern mit den Fortzügen auch die Yin-Seite gezeigt, insgesamt also ein realistisches Bild gegeben. (Auf den Make-up-Effekt in dieser Grafik kommen wir auf Seite 39 zu sprechen.)

Für weitere positive Beispiele haben frühere Regierungen und Bundestage gesorgt. Pharmaunternehmen wurden 1976 per Arzneimittelgesetz gezwungen, neben den positiven Wirkungen auch alle unerwünschten Nebenwirkungen auf die Packungsbeilagen der Medikamente zu schreiben. 1985 hat die damalige Bundesregierung Kohl mit der Preisangaben-Verordnung sogar die Banken in ihre Schranken verwiesen. Da bei Krediten eine Angabe des Jahreszinses die tatsächliche Belastung des Kreditnehmers verschleiert, wenn die Raten monatlich zurückgezahlt werden, sorgte die Verordnung dafür, dass die Banken zusätzlich den sogenannten effektiven Jahreszins ausweisen müssen.

»Das war ja eine tolle bunte Mischung! Und was lernen wir jetzt aus alledem? Dass du ein Schnellmerker, Frechdachs und überhaupt ein toller Hecht bist, wussten zumindest die Eingeweihten schon vorher«, fragt Jens ketzerisch, aber mit freundlichem Lächeln. »Eigentlich ist es ganz leicht: Man muss nur gucken, welche wichtigen Fakten noch zum Thema gehören und nach diesen vergessenen Seiten fragen«, antworte ich, ohne auf die Stichelei einzugehen. »Zum Beispiel bei der ständigen Klage über die hohe Staatsverschuldung. Da wird ja regelmäßig übersehen, dass die Schulden der einen Partei immer auch Guthaben einer anderen Partei …« – »Stopp!« Jens wird energisch und verbannt mein nächstes Beispiel gnadenlos ins Kapitel »Übung macht den Meister« (siehe Seite 287).

1 Gerd Bosbach/Klaus Bingler: »Demografische Entwicklung und technischer Fortschritt: Droht eine Kostenlawine im Gesundheitswesen? Irrtümer und Fakten zu den Folgen einer alternden Gesellschaft«, in: *Soziale Sicherheit* 1/2008, S. 7.

2 Ebenda, S. 10.

3 Angaben nach Wikipedia: Waldschlösschenbrücke (Stand April 2010); dresden.de: Stadtentwicklung: Brennpunkte: Waldschlösschenbrücke (Stand April 2010).

4 Finanzierungskosten von 60 Millionen Euro (bei 7 Prozent Kreditzinsen pro Jahr) und Unterhaltskosten von 1 Million Euro pro Jahr.

5 Ver.di: *Wirtschaftspolitik aktuell*, Nr. 18, September 2007.

6 Deutsches Institut für Wirtschaftsforschung (DIW), laut Ver.di: *Wirtschaftspolitik aktuell*, Nr. 17, Aug. 2009.

7 Ausführlich dazu Gerd Bosbach: »Demographische Entwicklung – Realität und mediale Aufbereitung«, in: *Berliner Debatte Initial* 3/2006.

8 Jens Jürgen Korff: »Umweltbehörden unter Druck«, in: *Harenberg Aktuell 2007*. Mannheim 2006, S. 476f. Der Beitrag stützt sich u.a. auf ein Gutachten des deutschen Sachverständigenrates für Umweltfragen vom Februar 2006. Zum Fall Hitzacker: mündliche Auskunft aus dem Umweltbundesamt (2006).

9 Zur Justiz: *Neue Westfälische* (NW) 5.10.2007, 10.1.2009; Stellungnahme von Klaus Tolksdorf, Präsident des Bundesgerichtshofs, laut *Neue Westfälische*, 31.1.2009, 14. u. 17.8.2009. Zur ZVS siehe *Neue Westfälische*, 4.2.2010.

Kapitel 2

Ein Bild lügt schneller als tausend Zahlen

Im Zeitalter der Optik sind viele Leser auf Bilder und Grafiken fixiert. Am liebsten nehmen sie die wichtigste Aussage eines Artikels mit einem Blick auf. Dieses vor dem Fernseher trainierte Bedürfnis wirkt vor allem beim Lesen (oder besser: beim Durchblättern) von Zeitungen und Zeitschriften; im Internet dagegen deutlich weniger.[1] Es verführt viele interessierte Verbände, Institute und Politiker dazu, ihre oft ohnehin schon verzerrten Zahlen optisch noch stärker in die gewünschte Richtung zu frisieren.

Lügen mit Grafiken

Dabei nutzen sie das hohe Ansehen, das Grafiken als angeblich objektive Darstellung von Fakten besitzen, schamlos aus. Die Tricks, die sie verwenden, sind meist schon seit Jahrzehnten bekannt und leider immer noch sehr wirksam: Da werden Achsen gnadenlos abgeschnitten, Skalen auseinandergezogen, Flächen und Symbole im Vergleich vervierfacht oder gar verachtfacht statt verdoppelt und oszillierende Kurven in Raketen verwandelt. Raffinierte Perspektiven und Farbschemata lassen das Kleine groß und das Große klein erscheinen. Alles nur, damit sich die Augen der Betrachter wie beim

Tunnelblick eines Betrunkenen auf den kleinen Ausschnitt konzentrieren, den die Macher der Grafik in den Vordergrund stellen möchten, weil er ihre Argumentation stützt.

Um diese Techniken zu entlarven, haben wir einige typische Beispiele aus der Presse oder aus Vortragsfolien herausgegriffen. In den ersten drei Fällen sehen Sie zunächst die manipulierte Grafik, wie wir sie vorgefunden haben, und erst weiter hinten, wie eine seriöse Grafik des betrachteten Zahlenverhältnisses aussehen müsste. Sie haben mehr davon, wenn Sie nicht gleich zur »Auflösung« weitersausen, sondern sich zuerst die manipulierte Grafik genau ansehen und überlegen, was da wohl nicht stimmt.

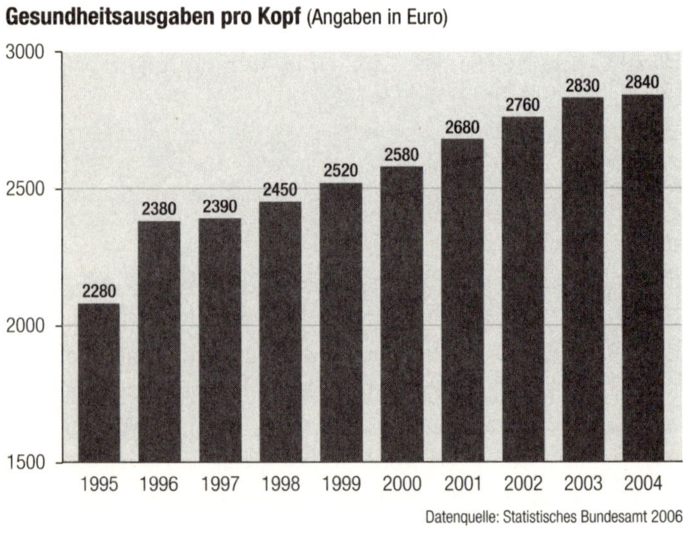

Diese Grafik aus dem Kölner Stadt-Anzeiger *vom 27.10.2006 dramatisiert den Anstieg der Gesundheitskosten.*

Auf den ersten Blick: Die Gesundheitsausgaben in Deutschland pro Kopf haben sich von 1995 bis 2004 offenbar mehr als verdoppelt – die erste Säule ist nur knapp halb so hoch wie die letzte. Doch dieser Eindruck täuscht. Er beruht zum einen auf einer falsch übertragenen Zahl für das Jahr 1995: aus 2280 Euro wurden 2080 Euro, ohne dass sich die Redaktion über den riesigen Sprung von 1995 auf 1996 gewundert hätte! Vor allem aber beruht der Eindruck darauf, dass wir nicht die ganzen Säulen sehen, sondern nur den Teil, der über 1500 Euro hinausragt. In der Fachsprache nennt man diese Form der Manipulation eine *unvollständige oder abgeschnittene y-Achse*.

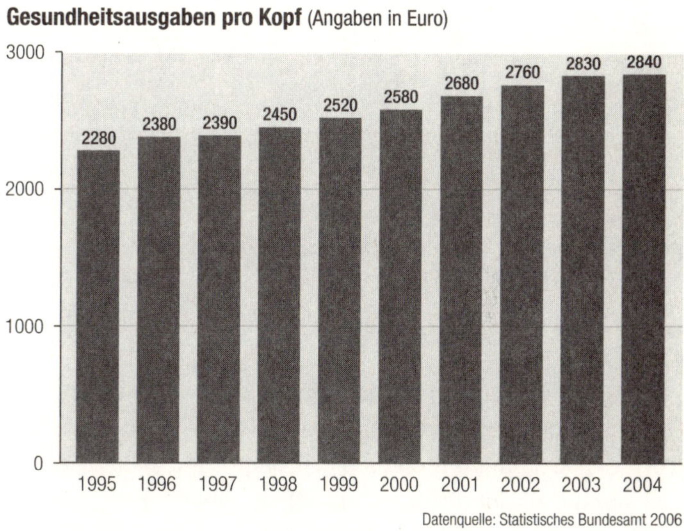

Die korrekte Darstellung erschreckt weit weniger.

Wie die korrigierte Grafik zeigt, sind die Gesundheitsausgaben in Wirklichkeit nur in mäßigem Tempo angestiegen, so wie die meisten anderen Ausgaben in Deutschland auch. Aber dazu mehr in den Kapiteln »Absolut Spitze oder relativ egal?« und »Die konstruierte Explosion«.

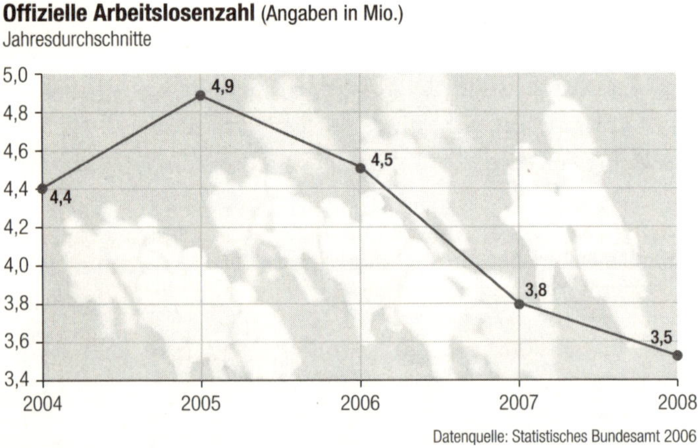

Die manipulierte Grafik »belegt« eindrucksvoll den massiven Rückgang der Arbeitslosenzahl seit 2005.

Anfang 2008 zeigten viele deutsche Zeitungen eine grandiose Schrumpfung des Arbeitslosenbergs. Da die Kurve sich der x-Achse, also einer vermeintlichen Null-Linie, nähert, sah es fast so aus, als sei die Arbeitslosigkeit völlig verschwunden. Wollte die Presse die Argumentation der Bundesregierung unterstützen, dass ihre »Agenda-Reformen«, die Kritiker als Sozialabbau bezeichnen, wirksam und nützlich gewesen seien?

Hier liegen gleich zwei Manipulationen vor:

- Man hat die y-Achse unten weggekürzt und zeigt uns nur die Arbeitslosen jenseits eines ominösen 3-Millionen-Sockels.
- Durch den Start der Kurve im Jahr 2004 wird der Eindruck vermittelt, dass eine einmalige Krise jetzt glücklich vorbei ist.

Die Grafik zeigte im Januar 2008 bereits Arbeitslosenzahlen für das gesamte Jahr 2008, wodurch eine unsichere Prognose wie ein handfestes Faktum erscheint. Mehr zu dieser beliebten Methode im Kapitel »Die Magie der Prognose«.

Wenn wir uns vom Tunnelblick der Agenda-Sympathisanten befreien, dann sehen wir die ganze arbeitslose Alpenkette vor uns:

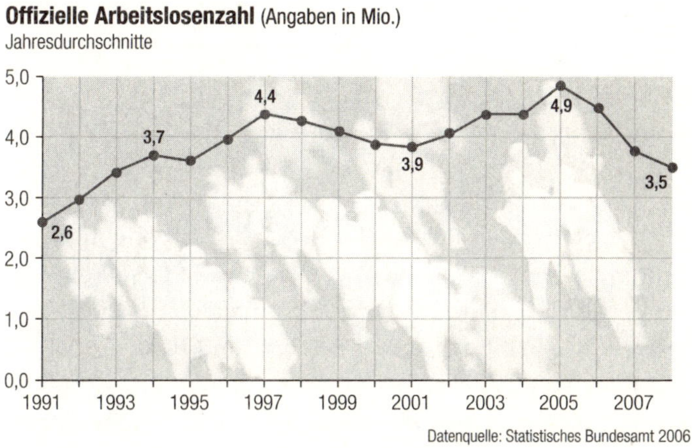

Diese korrigierte Grafik zeigt die Arbeitslosenberge komplett, also mit Sockel und zwei Gipfeln.

Wie deutlich sichtbar, haben die Gestalter der ursprünglichen Grafik ein Alpenmassiv zu einem Einzelgipfel zusammenschrumpfen lassen, dessen tief gezogene rechte Flanke auf beruhigende Weise Beherrschbarkeit signalisieren sollte.

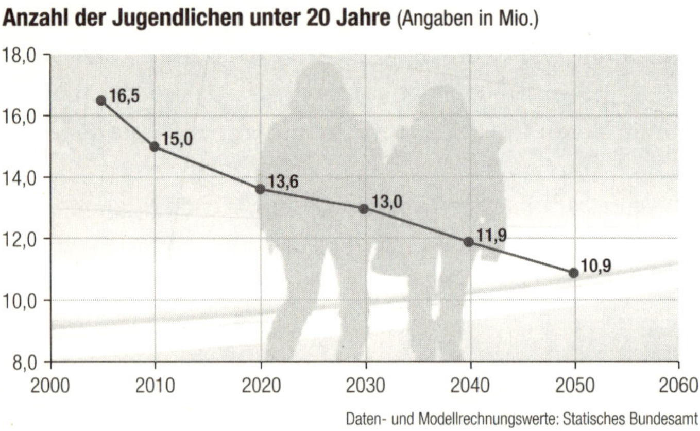

Das angebliche Aussterben der Jugend in Deutschland bis 2050 wollte ein »Demografie-Experte« mit dieser Darstellung belegen.

Hilfe! Schon 2050 soll es in Deutschland fast keine Jugendlichen mehr geben! Und diese einzigartige Entwicklung verlange natürlich ganz besondere Maßnahmen. So warb ein Referent des Instituts für Arbeitsmarkt und Berufsforschung (IAB) vor Gewerkschaftern um Verständnis für »Korrekturen« im Sozialsystem. Inzwischen geübt, erkennen Sie die verkürzte y-Achse auf einen Blick.

Anzahl der Jugendlichen unter 20 Jahre (Angaben in Mio.)

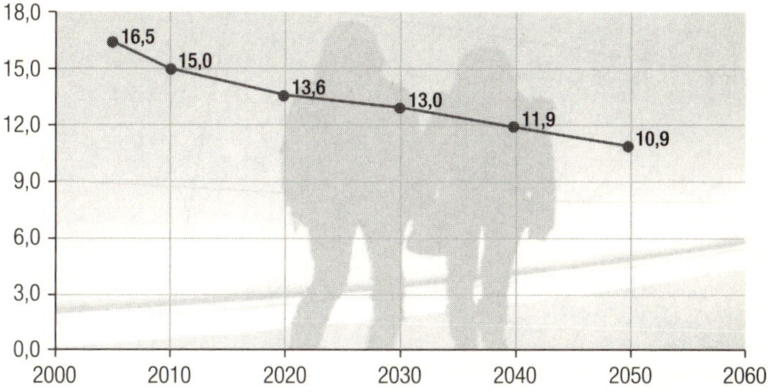

Daten- und Modellrechnungswerte: Statisches Bundesamt

Die vervollständigte Darstellung der Grafik ist weit weniger dramatisch, enthält aber immer noch mindestens einen entscheidenden Fehler.

Die Verkürzung der y-Achse verteidigte der Referent des IAB auf meine Nachfrage als normales, also richtiges Vorgehen. Da dies eine Woche vor Weihnachten geschah, ließ ich es gut sein und ging direkt zum zweiten groben Fehler über. Die verblüffend ehrliche Antwort des »Experten« machte mich sprachlos. Inhaltlich gehört sie aber nicht hierhin. Da müssen Sie sich schon bis zum Kapitel »Absolut Spitze oder relativ egal?« gedulden …

Wenn Zeitungen, Fernsehen oder Internet-Portale einzelne Aktienkurse zeigen, sieht das oft so aus wie in der folgenden Grafik: Die y-Achse des Diagramms deckt nur ein winziges Spektrum ab, das in diesem Fall noch gerade einmal gut 2 der 63 Euro umfasst. Dadurch erscheinen auch kleinste Bewegungen des Aktienkurses auf dem Diagramm als dramatische Ausschläge. Börsen benutzen solche eindrucksvollen

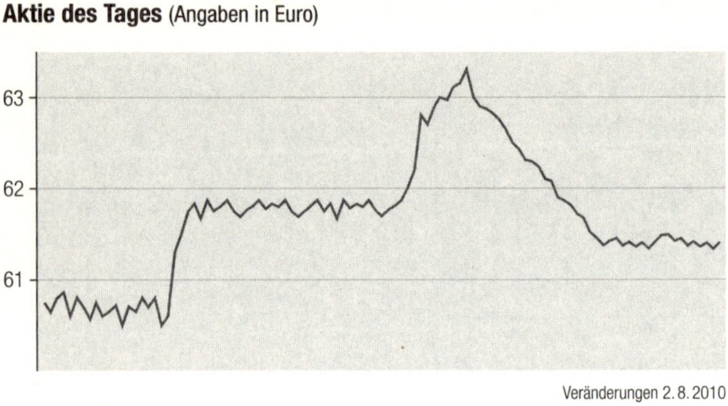

Nervös zitternde Zackenkurven symbolisieren meist die Entwicklung von Aktienkursen, hier in einer nachgebildeten Grafik.

Zacken als Werbemittel, um bei potenziellen Kunden Spannung, Handlungsbedarf und Zeitdruck zu erzeugen. Schließlich verdienen die Börsen nur dann, wenn Aktien den Besitzer wechseln. Lang lagernde Aktienpakete mögen die Börsianer gar nicht. Wenn Nachrichtenagenturen und Tageszeitungen so etwas regelmäßig abdrucken, deutet das auf eine gut geschmierte PR-Maschinerie der Banken und Börsen oder einfach auf fehlendes Nachdenken der Redaktionen hin.

Oft wird zusätzlich sogar auf die Beschriftung der x-Achse verzichtet; wir erfahren also gar nicht, ob die Ausschläge von gestern, der letzten Woche oder gar vom Jahresanfang sind. Damit hat die Grafik dann im eigentlichen Sinn überhaupt keine Aussagekraft mehr. Doch auf den ersten Blick erzeugt sie die gewünschte Wirkung.

Bevor wir jetzt zu anderen grafischen Tricks kommen, noch

schnell die Auflösung unserer Frage aus dem Kapitel »Yang ohne Yin«. Bei der gut gemeinten Grafik über den Zu- und Fortzug von Migranten (Seite 27) beginnt die y-Achse erst bei 500 000, sodass die Wanderungsbewegungen auf den ersten Blick deutlich geringer erscheinen, dafür die Veränderungen zu 1992 viel dramatischer wirken, als sie tatsächlich waren.

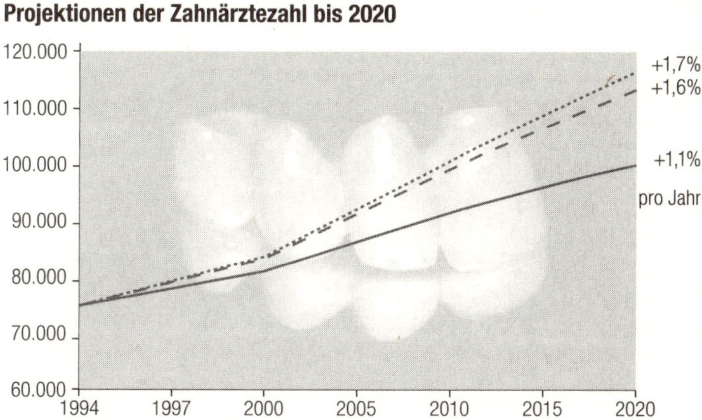

Die Entwicklung der Anzahl der Zahnärzte in einer älteren Darstellung der Kassenzahnärztlichen Bundesvereinigung

Manipulationen an der waagerechten x-Achse betreffen meist den Zeitablauf. In dieser Grafik der Kassenzahnärztlichen Bundesvereinigung wird die damals erwartete Entwicklung der Anzahl der Zahnärzte dargestellt. Die Drei-Jahres-Abschnitte zwischen 1994 und 2000 sind dabei genauso breit dargestellt wie die Fünf-Jahres-Abschnitte danach. Das war einfach ein Versehen beim Umgang mit Excel, das mir seinerzeit passiert ist. Als mir das nach der Veröffentlichung auffiel und ich es im nächsten Jahrbuch korrigieren wollte, war mein Chef dagegen. Er sagte sinngemäß: »Das hat doch keiner gesehen. Wenn wir das aber jetzt ändern, dann könnte es auffallen.« Und zumindest bis 2007 wurde der Fehler nicht korrigiert!

Produktion von Personenwagen in Großbritannien
1972 bis 1988 (Angaben in Mio.)

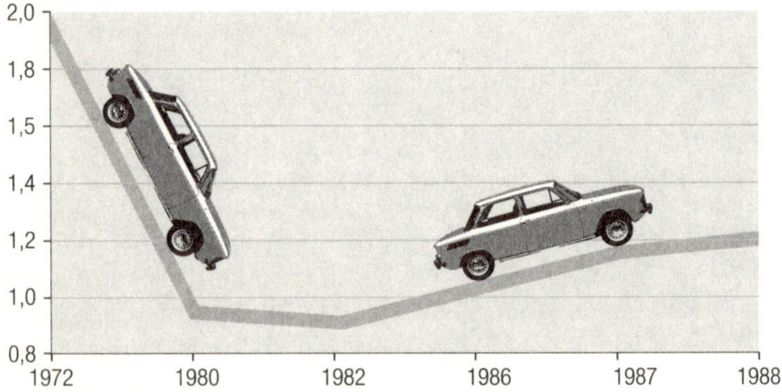

Die rasante Talfahrt der britischen Autoproduktion kam durch Manipulation der x-Achse zustande. Nach Walter Krämer: So lügt man mit Statistik.[2]

Doch es gibt auch absichtliche Manipulationen der x-Achse. Eine Grafik der britischen Autoproduktion stellt deren Rückgang in den Jahren 1972 bis 1979 genauso breit dar wie die Weiterentwicklung von 1980 bis 1982 – acht Jahre Rückgang also genauso breit wie drei Jahre Stagnation. Der Rückgang erscheint im Zeitraffer viel dramatischer, als er in Wirklichkeit war. Nach rechts verzeichnet die Grafik den Wiederanstieg der Produktion bis 1988 im gemächlichen Tempo der

Stagnationsjahre. Der mutmaßliche politische Hintergrund dieser Manipulation ist Krämer entgangen: Bis 1979 regierte in Großbritannien die Labour Party, danach waren die Konservativen an der Macht, unter der Ägide von Margaret Thatcher. Diese hatten ein großes Interesse daran, die Politik ihrer sozialdemokratischen Vorgänger als wirtschaftlich katastrophal darzustellen.

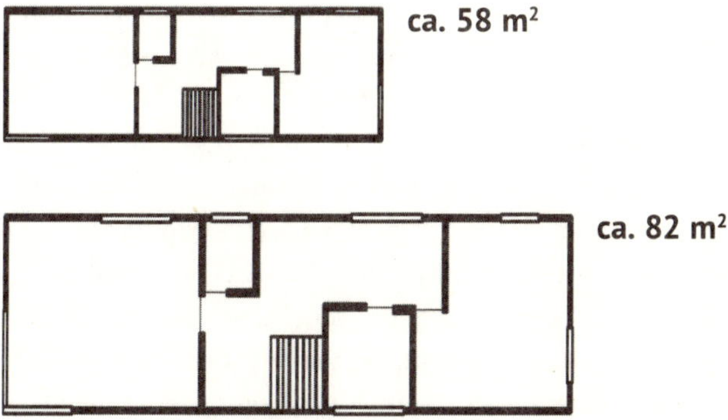

Vorlage: »Zahlenspiegel« Bundesrepublik Deutschland – DDR

Arme Ossis! Ein Vergleich der durchschnittlichen ostdeutschen mit der durchschnittlichen westdeutschen Wohnungsgröße, gezeigt von der Bundesregierung 1983.[3] *Vorsicht, manipuliert!*

Mit dieser Grafik wollte die Bundesregierung 1983 den Wohlstand der westdeutschen gegen die Armut der ostdeutschen Bevölkerung ausspielen. Die westdeutschen Wohnungen waren damals im Durchschnitt etwa 1,4 Mal so groß wie die ostdeutschen. In der Zeichnung *vergrößerte man die Fläche* der westdeutschen Wohnung aber *sowohl in der Länge als auch in der Breite* um den Faktor 1,4. Dadurch wurde die Fläche um den Faktor $1{,}4^2 = 1{,}96$ vergrößert. Die untere, westdeutsche Wohnung hat also optisch nicht, wie angegeben, 82, sondern 114 Quadratmeter Fläche. Hintergrund dieser plump propagandistischen Übertreibung war die damalige Konkurrenz zwischen den beiden deutschen Staaten BRD und DDR, die bei jeder Gelegenheit versuchten, sich als den besseren deutschen Staat darzustellen. Auf Seite 290 sehen Sie ein ähnliches Beispiel mit einem Kinderwagen.

Noch gröber wird diese Art der Verzerrung, wenn man *räumliche Figuren* abbildet. Der amerikanische Statistiker Darrell Huff zeigt in seinem Buch *Wie lügt man mit Statistik* Beispiele: Ein Durchschnittslohn in den USA ist doppelt so hoch wie der in einem anderen Land, also zeichnet man einen Geldsack, der doppelt so hoch ist wie der andere. Doch damit ist er auch doppelt so breit und doppelt so tief, insgesamt also ungefähr acht Mal so groß wie der andere. Die Stahlproduktion wuchs in einer anderen Abbildung von Huff um das Anderthalbfache, also zeichnete man einen Hochofen, der anderthalb Mal so hoch, damit aber auch anderthalb Mal so breit und tief ist wie der vorige. Als räumliche Figur gesehen ist er mithin mehr als drei Mal so groß wie der andere.[4]

Sie haben bisher gesehen, wie die Macher dieser Grafiken mit geschickt ausgewählten Achsenausschnitten oder räumlichen Verzerrungen arbeiten, um ihre oft einseitige Sicht der Dinge mit scheinbar objektiven Grafiken möglichst augenfällig zu machen.

Doch damit ist die Trickkiste der Zahlengrafiker noch lange nicht ausgeschöpft. Man findet dort zum Beispiel auch noch Dinge, die den menschenfreundlich erscheinenden Namen Sehhilfe tragen.

Wertentwicklung des Briefmarkenjahrgangs 1992

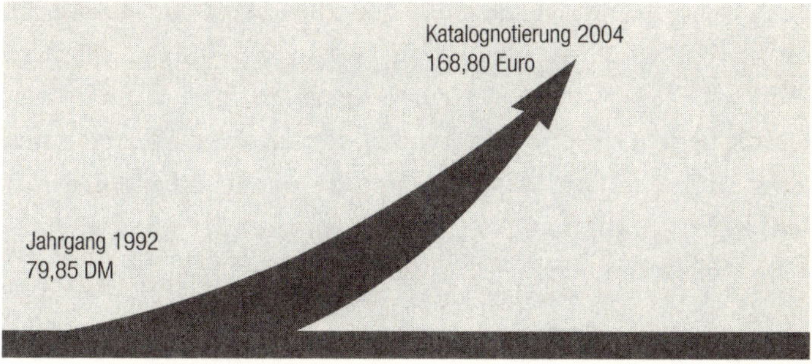

Diese Grafik hat die Deutsche Post (Niederlassung Philatelie) 2004 in einem Werbeprospekt veröffentlicht.

Diese rasante Kursrakete der Deutschen Post-Philatelie mit der dynamischen, fast schon aggressiven Pfeilspitze sollte Briefmarkensammler motivieren, komplette Briefmarkenjahrgänge der Post zu abonnieren. Die nach oben weisende Pfeilspitze ist eine typische *Sehhilfe,* die auch dem letzten Zauderer klarmachen soll, welche Wertentwicklung die Briefmarken seines glücklichen Nachbarn unweigerlich erzielen werden. Sie ist vollkommen fiktiv, denn in Wirklichkeit wusste 2004 niemand, wie sich der Wert dieser Briefmarken in den Jahren danach entwickeln würde.

Die Sehhilfe ist nicht das einzige Fiktive an der Kurve. Die Kurve stützt sich, soweit die Grafik es offenbart, nur auf zwei Werte: einen für 1992 – den Nominalwert aller damals neu erschienenen deutschen Briefmarken – und einen für 2004. Was war in den Jahren dazwischen? Wir wissen es nicht. Die Post hat einfach eine exponentielle Entwicklungskurve durch die beiden feststehenden Punkte gezogen und dann nach rechts in die Zukunft hinein verlängert. Wir erfahren nicht, ob der behauptete Trend der Jahre 1992 bis 2004 überhaupt existierte, und selbst wenn es so war, dann ist es eine reine Spekulation, ihn in die Zukunft hinein zu verlängern. In der nachfolgenden Grafik haben wir uns erlaubt, aus den gleichen Werten einen ganz anderen Trend zu konstruieren – genauso fiktiv wie der in der Grafik auf Seite 43 – und diesen mit der gleichen Sehhilfe zu kombinieren.

Wertentwicklung des Briefmarkenjahrgangs 1992

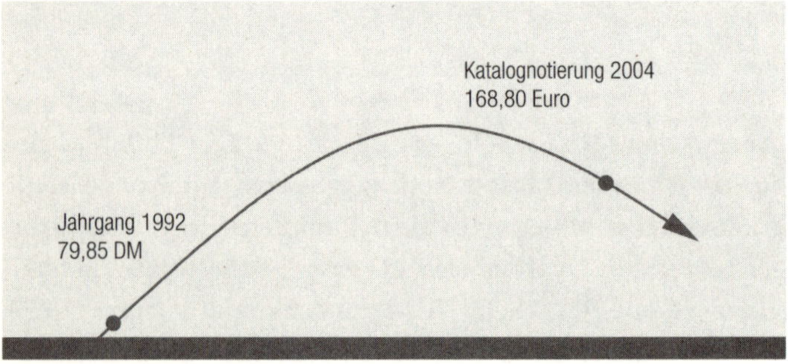

Diese Grafik zeigt eine ebenso fiktive Wertentwicklung auf Basis der gleichen zwei Werte (für 1992 und 2004), die die Deutsche Post verwendet hat.

Gerne lässt man den letzten großen Wert einer *nicht gewünschten Entwicklung* aus dem Rahmen der Grafik hinaustreten, um die Botschaft zu verbreiten, dass diese Entwicklung *den Rahmen* aller Vernunft *sprengt*. Ein typisches Beispiel ist die folgende Grafik zur Staatsverschuldung. Die Auflistung der weiteren Fehler der Grafik würde dagegen den Rahmen dieses Kapitels unverantwortlich sprengen.

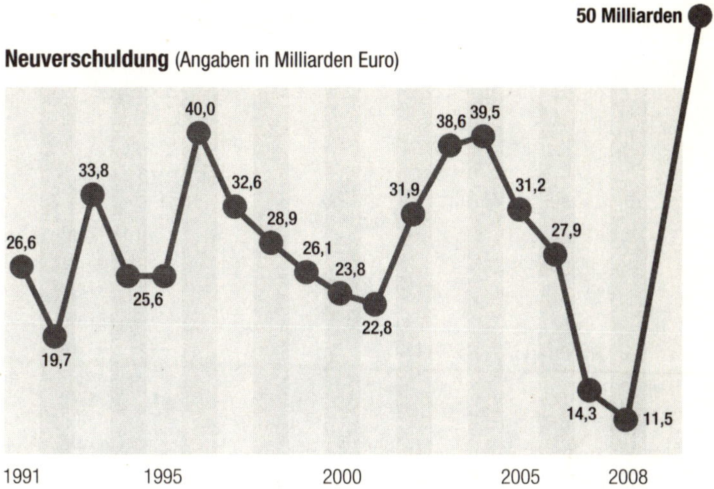

Eine beliebte Sehhilfe sind Kurven, die den Rahmen der Grafik sprengen. Hier nach Kölner Stadt-Anzeiger vom 5.2.2009.

Helmut Markwort, der ehemalige Chefredakteur des Nachrichtenmagazins Focus, ließ sich einst werbewirksam mit dem Slogan »Fakten, Fakten, Fakten!« filmen. Wenn es aber einmal nötig erscheint, über wirtschaftliche Aufwärtstrends zu berichten, die so gut wie gar nicht existieren, hält sich seine Redaktion eher an das Prinzip der »dichterischen Freiheit«. In dem *Balkendiagramm* auf Seite 46 stellte sie drei Balken nebeneinander, die *unvergleichbare Werte* symbolisieren: die Anzahl der Messe-Aussteller, die Fläche der vermieteten Messestände und die Anzahl der Messebesucher. Die Höhe der Balken und ihr Größenverhältnis zueinander sind also vollkommen willkürlich, da es keinen gemeinsamen Größenmaßstab gibt. Rein »zufällig« stehen sie so nebeneinander, dass ihre Oberkanten

Aufwärtstrend – Entwicklung deutscher Messestände

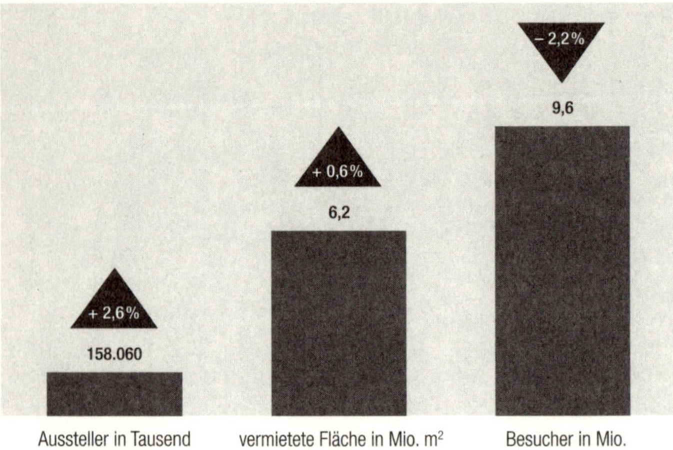

In dieser Grafik konstruierte Focus einen imposanten Aufwärtstrend in der deutschen Messewirtschaft.[5]

eine aufsteigende Linie bilden. So »belegen« sie den in der Überschrift verkündeten Aufwärtstrend.[6]

Besonders frech gelogen: Den angeblichen Aufwärtstrend beschließt ausgerechnet der Balken, der in Wirklichkeit einen Abwärtstrend anzeigt, nämlich den Rückgang der Anzahl der Messebesucher um 2,2 Prozent.

Zum Abschluss dieses bunten Kapitels dürfen Sie jetzt selbst zum Malkasten greifen und sich künstlerisch betätigen. Stellen Sie sich vor, Sie wären der Vorstandsvorsitzende einer Aktiengesellschaft, seit gut drei Jahren im Amt, und Sie planten gerade Ihren Geschäftsbericht für die nächste Hauptversammlung. Leider weist die Gewinnentwicklung Ihres Unternehmens einen recht unsteten, fallenden Verlauf auf, der eher an den Kurs eines Quartalssäufers auf dem Heimweg vom Gelage erinnert als an eine Raketenspur.

Nun frisieren Sie mal schön! Wie kann man aus den Fakten dieses unschönen Bildes eine Gewinnrakete zaubern? Mit ein wenig krimineller Kreativität geht das nach dem Muster: eins, zwei, drei – fertig ist die Schummelei!

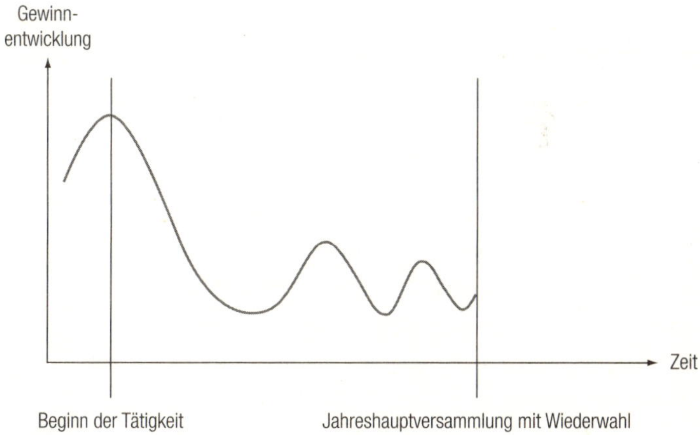

Gezeigt wird hier die tatsächliche Entwicklung der Gewinne in den letzten Jahren. Zur Aktionärsversammlung muss sie unbedingt »frischer wirken«.

Für den ersten Schritt empfehlen wir Ihnen: Überlasten Sie die versammelten Aktionäre nicht mit zu vielen Details; greifen Sie aus der Entwicklung der letzten Jahre einfach ein paar für Sie besonders wichtige Werte heraus, gewissermaßen die Marksteine Ihrer Arbeit! Etwa wie folgende:

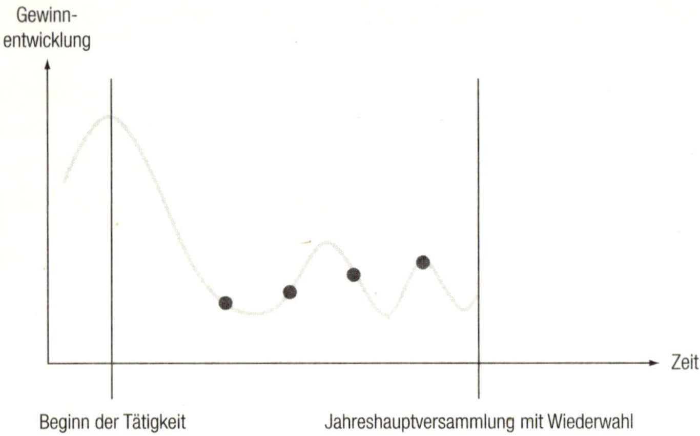

Hier sind schon mal die wichtigen Marksteine Ihrer »Argumentation« markiert.

Im zweiten Schritt verbinden Sie diese Punkte großzügig mit einer Trendlinie. Kein schlechtes Gewissen! Das macht der Betrachter sowieso im Kopf. Sie helfen ihm also quasi nur.

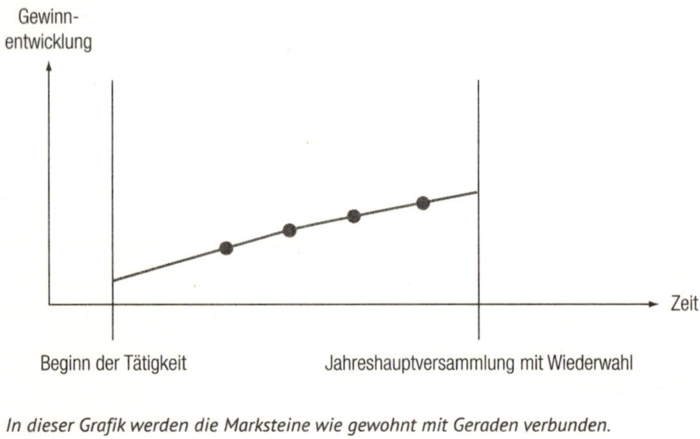

In dieser Grafik werden die Marksteine wie gewohnt mit Geraden verbunden.

Na bitte, das sieht doch schon ganz anders aus! Lässt sich aber noch verschönern. Als dynamischer Mensch schmücken Sie Ihre Kurve mit einem dynamischen Pfeil: So kann es mit der Firma weitergehen, natürlich nur mit Ihnen als Vorstandsvorsitzendem an der Spitze.

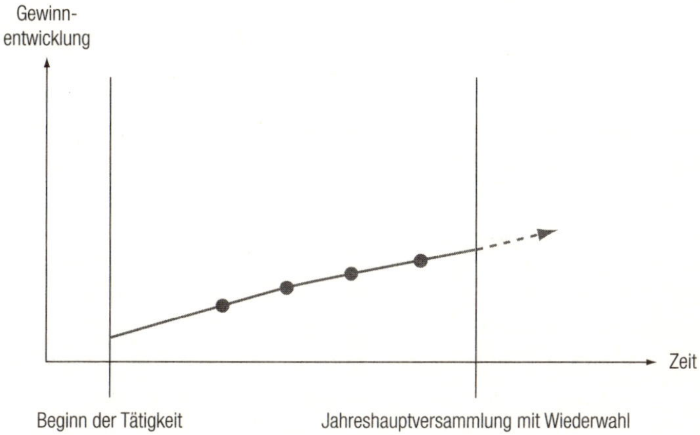

Das ist nun unser Kunstwerk über die Gewinnentwicklung.

Wenn Sie jetzt auch noch ein paar gute Antworten auf etwaige heikle Fragen parat haben, kann gar nichts mehr schiefgehen; das Vertrauen der Aktionäre und Ihre Wiederwahl wird Ihnen sicher sein.

Falls Ihnen von den vielen Finessen schwindelig geworden ist, empfehlen wir Ihnen zum Festhalten unsere Checkliste am Ende des Buches (Kapitel »Resigniert wird nicht!«). Mit deren Hilfe können Sie wichtige Grafiken Ihrer persönlichen TÜV-Prüfung unterziehen. Dort finden Sie auch Hinweise auf weitere Tricks, die in diesem Kapitel leider keinen Platz mehr gefunden haben: das Spiel mit Farben, Längs- und Querstreifen.

Ein Beispiel für eine richtig üble Manipulation haben wir Ihnen hier vorenthalten. Es geht um die Werbung für Arzneimittel. Wir haben uns über diesen Fall wegen seiner gravierenden Folgen so geärgert, dass wir ihn im Kapitel »Die Dummen und die Bösen« behandeln.

1 Man hat schon oft, auch mithilfe von Augenkameras (Eyetracking), festgestellt, dass die meisten Besucher vieler Websites zuerst auf bestimmte Stellen im Text achten, bevor sie sich die Bilder ansehen – genau umgekehrt wie beim Durchblättern von Zeitschriften. Das hängt u. a. mit der textbetonten Google-Suche und mit der meist textgestützten Linkstruktur von Websites zusammen. Siehe dazu J. Nielsen: »Eyetracking Study of Web Readers«. Alertbox 14. 5. 2000 (www.useit.com/alertbox). – St. Outing, L. Roul: »The Best of Eyetrack III. What We Saw When We Looked Through Their Eyes« (www.poynterextra.org/eyetrack2004) – J. Nielsen: »Email Newsletters: Surviving Inbox Congestion«. Alertbox, 12. 6. 2006

2 Walter Krämer: *So lügt man mit Statistik*. Frankfurt a. M. 1998, S. 48.

3 Zahlenspiegel. Bundesrepublik Deutschland – DDR. Ein Vergleich, hg. v. Bundesministerium für innerdeutsche Beziehungen, Juli 1983. Abgedruckt bei Walter Krämer: *So lügt man mit Statistik*, a. a. O., S. 114.

4 Darrell Huff: *Wie lügt man mit Statistik*. Zürich 1956, S. 35 ff.

5 *Focus* Nr. 20/2006, S. 187, zitiert nach *Script zur WDR-Sendereihe Quarks & Co.: Mit Zahlen lügen*. Oktober 2006.

6 Auch die Beschriftung weist einen Fehler auf: Die Zahl über den ersten Balken (158 060) gibt die Anzahl der Aussteller exakt an und nicht in Tausend; das wären dann nämlich 158 Millionen Aussteller auf 6,2 Millionen Quadratmetern vermieteter Fläche, also gut 25 Aussteller pro Quadratmeter.

Kapitel 3

Auf der Suche nach dem Warum

Im Jahr 1809 wütete in Düsseldorf eine schreckliche Seuche, an der schon viele hundert Menschen elend mit hohem Fieber gestorben waren; überwiegend mittellose Handwerker und ihre Frauen und Kinder. Die Ärzte waren ratlos. Schließlich beschloss der Magistrat der Residenzstadt, eine Untersuchungskommission einzusetzen, die die Ursachen der Seuche ermitteln und Gegenmaßnahmen vorschlagen sollte. Todesmutig untersuchten die beteiligten Ärzte die Leichname und Sterbelager zahlreicher Opfer der Seuche, aber auch Kleidung und Betten überlebender Familienangehöriger. Dabei stießen sie auf eine Merkwürdigkeit: In den Kleidern und Betten der meisten Überlebenden fanden sie zahlreiche Läuse; an den Leichen und in den Sterbelagern dagegen fehlten sie.

Ursache und Wirkung

Die Kommission schloss also messerscharf: Wer Läuse hat, ist offenbar gegen die Seuche geschützt. Der Magistrat reagierte schnell und erließ das berühmte »Düsseldorfer Dekret«: *Bürgerinnen und Bürger der Stadt Düsseldorf! Züchtet Läuse, wenn Euch Euer Leben lieb ist! Fehlt es an Läusen, so kleidet Euch mit verlausten*

Hemden und Hosen Eurer Verwandten oder Nachbarn! Oder übernachtet in verlausten Betten!

Leider ließ der Erfolg des Dekrets auf sich warten. Die Seuche tobte weiter durch die verwinkelten Gassen am Rand der Düsseldorfer Altstadt. Bis ein pfiffiger Kölner Arzt durch ein Experiment dahinterkam, was es mit den Läusen und der Seuche wirklich auf sich hatte: Er erwärmte eine Hälfte eines verlausten Bettes mithilfe heißer Ziegelsteine – und konnte rasch feststellen, dass die Läuse alle in die kühlere Hälfte des Bettes flohen. Da die an der Seuche Erkrankten an hohem Fieber litten, wurde ihm klar: Die Läuse mieden die erhitzten Körper der Fiebernden und wechselten zu den gesunden Angehörigen. Die Düsseldorfer hatten *Ursache und Wirkung vertauscht*: Es waren nicht die Läuse, die die Seuche fernhielten, sondern es war die Seuche, die mit ihrem Fieber die Läuse vertrieb. Die folgenden beiden Grafiken veranschaulichen den Irrtum der Düsseldorfer:

Düsseldorfer Erklärung

Fehlende Läuse als Ursache des Fiebers

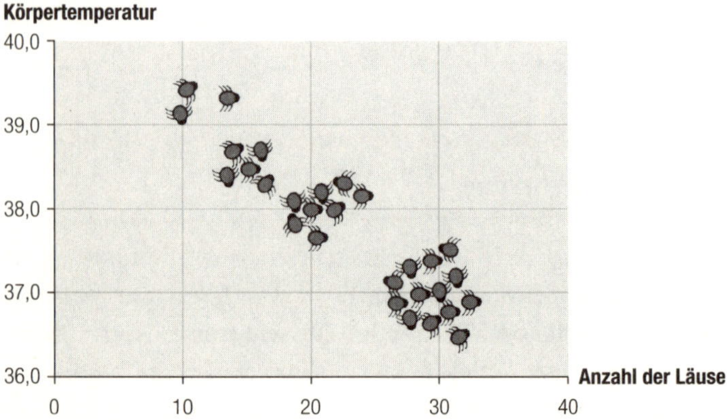

Und die Realität

Das Fieber der Kranken vertreibt die Läuse

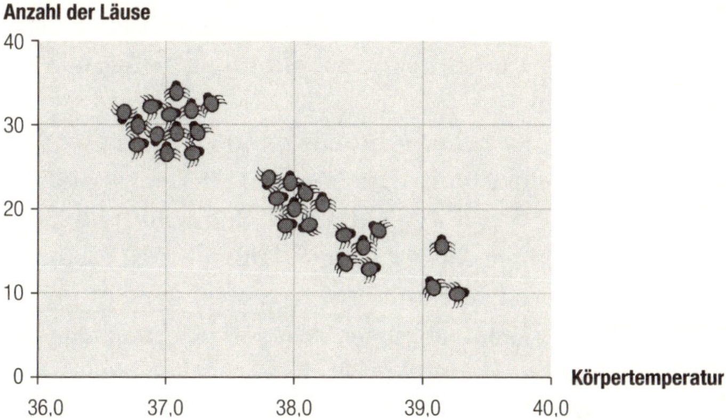

Düsseldorfer Dekret von 1809 oder die folgenschwere Vertauschung von Ursache und Wirkung.

Die Geschichte ist frei erfunden? Nicht ganz! Zumindest brachte Darrell Huff in seinem Buch das Beispiel, dass die Eingeborenen der Neuen Hebriden angeblich aufgrund jahrhundertelanger Beobachtungen der Überzeugung waren, dass Läuse für den Gesundheitszustand der Menschen nützlich seien.[1] Einem bekennenden Kölner wie mir machte es natürlich Spaß, diesen Irrglauben den wenig geliebten Eingeborenen einer rheinabwärts gelegenen Konkurrenzmetropole anzuhängen, die das Wort »Dorf« schon im Namen trägt. Coautor Jens wagte in der Entstehungszeit dieser Passage die Bemerkung, dass die Geschichte eigentlich besser in das, so wörtlich, »schmuddelige Köln« passen würde als in das schnieke Düsseldorf – vor allem in Anbetracht der Epoche, in die wir die Geschichte verlegt haben. Aber als »Imi« (Zugereister) aus

Aachen, der sogar die Frechheit besaß, aus Köln wieder wegzuziehen (und zwar nach Bielefeld in Westfalen) – als derart unzuverlässiger »Imi« hat Jens in solchen mittelrheinischen Existenzfragen natürlich überhaupt nichts mitzureden. Wo kämen wir sonst hin?

Das Thema Gesundheit führt uns sofort zum nächsten Fall einer Verwechslung von Ursache und Wirkung – diesmal ein ernster Fall, den die Autoren Beck-Bornholdt und Dubben beschrieben haben: Vor einigen Jahren haben Medizinforscher eine positive Korrelation zwischen dem Auftreten von Geschwüren im Zwölffingerdarm und der Einnahme des *Schmerzmittels Paracetamol* festgestellt. Korrelation heißt: Zwei verschiedene Größen treten häufig zusammen auf, sodass die meisten Menschen einen Zufall für sehr unwahrscheinlich halten. Positive Korrelation heißt: Wenn die eine Größe wächst, wächst auch die andere. Als anschauliches Beispiel mag die positive Korrelation zwischen Alter und grauen Haaren dienen, sofern man überhaupt noch welche hat. Doch zurück zum Paracetamol. In diesem Fall nahmen einige Mediziner an, dass das Schmerzmittel möglicherweise die Nebenwirkung hat, Zwölffingerdarmgeschwüre auszulösen, und veröffentlichten eine Warnung. Es dauerte seine Zeit, bis andere Mediziner dahinterkamen, dass die Kausalität, die Ursache-Wirkungs-Beziehung, überwiegend umgekehrt liegt: Patienten, die an einem Zwölffingerdarmgeschwür leiden, nehmen häufig Paracetamol, weil der alternative Wirkstoff Acetylsalicylsäure die Symptome des Geschwürs verstärkt. Es ist also nicht so, dass Paracetamol Zwölffingerdarmgeschwüre auslöst, sondern umgekehrt: Wer ein Zwölffingerdarmgeschwür hat, nimmt Paracetamol.[2]

Die Verwechslung von Ursache und Wirkung ist bei Weitem nicht das einzige Problem, das Sie mit Ursachen und Wirkungen bekommen können. Andere Probleme, die wir gleich erläutern werden, sind durchaus häufiger anzutreffen; aber ausgerechnet im sensiblen Bereich Medizin scheint sich genau dieser Fehler zu häufen. Deshalb noch ein weiteres Beispiel: 2004 fanden schwedische Forscher heraus, dass Kinder mit Asthma häufig in Haushalten leben, wo der Hausstaub überdurchschnittlich stark mit bestimmten chemischen Weichmachern (Phthalaten) belastet ist, die in *PVC-Fußbodenbelägen* enthalten sind. Diese Stoffe stehen zwar EU-weit ernsthaft im Verdacht, verschiedene Gesundheitsschäden zu verursachen; ob aber auch Allergien und Asthma dazugehören, ist zweifelhaft. Der dänische Asthmatikerverband wies 2004 darauf hin, dass es sich mit Ursache und Wirkung in diesem Fall auch umgekehrt verhalten könnte: Haushalte mit Kindern, die an Asthma leiden, statten ihre Wohnungen besonders häufig mit PVC-Fußbodenbelägen aus, um die Entstehung von Hausstaub zu verringern. Dort gibt es also weniger Hausstaub und mehr Phthalate als im Durchschnittshaushalt, folglich eine besonders hohe Phthalat-Konzentration pro Gramm Hausstaub.[3]

Dieser Aspekt von Statistiken ist deshalb so wichtig, weil die meisten Menschen stark auf Ursache-Wirkungs-Ketten fixiert sind. Wir können gerade erst sprechen, dann fragen wir schon nach dem »Warum«. Warum ist der Mann da so dick? Warum sind die Nachbarn so laut? Warum ist der Himmel blau? Warum ist die Banane krumm? Immer wollen wir wissen, was die Ursache für die merkwürdigen Dinge ist, die wir sehen und hören. Deshalb ist es kein Wunder, dass wir häufig *auf vermeintliche Ursachen* hereinfallen, die in Wirklichkeit gar keine sind. Wenn uns auffällt, dass die Faktoren A und B häufig zusammen auftreten, können wir kaum der Versuchung widerstehen, A für die Ursache von B zu halten oder umgekehrt. Vor allem dann, wenn es eine plausible Erklärung für den Zusammenhang zu geben scheint. Dieser Schluss, der leider häufiger ein Trugschluss ist, ist sogar in die Philosophiegeschichte eingegangen und hat deshalb schon in der Antike einen lateinischen Namen bekommen: *post hoc ergo propter hoc* – nach dem da, also wegen dem da.

In der Praxis stellt sich unser Suchen nach Ursachen zum Beispiel wie folgt dar: Wir sehen die Tatsache, dass

- bei Bränden die Schadenssumme, die man später feststellt, umso größer ist, je mehr Feuerwehrleute bei den Löscharbeiten beteiligt waren;
- die Heilungschancen für Krebsgeschwüre sinken, je länger die Krebsgeschwüre bestrahlt werden;
- Leute, die viel Sport treiben, in der Regel schlanker sind als Leute, die wenig Sport treiben;
- die Bierpreise steigen, wenn die Diäten der Bundestagsabgeordneten steigen (oder auch umgekehrt).

In allen diesen Fällen wurden Korrelationen mathematisch sauber festgestellt, die einen Zufall eher unwahrscheinlich erscheinen lassen. Also: Feuer frei auf die mutmaßlichen Verursacher und Sündenböcke!

Wir haben es ja immer schon gewusst: So ein Feuerwehrmann hockt tagelang, vielleicht wochenlang in seinem Bereitschaftsraum herum und nichts Anständiges passiert – immer nur Fehlalarm und Kleinkram. Und dann kommt endlich ein richtiger Brand, so wie ihn das Herz eines Mannes der Tat begehrt. Kein Wunder, dass jetzt Dächer abgedeckt, Fenster eingedrückt, Türen aufgebrochen, Wände eingerissen und ganze

Sintfluten über das brennende Haus gegossen werden … Und so steigt der Schaden pro Feuerwehrmann ins Unermessliche.

Alles klar, die Apparatemedizin in der Krebstherapie! Dass die immer mit der größten aller verfügbaren Kanonen schießt, um möglichst hohe Kosten zu verursachen und viel Geld zu verdienen, haben wir schon lange geahnt. Aber dass die Doctores unsere Tumore länger als nötig bestrahlen und uns damit sogar kränker machen, ist doch unerhört! Also höchste Zeit, sich für den Notfall schon mal im Internet nach alternativen Heilmethoden umzusehen.

Dass Sport nicht nur gesund ist, sondern auch schlank macht, weiß ja fast jedes Kind. Und dass die Politiker eine versoffene Bande sind, pfeifen die Spatzen von den Dächern der Hauptstadt Berlin. Ökonomisch hängt es ja vielleicht so zusammen: Je mehr Diäten sie verprassen können, desto größer ist die Nachfrage nach Bier, und schon steigen die Bierpreise. Ob die Preiserhöhung allerdings von den zwölf Berliner Kneipen aus, in denen die Bundestagsabgeordneten verkehren, dann gleich ganz Deutschland erfassen mag … Kommen Ihnen an dieser Stelle vielleicht doch ein paar Zweifel?

Diese Zweifel sind höchst angebracht. Denn wer so denkt, wie wir es gerade geschildert haben, hat sich zumindest in drei der vier Fälle getäuscht, weil er etwas Wichtiges übersehen hat – den dritten Mann gewissermaßen. In drei Fällen gibt es eine Sache C, die die gemeinsame Ursache für die Sachen A und B ist. Statistiker nennen dieses C *die (oft übersehene) Hintergrundvariable*. Zwischen A und B gibt es dagegen jeweils keinen wesentlichen kausalen Zusammenhang. Bei den Großbränden ist C die Größe des Feuers: Je größer das Feuer ist, desto größer ist nachher der Schaden. Und je größer das Feuer ist, desto mehr Feuerwehrleute werden zum Brand geschickt.

Bei den Krebsgeschwüren ist die Hintergrundvariable C die Größe des Geschwürs: Je größer das Geschwür, desto länger wird es bestrahlt. Je größer das Geschwür, desto geringer sind die Heilungschancen. Beim Komplex Sport und Schlankheit liegen die Dinge komplizierter; deshalb überspringen wir erst einmal diesen Fall. Bei den Bierpreisen und Diäten ist C schlicht und einfach die Zeit: Mit der Zeit steigen die Bierpreise, und mit der Zeit steigen die Diäten. Und gegen die Zeit ist bekanntlich kein Kraut gewachsen.

Die *Zeit* übernimmt sehr gern die Rolle des dritten Mannes (oder besser: der dritten Frau). Mit der Zeit steigen zum Beispiel die Urlaubsausgaben, die Anzahl der Menschen auf der Erde, das Bruttoinlandsprodukt, der Flugverkehr, die Anzahl der Fernsehsender, die Whiskypreise, die Dividenden. Und mit der Zeit sinkt die Anzahl der Fische im Weltmeer, die Größe der Urwälder, die Anzahl der Bauernhöfe, der Anteil der Kinder an der Gesamtbevölkerung, die Zahl der Störche in Mitteleuropa,[4] die Anzahl der Lieder und Gedichte, die die Menschen auswendig können. Und weil dem so ist, sind alle diese genannten Größen positiv oder negativ miteinander korreliert und eignen sich deshalb für die muntere Unterstellung oder sogar Produktion von Kausalitäten.

Wer will, kann sich bei diesen Größen, die sich alle mit der Zeit ändern, also beliebig bedienen:

- je weniger Störche, desto weniger Kinder (wobei noch unklar ist, ob das daran liegt, dass die Störche die Kinder bringen, oder daran, dass die Störche Kindergeschrei lieben und deshalb kinderarme Gegenden meiden);
- je mehr Fernsehsender, desto höher die Urlaubsausgaben (was für die Wirkung der Urlaubswerbung spricht);
- je mehr Menschen, desto kleiner die Urwälder;

- je höher die Dividenden, desto höher das Bruttoinlandsprodukt (und desto höher die Whiskypreise);
- je mehr Flugverkehr, desto weniger Bauernhöfe;
- je mehr Fernsehsender, desto weniger Gedichte können die Menschen auswendig;
- je höher die Urlaubsausgaben, desto weniger Kinder werden geboren;
- je teurer der Whisky, desto weniger Fische sind im Weltmeer (vielleicht weil sich die Kapitäne der Fischtrawler dann keinen Whisky mehr leisten können und deshalb leider nicht mehr so oft besoffen sind beim Fischfang).

Dabei können manche dieser Paare durchaus auch kausal zusammenhängen – über die gemeinsame Hintergrundvariable Zeit hinaus. Aber längst nicht alle!

Aber wie ist das nun mit *Sport und Schlankheit*? Bei diesem Zusammenhang kommen, wenn man länger darüber nachdenkt, diverse Kausalbeziehungen in Betracht. Es spricht einiges dafür, dass regelmäßiger Sport tatsächlich dabei hilft, nicht zuzunehmen. Schon weil man während des Sports weder essen noch Bier trinken kann, und weil man bei körperlicher Betätigung Nährstoffe verbrennt. Aber es gibt auch eine umgekehrte Kausalität: Schlanke Menschen neigen eher dazu, Sport zu treiben, als dicke Menschen; zum einen weil es ihnen rein physisch leichter fällt, ihren Körper zu bewegen, zum andern aus gesellschaftlichen Gründen: Wenn sich ein schlanker Mensch in leichter Sportkleidung in der Öffentlichkeit zeigt, steigt in der Regel sein gesellschaftliches Ansehen. Wenn ein dicker Mensch das tut, muss er damit rechnen, dass sich einige seiner Mitmenschen über ihn lustig machen. Er riskiert also, dass in der Praxis sein gesellschaftliches Ansehen sinkt, wenn er das tut, was die Gesellschaft theoretisch von ihm verlangt: häufiger Sport zu treiben.

Die Statistiker sprechen in so einem Fall von *Äquivalenz*: A ist Ursache von B, aber zugleich ist B auch Ursache von A. Außerdem kommen bei Sport und Schlankheit noch verschiedene Kandidaten als »dritte Männer«, als übersehene Hintergrundvariablen infrage: etwa die soziale Herkunft und die gesellschaftliche Stellung der Personen.

Einen anderen Fall von Äquivalenz erlebe ich häufiger während meiner Vorlesungen: Je lauter es im Hörsaal ist, desto unkonzentrierter wird mein Vortrag. Und je unkonzentrierter ich vortrage, desto lauter wird das Publikum.

Das Thema *Schlankheit und Übergewicht* regt bei vielen Menschen den Forscherdrang an; man sucht hier gerne nach dem »Warum«. Was dabei herauskommt, ist zuweilen abstrus. So wollen amerikanische Soziologen nach einem Bericht von Focus Online herausgefunden haben, dass Frömmigkeit Frauen dick machen kann.[5] Demnach haben amerikanische Frauen ein um 14 Prozent überdurchschnittliches Risiko, fettleibig zu sein, wenn sie sich mit religiösen Büchern, Fernseh- und Radiosendungen befassen. Bei Männern ist das dieser Studie zufolge nicht so, und auch nicht bei Frauen, die aufgrund ihrer Frömmigkeit häufig Gottesdienste besuchen. Die Soziologen vermuteten, dass sich fromme Buchleserinnen und Fernsehzuschauerinnen zu wenig bewegen und deshalb zunehmen. In den Leserkommentaren zu dieser Meldung wurden andere mögliche Aspekte diskutiert. Man kann es einfach positiv deuten und sagen: Fromme Frauen befreien sich eher vom Schlankheitswahn der Gesellschaft und sehen ihr eigenes Körpergewicht mit mehr Gelassenheit. Machos können gehässigerweise eine Vertauschung von Ursache und Wirkung annehmen – nicht fromme Frauen werden dick, sondern dicke Frauen werden fromm, weil sie keinen Mann abbekommen haben.

Die Machos sollen hier aber auch noch ihr Fett abbekommen. Wie wäre es also mit einem Abstecher ins Fußballstadion? Da finden wir Spezialisten, die 2010 mitgezählt haben: Drei Mal hat Stürmerstar Lukas Podolski verletzungsbedingt nicht mitgespielt, und drei Mal hat seine Mannschaft, der 1. FC Köln, gewonnen (was, wie Jens bissig bemerkt, sonst eher selten vorkommt. Ausgerechnet Jens aus Bielefeld! Ja, mit so was kennt der sich aus …) Ergo: Ohne den teuren Star spielt der Rest der Mannschaft offenbar besser. Glauben zumindest die Stammtischstrategen, bis der Zufall diese Serie beendet hat.

Wie in dieser Fußballgeschichte wohl auch, entstehen manche Korrelationen einfach durch *Zufall*. Statistiker gehen bei ihren Untersuchungen oft von der Annahme aus, dass zwei zufällig herausgegriffene Variablen in 5 Prozent aller Fälle miteinander korreliert sind (das heißt: Variable A wächst in der Regel zusammen mit Variable B, oder sie wächst, wenn Variable B schrumpft). Deshalb können Sie, wenn Sie wollen, aktiv nach Korrelationen suchen. Angenommen, Sie befragen tausend Personen per Fragebogen nach zwanzig willkürlich herausgegriffenen Eigenschaften, etwa: Geschlecht, Brustumfang, Größe der Wohnung, Entfernung des letzten Urlaubsortes, Anzahl der Tassen im Schrank, Sexualpartner, begangene Diebstähle, Vereinsmitgliedschaften, Farbe des Lieblingspullovers, Fähigkeit zum Kopfrechnen. Dann können Sie aus diesen zwanzig Variablen hundertneunzig Variablenpaare A und B bilden. Bei 5 Prozent Zufallskorrelationen sind das dann schon neun bis zehn rein zufällige, aber statistisch messbare Zusammenhänge. Suchen Sie einfach den merkwürdigsten heraus, zu dem Ihnen eine logische Erklärung einfällt! Im Sommerloch haben Sie dann gute Chancen, mit einer solchen Korrelation in die Medien zu kommen, vor allem dann, wenn eine der beteiligten Variablen etwas mit Sex, Kriminalität, Fußball, Lotto oder Autos zu tun hat. Fachleute nennen dieses unseriöse Verfahren *Fishing for correlations.*

Ein schönes Beispiel dieser Art ist der sogenannte *Minirock-Index*, der etwa alle zehn Jahre neu aufgewärmt wird.

Man stellt dann immer wieder von Neuem fest, dass weltweit die Konjunktur anzieht, wenn in Japan die Röcke kürzer werden.[6] Die mitgelieferte Erklärung *klingt* zumindest logisch: Japanische Manager fahren in Tokio viel U-Bahn. Durch den Anblick hübscher Beine (oder gar das Zurücklächeln einer attraktiven Dame) aufgemuntert, werden sie, im Büro angekommen, optimistisch und tatendurstig an den Schreibtisch gehen. Und was machen optimistische Manager? Sie planen den Ausbau der Produktpalette, die Erweiterung der Fabriken, ein Engagement in Übersee – und schon boomt die Wirtschaft! Und wenn Japan boomt, zieht das auch die Weltwirtschaft mit. Zugegeben, diese psychologische Erklärung ist gar nicht so abwegig; der Einfluss dieses Faktors wird aber maßlos überschätzt, wie weitere empirische Untersuchungen gezeigt haben.

Nach dem lustigen Ausflug ins Land der Zufallskorrelationen wird es jetzt doppelt ernst – vom Thema her und von den Anforderungen an Sie.

Kriminalität ist das Stichwort für unsere nicht ganz einfache Mitmach-Aufgabe zum Thema Ursachen und Wirkungen. Zu Beginn der 1990er-Jahre wurde in Deutschland – und so auch in Köln – heftig über *die sogenannte Ausländerkriminalität* diskutiert. Damals gab es in Köln-Deutz eine Initiative gegen Fremdenfeindlichkeit, und eines Tages haben wir dort einen offiziellen Vertreter der Kölner Polizei eingeladen, um über das umstrittene Thema zu referieren. Der Mann brachte die üblichen Zahlen vor (die wir hier nur in grober Schätzung wiederholen): 10 Prozent der Bevölkerung in Köln-Deutz sind ausländischer Herkunft, jedoch 15 Prozent der Tatverdächtigen, denen kriminelle Handlungen vorgeworfen werden, sind Ausländer. Damit wollte er belegen, dass Bürger ausländischer Herkunft offenbar stärker zur Kriminalität neigen als Bürger mit deutschen Vorfahren.

Ich stand auf und hatte einen meiner ersten öffentlichen

Auftritte als kritischer Statistiker, der der suggestiven Kraft solcher »eindeutigen Zahlen« mit ein paar Fragen entgegentrat. Um welche könnte es sich gehandelt haben? Dazu der folgende Hinweis: Am häufigsten kommt es vor, dass ein »dritter Mann«, also eine übersehene Hintergrundvariable, den scheinbaren kausalen Zusammenhang hat entstehen lassen. So ist es auch in diesem Fall. Hier gibt es sogar mindestens vier solcher Hintergrundvariablen. Versuchen Sie doch mal, sie zu finden!

Nicht gleich weiterlesen; das gilt nicht! Um Ihnen mehr Gelegenheit zum Nachdenken zu geben, schalten wir an dieser Stelle noch ein zweites, kleineres Rätsel dazwischen: Es gibt in den westlichen Ländern nachweisbar eine positive Korrelation zwischen dem Durchschnittseinkommen der erwerbstätigen Bürgerinnen und Bürger und ihrer Schuhgröße. Glauben Sie, dass Personalchefs sich bei der Einstufung von Angestellten in Gehaltsklassen überwiegend an deren Schuhgröße (oder vielleicht deren Körpergröße) orientieren? Oder sollte es auch hier einen »dritten Mann« oder eine »dritte Frau« geben?

Zunächst einmal aber zu den Hintergrundvariablen, die sowohl den Bevölkerungsanteil von Menschen ausländischer Herkunft als auch die Kriminalität stark beeinflussen.

1. *das Alter:* Kriminalität ist stärker ausgeprägt bei jungen Menschen. Unter den Migranten ist der Anteil der Jugendlichen überdurchschnittlich hoch, weil es weniger Migranten im Rentenalter gibt, und weil Migrantenfamilien im Durchschnitt mehr Kinder bekommen als die »eingeborenen« Familien;[7]
2. *das Geschlecht:* Die meisten Kriminellen sind männlich; unter den Migranten ist der Männeranteil ebenfalls überdurchschnittlich groß,[8] weil zunächst fast ausschließlich

Männer als sogenannte Gastarbeiter nach Deutschland gezogen sind; weil Männer stärker als Frauen dazu neigen, ein Flüchtlingsschicksal auf sich zu nehmen; und vielleicht auch deshalb, weil in stärker patriarchalisch geprägten Familien Söhne beliebter sind als Töchter und deshalb eine größere Überlebenschance haben;

3. *die soziale Schicht:* Örtliche Polizeiwachen erfassen hauptsächlich Delikte wie Diebstahl, Einbruch, Körperverletzung, Raub. Solche Taten werden überwiegend von sozial Schwachen begangen. Und leider sind viele Migranten eher in den sozial schwächeren Kreisen der Bevölkerung zu finden. Bei Taten wie Steuerhinterziehung oder Wirtschafts- und Umweltvergehen ist das anders, aber dieser Teil der Kriminalität geht in die örtliche Polizeistatistik gar nicht ein;
4. *der Rassismus* der bestohlenen Deutschen, der deutschen Kaufhausdetektive und Polizisten: Er sorgt dafür, dass im Zweifelsfall eher ein türkisch- oder russischstämmiger Jugendlicher der Tat verdächtigt wird als ein deutschstämmiger; dass gut deutsch aussehende Kriminelle also wahrscheinlich eine größere Chance haben, unentdeckt zu bleiben. Für Schwarze, egal, welcher Nationalität, gilt das noch verschärft;
5. *Großstädte:* Migranten leben vorwiegend in Großstädten, weil es dort für sie die meisten Arbeitsplätze gibt; Kriminalität konzentriert sich ebenfalls auf Großstädte. Diese Variable wirkt allerdings nur dann, wenn die vergleichende Statistik auf ganz Deutschland bezogen wird und nicht, wie bei unserer Diskussion mit der Polizei, auf eine einzelne Stadt wie Köln.

Zu diesen relativ offensichtlichen Variablen kommen die komplexeren Felder Familienstand, Bildungsstand und Erwerbstätigkeit hinzu: Einwohner mit Migrationshintergrund sind häufiger ledig, häufiger erwerbslos und haben häufiger als die übrigen Einwohner keinen Schul- oder Berufsabschluss – nicht zuletzt wegen sprachlicher Probleme. Alle diese Merkmale treten auch bei Kriminellen besonders häufig auf.

Der Polizist ließ sich von diesen ausführlichen Einwänden schließlich überzeugen und revidierte seine Position. Anders sah das bei vielen Leuten im Viertel aus, mit denen wir sprachen. Wir mussten erkennen, dass grobe Vereinfachungen oft ziemlich resistent gegen logische Einwände sind, vor allem dann, wenn sie private Alltagserfahrungen zu bestätigen scheinen und schmeichelhaft für denjenigen sind, der sie ausspricht.

Faschisten und andere Demagogen machen es manchmal besonders geschickt und behaupten in Diskussionen gar nicht offen eine Kausalität. Sie sagen also nicht: Die Ausländer sind häufig kriminell; deshalb müssen sie verschwinden. Sondern sie sagen etwa: Seit die vielen Ausländer da sind, ist die Kriminalität stark gestiegen. Die Folgerung auf die (vermeintliche) Ursache überlassen sie elegant ihren Zuhörern; und die rein *zeitliche* Abfolge ist schwer zu bestreiten. Jörg Haider in Österreich und Christoph Blocher in der Schweiz waren und sind Meister dieses Fachs. Besondere Vorsicht ist also geboten bei Behauptungen nach dem Muster: »Seit ich in der Mannschaft spiele, haben wir nicht mehr verloren« oder »Seit ich Kanzler(in) bin, sinkt die Arbeitslosigkeit« oder allgemein: *Seit A gilt, können wir auch B feststellen.* Selbst wenn der zeitliche Zusammenhang gilt, ist damit A noch lange nicht die Ursache für B.

Das Geschlecht ist übrigens die entscheidende Hintergrundvariable der Korrelation zwischen Durchschnittseinkommen und Schuhgröße: Männer haben die größeren Füße – und die höheren Einkommen. Bezieht man die Korrelation auf die gesamte Bevölkerung, kommt noch das Alter als Hintergrundvariable hinzu: Kinder und Ältere haben in der Regel kleinere Füße und kleine Einkommen.

1 Darrell Huff: *Wie lügt man mit Statistik*, a.a.O., S. 53f.

2 Hans-Peter Beck-Bornholdt, Hans-Hermann Dubben: *Der Hund, der Eier legt*. Reinbek 1997, S. 146.

3 »Allergien durch Weichmacher?« www.vistaverde.de 16.8.2004. Die Stellungnahme des dänischen Asthmatikerverbandes wurde in einer Pressemitteilung der österreichischen PVC-Industrie zitiert (Weichmacher und Allergien, www.ots.at, 18.8.2004). Allgemein zu Gesundheitsrisiken durch Phthalate: M. Otto K. E. von Mühlendahl: »Diethylhexylphthalat (DEHP, Phthalat)«. www.allum.de (Allergien, Umwelt, Gesundheit), Januar 2009.

4 In den 1990er- und 2000er-Jahren ist die Anzahl der Weißstörche in Mitteleuropa dank des Einsatzes von Naturschützern wieder angestiegen.

5 Christian Pantle: »Fromme Frauen werden rund«, in: *Focus Online*, 26.8.2006. Die Studie legte Ken Ferraro von der Purdue-Universität vor.

6 So zum Beispiel in der *Wirtschaftswoche*, 28.10.2004; *Spiegel Online*, 12.3.2008.

7 Das Durchschnittsalter von Einwohnern mit Migrationshintergrund beträgt 34,8 Jahre, das von Einwohnern ohne Migrationshintergrund 45,6 Jahre, laut Mikrozensus 2009 des Statistischen Bundesamts. Siehe http://bit.ly/durchschnittsalter (führt auf destatis.de).

8 50,8 Prozent Männer bei den Einwohnern mit Migrationshintergrund laut Mikrozensus 2006 des Statistischen Bundesamts (48,5 Prozent Männer bei den Einwohnern ohne Migrationshintergrund).

Kapitel 4

Absolut Spitze oder relativ egal?

Große Aufregung an der Fachhochschule Remagen! In der Mensa liegt ein Flugblatt aus mit der fetten Überschrift: »50 Prozent der Studierenden fordern: Professor Boshaft soll gehen!« Ein Beispiel für

Lügen mit relativen Zahlen

Was war passiert? Studentin Anja T. kann Professor Boshaft nicht ausstehen. Sie hatte eine Kommilitonin angesprochen: »Was hältst du eigentlich von diesem Boshaft? Ist der nicht furchtbar? Die zynischen Bemerkungen, die der immer macht, sind doch unterste Schublade. Und die Beispiele, die der immer bringt, sind doch geschmacklos, geradezu prolo. Der ist doch hier fehl am Platz; was meinst du?«

»Ja? Nö, ich finde den lustig. Ich finde das gut, was der macht.«

Nach dieser unerwarteten Wendung hatte sich Anja T. entschlossen, ihre Umfrage unter den Studierenden an dieser Stelle abzubrechen und sich mit einer Stichprobe von zwei Personen zu begnügen. Eine davon, nämlich sie selber, hatte ihrer Forderung zugestimmt. Folglich waren 50 Prozent der (befragten) Studierenden dafür, Professor Boshaft in die Wüste zu schicken.

Dieses Beispiel ist natürlich frei erfunden, aber es zeigt, wie leicht man mit Prozentzahlen »lügen« kann, ohne offen und nachweisbar die Unwahrheit zu sagen. In der Praxis begegnen wir auf Schritt und Tritt Aussagen, die ganz ähnlich gestrickt sind wie das Anti-Boshaft-Flugblatt. Da heißt es zum Beispiel, der Aktienkurs der Firma *In Between Multimedia* (Name geändert) sei gestern an der Börse um 70 Prozent gestiegen. Wer genauer nachschaut, erfährt, dass die Aktie am Vortag so gut wie nichts wert war und sich von diesem Stand um 70 Prozent auf »fast nichts« verbessert hat. Bravo, Herr Insolvenzverwalter!

Den Charme solcher Prozentzahlen hat der Statistiker Walter Krämer so treffend geschildert, dass wir die Passage hier im Wortlaut zitieren möchten:

> »Wohl- und übelwollende Benutzer gleichermaßen schätzen es [das Prozent] wegen seiner Aura von mathematischer Neutralität und Sachlichkeit. ›Prozent‹ – oder, wie man im Norden Deutschlands vornehm sagt, ›Percent‹ – riecht nach Kaufmannskontor und doppelter Buchführung; die Seriosität quillt nur so aus den Knopflöchern. Prozente stehen für Glaubwürdigkeit und Autorität, Prozente strahlen Gewissheit aus, Prozente zeigen, dass man rechnen kann, sie verleihen Autorität und Überlegenheit, umso mehr, und wahrscheinlich dadurch noch verstärkt, als so mancher Adressat einer modernen Prozentpredigt überhaupt nicht weiß, was eigentlich Prozente sind.[1]«

Sie, verehrte Leserinnen und Leser, wissen das natürlich, und wenn Coautor Jens es als Nichtmathematiker an dieser Stelle kurz erklärt, dann nur, um Ihnen dabei zu helfen, es anderen Leuten zu erklären … *Prozent* (früher sagte man auch »vom

Hundert«) gibt immer ein Größenverhältnis zwischen zwei Zahlen an und vergleicht es mit der Zahl 100. Wenn zum Beispiel 5 von 20 Schülerinnen und Schülern einer Klasse eine Jeans der Marke Slims tragen, dann ist das ein Viertel der Klasse. Ein Viertel von 100 wäre 25. Folglich sind das 25 Prozent der Klasse.[2]

Stehen geblieben waren wir beim Beispiel der Aktie, die so wenig wert ist, dass eine Steigerung von 70 Prozent so gut wie nichts bedeutet. Mit dieser Logik im Kopf verstehen wir auch, warum ausgerechnet die südkoreanische Automarke Hyundai von der Presse im Sommer 2009 als Spitzenreiter der *Abwrackprämien-Profiteure* gefeiert wurde. Hyundai verzeichnete dank der Prämie 146 Prozent mehr Neuzulassungen als im Vorjahr. VW rangierte als größter deutscher Profiteur mit 26 Prozent mehr Neuzulassungen erst auf Platz 14 der Skala. Die absolute Anzahl der Neuzulassungen pro Marke wurde nicht angegeben, ließ sich aber aus den angegebenen Zahlen errechnen und ergibt ein ganz anderes Bild. In der Rangfolge dieser absoluten Zahlen finden wir – wie erwartet – VW auf Platz 1 und Hyundai erst auf Platz 9.

Die Profiteure der Abwrackprämie, relativ gesehen

Steigerung des Absatzes in Prozent

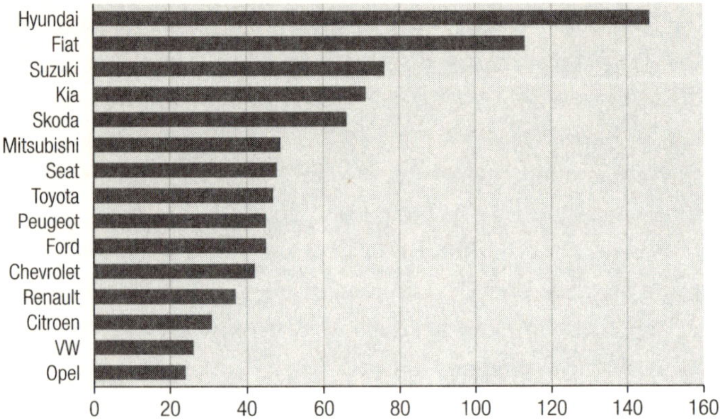

Datenquelle: Kraftfahrt-Bundesamt

Die Profiteure der Abwrackprämie, absolut gesehen

Zusätzlich verkaufte Autos in Tausend

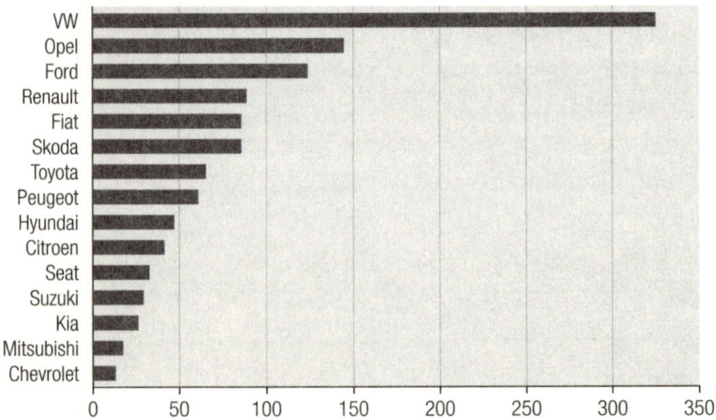

Datenquelle: Kraftfahrt-Bundesamt; eigene Berechnung

Oben die Reihenfolge der Abwrackprämien-Profiteure in relativen Zahlen, nach: Die Zeit, 2.7.2009. Unten die Reihenfolge, wenn man die absoluten Zahlen vergleicht.

Ein Vergleich von Steigerungsraten verzerrt die Lage also vor allem dann, wenn die Ausgangsgrößen der Wettbewerber sehr unterschiedlich sind. Ein Wettbewerber mit großem Marktanteil wie VW kann kaum jemals solche Steigerungsraten erzielen wie kleine Wettbewerber; denn dafür müsste er schon andere große Wettbewerber fast völlig vom Markt verdrängen.

Und jetzt sind Sie dran! Aber Vorsicht, Fangfrage! Stellen Sie sich vor, Sie liegen im Krankenhaus, und der Stationsarzt sagt Ihnen: Medikament A hat zwar den Vorteil »Pipapo«, aber das *Thrombose-Risiko* ist bei Medikament A um 100 Prozent größer als bei Medikament B. Wäre Ihnen das egal?

Da dürften Sie kaum Ja gesagt haben, trotz des besagten Vorteils »Pipapo«. Hätte der Arzt Ihnen aber stattdessen gesagt, dass bei Medikament A im Schnitt 2 von 7000 Patienten eine Thrombose bekommen, bei Medikament B dagegen nur 1 von 7000, dann hätten Sie diesem Unterschied wahrscheinlich wenig Bedeutung beigemessen, und andere Eigenschaften des Medikaments wären Ihnen wichtiger gewesen. Mathematisch sind aber beide Angaben gleichwertig.[3]

In der Werbung für *Mammografie*, also die Früherkennung von Brustkrebs, wird genau mit diesem optischen Unterschied gearbeitet; dort allerdings ins Positive gewendet. Das Risiko, an der Krankheit zu sterben, heißt es da, sei um 25 Prozent geringer, wenn eine Frau über fünfzig jährlich zur Mammografie-Untersuchung gehe. Dahinter steckt jedoch folgendes Zahlenverhältnis: Von 1000 Frauen, die nicht zum Brustkrebs-Screening gehen, sterben binnen zehn Jahren im Schnitt 4 an Brustkrebs. Bei Frauen, die jährlich eine Mammografie machen lassen, sind es dagegen »nur« 3 von 1000. »25 Prozent« heißt zwar übersetzt »25 vom Hundert«; in diesem Fall aber heißt es: eine vom Tausend.[4] So führen selbst geringe Veränderungen bei kleinen absoluten Zahlen zu großen Prozent-Unterschieden!

Wenn wir dazu noch erfahren, dass von den 1000 Frauen, die zur Früherkennung gingen, mindestens 50 eine falsche Erstdiagnose bekamen, wird die Irreführung noch haarsträubender. Viele davon wurden falsch behandelt, manche sogar irrtümlich operiert. Das berichtete Gerd Gigerenzer vom Harding-Zentrum für Risikokompetenz.[5] Diese zusätzlichen Sterberisiken sind im Endeffekt möglicherweise ähnlich groß wie das Zusatzrisiko, an Brustkrebs zu sterben, wenn eine Frau nicht zur Untersuchung geht. Das ist wissenschaftlich noch nicht geklärt, und die Kreise, die an den Massentests verdienen, haben auch gar kein Interesse an einer vollständigen Klärung.

Es sieht bisher ganz so aus, als seien Prozentzahlen generell verdächtig, während die absolute Zahl der ungeschminkten Wirklichkeit näher kommt. Richtig ist, dass eine Prozentzahl, wenn man die absoluten Zahlen nicht kennt, einen Teil der Information verschweigt. 25 Prozent oder ein Viertel, das können 1 von 4 sein oder 8000 von 32 000. Es scheint so, als seien absolute Zahlen im Allgemeinen gewissermaßen »reiner« und »unschuldiger« als relative. Wenn da nicht die nachfolgenden Beispiele wären für

Lügen mit absoluten Zahlen

»*Sportliche Fahrer* sind die besseren Fahrer!« So könnte die Schlagzeile in der Mitgliederzeitschrift eines großen deutschen Autofahrerverbands lauten. »Beweis:« Im Jahr 2008 sind nur 28 Fahrer bei Tempo 200 und mehr verunglückt, aber Hunderttausende bei Tempo 50.[6]

Dürfen wir noch etwas konsequenter sein? Wir empfehlen Tempo 400, denn unseres Wissens ist noch nie jemand bei Tempo 400 im öffentlichen Straßenverkehr verunglückt – vielleicht sind Unfälle bei diesem Tempo ja physikalisch unmöglich …

Abstrus? Sicher – aber anscheinend nicht abstrus genug. Denn es gibt tatsächlich immer wieder statistische Argumentationen dieser Art. Eine solche habe ich im September 2006 selbst erlebt. Bei einer Diskussionsveranstaltung der Süddeutschen Zeitung in München über den »Angstfaktor Demografie« und Bildungspolitik wollte der damalige nordrhein-westfälische Familienminister Armin Laschet (CDU) beweisen, wie mutig sich seine Landesregierung den Herausforderungen der Zukunft gestellt habe: »Wir haben in NRW *1000 zusätzliche Lehrer eingestellt.*«[7] Die stolzgeschwellte Brust war unverkennbar, die Bildungsmisere schien abgewendet.

Etwas ironisch drückte ich meine Bewunderung aus: »Tausend Lehrer, klasse! Das ist ja eine große Menge!« Freundchen, mit dieser absoluten Zahl turnst du aber gefährlich auf dem Glatteis, funkte mein Gehirn, zum Glück nicht laut. »Wie viele Schulen gibt es denn in Nordrhein-Westfalen?«, fragte ich stattdessen, und unser Eistänzer schwankte bedenklich. Laschets Auffangversuch, er habe die Zahlen gerade nicht parat, kam kurz vor dem Sturz. Ein Professor aus Rheinland-Pfalz – zumindest vom Dienstort – konnte aushelfen: »Es sind knapp 7000 öffentliche Schulen.« Und bevor ich weiterrechnen durfte, reagierte das Publikum mit deutlichem Raunen. Die Leute hatten verstanden: Gerade einmal jede siebte Schule konnte sich über einen zusätzlichen Lehrer freuen. Und der

Herr Minister hatte nach dieser unerwarteten Wendung sichtlich Mühe, seine weiteren Argumente glaubwürdig an den Mann und die Frau zu bringen.

Hier haben wir Fälle, in denen eine absolute Zahl, etwa die Anzahl der Kartoffeln, wenig aussagt oder sogar in die Irre führt, wenn wir zum Beispiel nichts über die Größe des Ackers erfahren, von dem der Bauer sie geerntet hat. Zu den (frei erfundenen) 28 Unfällen müssen wir wissen, wie viel Zeit deutsche Autofahrer bei Tempo 200 und mehr verbringen. Zu den 1000 Lehrern müssen wir wissen, auf wie viele Schulen sie sich verteilen.

Ähnlich problematisch verhält es sich mit internationalen Ländervergleichen und überhaupt mit vielen Rangfolgen (Rankings), die heute in Mode sind. Das Wirtschaftsministerium setzt uns eine absolute Milliardenzahl vor und verkündet – zumindest bis zur Finanzkrise – stolz: Deutschland schon wieder *Exportweltmeister!* Man verschweigt uns, dass Deutschland mit seinen offiziell gut 80 Millionen Einwohnern im internationalen Maßstab ein recht großes Land ist. In einem Vergleich der Exportleistungen pro Einwohner rutscht der »Weltmeister« auf Platz 16 ab – was immer noch ein sehr guter Platz ist, bei 168 untersuchten Ländern.[8] Ganz vorne auf der Liste stehen aber andere: Singapur, die Vereinigten Arabischen Emirate und Hongkong; Norwegen folgt als erstes europäisches Land auf Platz 5. Auch die Schweiz liegt mit Platz 10, Österreich mit Platz 14 noch vor dem großen Nachbarn im Norden.

Allerdings hat auch die Pro-Kopf-Betrachtung ihre Tücken, da kleine Länder (und besonders Stadtstaaten wie Singapur und Hongkong) wegen ihres beschränkten Binnenmarktes unweigerlich mehr mit den Nachbarn handeln müssen.

Dass sich auch Linke auf solche statistischen Kniffe verstehen, bewies der Politologe und frühere PDS-Abgeordnete Winfried Wolf. 2009 behauptete er in einem Aufsatz, die *Arbeitslosigkeit* in Deutschland habe 2008 wieder ähnliche Ausmaße angenommen wie in den großen Krisenjahren 1929–1932, und führte als Beleg an, dass die absoluten Zahlen eine vergleichbare Größenordnung haben. Dabei ließ er außer Acht, dass das vereinigte Deutschland inzwischen viel mehr Einwohner hat (gut 80 statt rund 65 Millionen), dass die Familien damals im Schnitt viel größer waren und dass die Erwerbsquote der Frauen damals kleiner war als heute. Das bedeutet aber: Wenn damals ein Arbeiter arbeitslos wurde, gerieten dadurch in der Regel viel mehr Menschen in Not als heute. Wir kommen also hier um einen Vergleich relativer Zahlen, zum Beispiel der Arbeitslosenquoten, nicht herum. Wolf bediente sich gewollt oder ungewollt dieses Tricks, um mehr Aufmerksamkeit auf das Problem der heutigen Arbeitslosigkeit zu lenken.

Das folgende persönlich erlebte Beispiel aus dem Jahr 2007 haben wir schon auf Seite 36 angerissen. Die Offenheit des »Täters« verblüfft mich heute immer noch. Eine Woche vor Weihnachten wollte uns ein Herr Doktor vom Institut für Arbeitsmarkt- und Berufsforschung in einem Vortrag noch einmal kräftig schocken. Die Grafik, die er an die Wand projizierte, »bewies« anschaulich, wie der *Rückgang der Jugendlichen* nachfolgend unser Arbeitskräftepotenzial bedenklich schmälert und die Alterung der Gesellschaft vorantreibt.

Es folgt unser Nachbau, den Sie schon aus dem Kapitel »Ein Bild lügt schneller als tausend Zahlen« kennen.

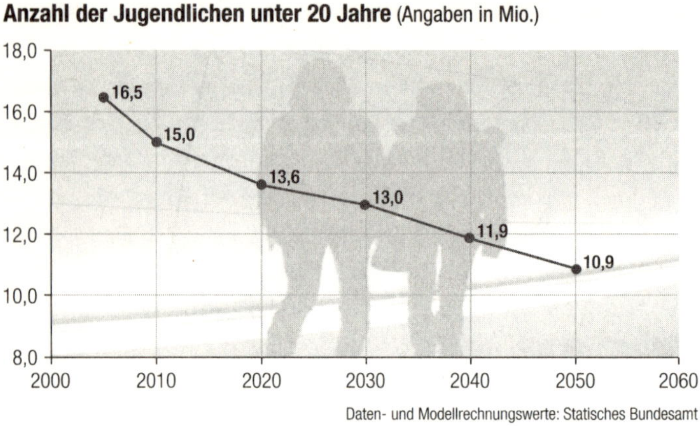

Das angebliche Aussterben der Jugend in Deutschland bis 2050

Die Botschaft besagten Doktors war klar: Es wird dramatisch.

Doch er hatte nicht nur, wie schon gezeigt, an der y-Achse manipuliert, sondern mit der absoluten Zahl auch einen falschen Indikator für das angegeben, worauf es ihm ankam: die Auswirkung auf das Arbeitskräftepotenzial der Gesellschaft. Eine halb so große Bevölkerung braucht auch nur halb so viele Arbeitskräfte. Deshalb ist nicht die absolute Anzahl, sondern der (relative) Anteil der Jugendlichen an der Bevölkerung hier die ausschlaggebende Größe (siehe Grafik rechts)!

Als ich den »neutralen« Referenten in der Kaffeepause auf seine Grafik ansprach – leckere Weihnachtsplätzchen hatten meinen Ärger inzwischen stark abgemildert –, blieben mir die Krümel fast im Hals stecken. Der Herr Doktor meinte lächelnd: »Ja, Sie haben in beidem recht. So hatte ich es auch

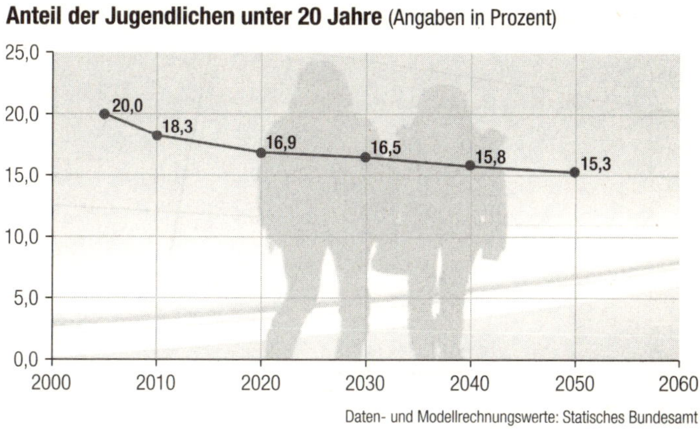

Unsere statistisch sauberere Version der Bevölkerungsprognose mit Prozentangaben und vollständiger y-Achse

zu erst gezeichnet, aber das sah ja gar nicht dramatisch aus.« Ich war zu perplex, um sauer zu werden.

Haben Sie es auch schon bemerkt? Dieses Beispiel hat noch eine unerwähnte Yin-Seite, wie wir das im Kapitel »Yang ohne Yin« genannt haben. Schauen wir doch nicht nur in die Zukunft, sondern auch einmal in die Vergangenheit! Das haben wir in der Grafik auf Seite 80 getan.

Die demografische Revolution steht also nicht vor uns, sondern wir haben sie in den letzten gut hundert Jahren bereits bewältigt, ohne dass uns die Arbeitskräfte ausgegangen wären und ohne den viel beschworenen Krieg der Generationen. Dafür aber mit enormem wirtschaftlichen Wachstum bei gleichzeitiger Verkürzung der Arbeitszeit und massivem Ausbau des Sozialstaates.

Anteil der Jugendlichen unter 20 Jahre (Angaben in Prozent)

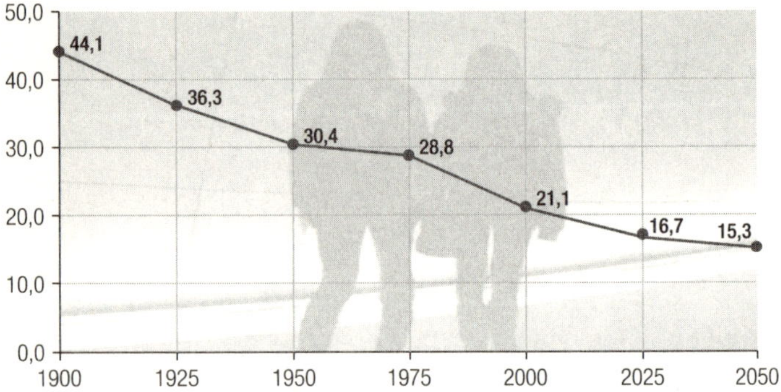

Datenquelle: Bundesinstitut für Bevölkerungswissenschaften
Modellrechnung: 12. Koordinierte Bevölkerungsvorausberechnung, Statistisches Bundesamt, Mittelwert der beiden Hauptvarianten

Der Anteil der Jugendlichen nahm vor allem in der Vergangenheit ab. Was uns bis 2050 noch bevorsteht, ist vergleichsweise harmlos.

Während die Zahl der Jugendlichen, wie man uns weismachen will, drastisch abnimmt, nehmen die *Sozialausgaben* des Staates, so scheint es, rasend schnell zu. Auch hier zeigt man uns wie in der Grafik rechts meist die Kurve mit den absoluten Zahlen, und die ist in der Tat in den letzten Jahren stetig gewachsen – von ca. 420 Milliarden Euro im Jahr 1991 bis auf gut 720 Milliarden Euro im Jahr 2008.

Meist wird in der Darstellung auch noch nach bekannter Methode die y-Achse gekürzt, um die »Bergflanke« der Sozialausgaben so steil wie möglich erscheinen zu lassen. Die Botschaft ist klar: Der »Wildwuchs« muss beschnitten, dem »Missbrauch« muss dringend Einhalt geboten werden, die sozialen Leistungen müssen unbedingt auf diejenigen beschränkt werden, »die sie wirklich brauchen«. »Treffsicherheit« nannte das der österrei-

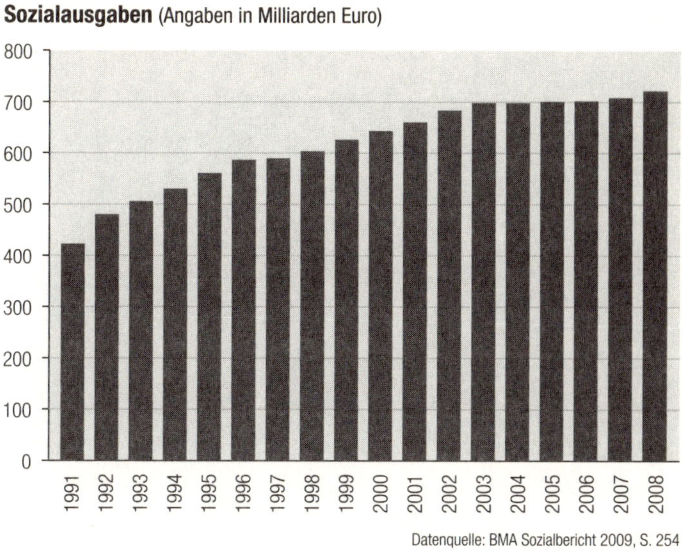

Diese Grafik zeigt dramatisierend die Entwicklung der absoluten Sozialausgaben.

chische Rechtspopulist Jörg Haider. Und leider hat dessen Wortwahl einen Erben, den FDP-Vorsitzenden Guido Westerwelle.[9]

Dabei teilen die Sozialausgaben nur das Schicksal fast aller absoluten Ausgaben. Auch die Urlaubsausgaben der Deutschen steigen, in absoluten Zahlen angegeben, fast jedes Jahr an; ebenso die Nebenkosten für Miete und Hauseigentum, die Gehälter der Staatssekretäre oder die durchschnittlichen Gewinne der dreißig DAX-Unternehmen. Richtig wäre hier wieder die relative Betrachtung, also: Wie viel Prozent unseres Wohlstands – meist gemessen als Bruttoinlandsprodukt (BIP) – entfallen auf staatliche Sozialausgaben? Das haben wir in der Grafik auf Seite 82 dargestellt.

Sozialausgaben (in Prozent des Bruttoinlandsproduktes)

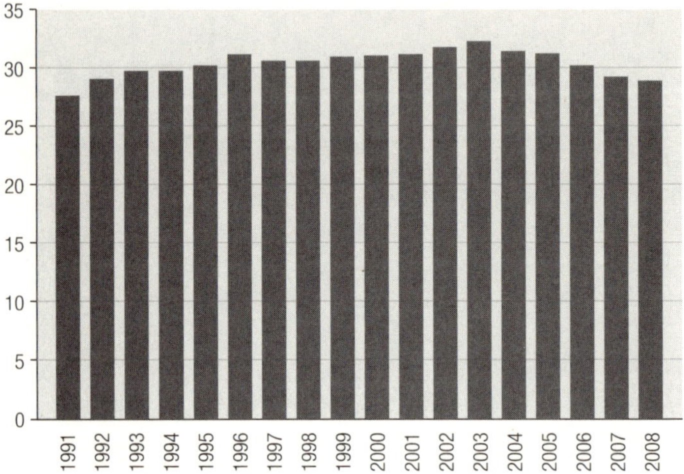

Datenquelle: BMA Sozialbericht 2009, S. 254

Der Anteil der Sozialausgaben an der wirtschaftlichen Leistung

Das Bild überrascht. Trotz deutlich gestiegener Arbeitslosigkeit liegt die Sozialquote fast konstant bei etwa 30 Prozent des BIP. Und das gilt sogar rückblickend für die alten Bundesländer seit Mitte der 1970er-Jahre. Wenn die sozialen Probleme größer werden, wir für ihre Bewältigung aber einen stagnierenden Anteil des BIP ausgeben, müsste man da nicht eher von einem Abbau des Sozialstaates sprechen als von »Wildwuchs«?

Aber lassen wir die harte soziale Realität beiseite und kehren zur vergleichsweise harmlosen Betrachtung statistischer Methoden zurück! Was die Frage »Absolut oder relativ« betrifft, sind Sie jetzt vermutlich ratlos. Waren in den ersten Beispielen die absoluten Zahlen entschieden aussagekräftiger, dienten sie in den letzten Beispielen eindeutig der Verschleierung. »Wat denn nu?« würde der kölsche Jung um Rat bitten. Es hilft nichts: Sie müssen beide Blickwinkel einnehmen, den absoluten und den relativen, und in jedem Anwendungsfall neu entscheiden, was eigentlich untersucht werden soll. Und wenn man Ihnen eine der Zahlen angeblich nicht liefern kann, sollten bei Ihnen die Alarmglocken läuten. Vielleicht hat Ihr Gegenüber unser Buch doch falsch verstanden: nämlich als Anleitung zur Lüge.

Bevor Sie in die Praxis abtauchen, lesen Sie nach einer Erholungspause noch unser nächstes Kapitel. Sonst könnten Sie bei einer an sich vernünftigen und gebotenen Prozentbetrachtung Opfer eines noch subtileren Tricks werden, und das schneller, als Ihnen lieb ist.

1 Walter Krämer: *So lügt man mit Statistik*, a.a.O., S. 51.

2 Man rechnet in diesem Fall so: 5 : 20 x 100 = 25. Haben wir umgekehrt die Prozentzahl (»25 Prozent der 20 Schülerinnen und Schüler«) und wollen die absolute Zahl wissen, rechnet man so: 25 x 20 :100 = 5.

3 »Die kranke Macht der Statistik«, in: *Spiegel Online*, 22.4.2009.

4 Werner Bartens: »Die Fakten und die Toten«, in: *Süddeutsche Zeitung*, 26.9.2009. Ähnlich Kai Kupferschmidt: »Zu viel versprochen«, in: tagesspiegel.de, 12.8.2009; Steffen Schmidt: »Tückische Prozentzahlen«, in: *Neues Deutschland*, 25.4.2009.

5 Ebenda.

6 Fiktive Zahlen.

7 Aus dem Gedächtnis zitiert; siehe unseren Hinweis zu den Zitaten auf S. 309.

8 www.welt-in-zahlen.de, Ländervergleich; Kriteriengruppe: Wirtschaft; Kriterium: Export (in $) je Einwohner, April 2007.

9 Für diesen Hinweis danke ich meinem Freund, dem Rechtsextremismusforscher Prof. Dr. Christoph Butterwegge.

Kapitel 5

Die Grofse Freiheit der Prozentisten

Fett prangt die Überschrift: »Vorstandsmitglieder der Chaos-Bank verdienten *30 Prozent mehr*.« Die Unterzeile spricht vom Jahreseinkommen 2011. Und Sie glauben jetzt, Sie wissen Bescheid. Pustekuchen! Hinter den 30 Prozent kann sich nämlich vieles verstecken: 30 Prozent mehr als 2010; oder 30 Prozent mehr als die Vorstände der Konkurrenz. Selbst die Interpretation, dass der Vorstand 30 Prozent mehr als die anderen Beschäftigten der Chaos-Bank verdiente, wäre mit dem Text vereinbar. Zugegeben, inhaltlich käme darauf wohl kaum jemand, der die Einkommensunterschiede im Finanzsektor kennt. Die Frage ist:

Prozent wovon?

Wer von Prozenten spricht, hat große Freiheiten. Er kann aus einer Menge von möglichen Bezugsgrößen auswählen. Und wenn die Bezugsgröße im Text verschwiegen wird, denken Sie sich als Leser einen Bezug hinzu, den *Sie* für »selbstverständlich« halten. Wenn der aber nicht stimmt, Sie also falsch interpretiert haben, wird der Prozentist seine Hände in Unschuld waschen.

Ein weiteres Beispiel gefällig?

Bei einer *Bundestagswahl* können wir das Ergebnis der Partei »Große Klappe« mit 40 Prozent, aber fast genauso richtig auch mit 28 Prozent angeben, zumindest bei einer Wahlbeteiligung von 70 Prozent. Die Erklärung am einfachsten mit Zahlen: Gäbe es 100 Millionen Wahlberechtigte, von denen 70 Millionen zur Wahl gingen und 28 Millionen die »Große Klappe« wählten, so ergäben sich, bezogen auf die Zahl der Wahlberechtigten, 28 Prozent, bezogen auf die Zahl der tatsächlichen Wähler aber 40 Prozent. Nach dem unseres Wissens in allen Ländern mit Wahlen üblichen Verfahren werden die Prozentanteile der Parteien (beziehungsweise Listen) oder Kandidaten immer auf die Zahl der tatsächlich abgegebenen gültigen Stimmen bezogen. Das ist auch sinnvoll, denn wer nicht zur Wahl geht, hat (mehr oder weniger bewusst) darauf verzichtet, beim Wahlergebnis mitgezählt zu werden. Dennoch sollte man sich ab und zu klarmachen, wie wenig Wahlberechtigte den »großen Wahlgewinner« wirklich gewählt haben.

Und da wir schon beim Thema Wahlen sind, wollen wir die sagenumwobenen Rechenkunststücke der Parteivorsitzenden in den Fernsehrunden nach den Wahlen nicht vergessen. Wer zum Beispiel bei der Bundestagswahl viele Stimmen verloren hat, vergleicht sein Ergebnis nicht mit der vorigen Bundestagswahl, sondern mit der vorvorigen, mit einem angeblichen Trend bei den drei letzten Landtagswahlen oder mit den noch größeren Verlusten, die Demoskopen vor der Wahl vorausgesagt hatten – und so ist sein Verlust fast schon zum Gewinn geworden.

Prozent ist, wie Sie hier erneut sehen, stets ein Größenverhältnis, ein Bruch. Bei einer Prozentangabe steht immer eine Größe im Zähler und eine andere im Nenner. Und *was* im Nenner steht, bleibt oft verborgen oder unklar.

Sind Sie fit? Sind Sie selbstbewusst? Dann können wir Ihnen kurzfristig den Posten des *Bundesvorsitzenden einer Ärzteorganisation* anbieten. Rein virtuell natürlich und ohne Bezahlung! Sie haben allerdings ein Problem. Zwei Termine stehen Ihnen nächste Woche bevor: am Dienstag eine Besprechung im Bundesgesundheitsministerium zum leidigen Endlosthema »Kostendämpfung im Gesundheitswesen«. Da müssen Sie unter allen Umständen verhindern, dass irgendetwas dabei herauskommt, das den Ärztehonoraren schadet. Sie müssen der Runde also klarmachen, dass die Ärzte in den letzten Jahren bereits bitter geblutet haben, um die Kosten zu dämpfen. Am Freitag danach ist die Bundesdelegiertenversammlung Ihres Verbandes, und da wollen Sie unbedingt wiedergewählt werden. Dafür wäre es sehr nützlich, wenn Sie den Delegierten darlegen könnten, was Sie in den letzten Jahren alles für die Ärzte geleistet haben. Und das wird am liebsten in Heller und Pfennig oder besser in Euro und Cent gesehen.

Starten wir mit den Rechnungen für Dienstag im Jammertal, das Sie fürs Ministerium brauchen. Zücken Sie Ihren Taschenrechner, hier sind die Daten. Als Ausgleich für Ihre Mühen dürfen Sie virtuell in dem herrlich bequemen, dezent nach Leder duftenden Stuhl an einem großzügig geschnittenen Schreibtisch aus gediegener Kirsche sitzen.

Einnahmen-Überschuss in Euro nach Abzug aller Praxiskosten		
Jahr	nominal	real in der Kaufkraft des Jahres 2000
1989	117.558	150.901
1991	100.470	121.142
1993	92.437	103.523
1995	97.855	104.985
1997	103.564	107.681
1999	93.432	95.621
2001	107.231	105.181
2003	110.295	105.555
2005	109.855	101.531
2006	108.095	98.223
2007	114.467	101.664

Steuerlicher Einnahmenüberschuss westdeutscher Zahnärzte 1989 bis 2007 (je Praxisinhaber nach Abzug aller Praxiskosten – verkürzte Tabelle). Werte vor 2002 sind in Euro umgerechnet.[1]

Noch eine kleine Hilfe: *Nominal* sind die Beträge, die Sie in den Jahren tatsächlich erhalten und so dem Finanzamt melden. Um die tatsächliche Kaufkraft zu messen, werden diese nominalen Beträge mit der Inflationsrate korrigiert. Das ergibt dann die aussagekräftigeren *realen* Einkommen.

Jetzt aber genug der Vorrede. Zeigen Sie, dass Sie das Zeug zum Profi-Zahlenklauber und geprüften Prozentisten haben!

Bevor wir Ihnen unsere Lösung für das Jammertal verraten, sollten Sie noch schnell die Jubelrechnung für die Verbandsrede machen. Nach dem ersten Kopfzerbrechen sollte es Ihnen nicht schwerfallen, die Einkommensentwicklung gut aussehen zu lassen. Dazu nehmen Sie natürlich die gleiche Einkommenstabelle wie eben. Wir lügen ja nicht!

Nach Ihren Rechnungen verschwindet die Tabelle allerdings in der Schublade. Schließlich wollen Sie Ihre Gesprächspartner nicht mit zu viel Information zuschütten. Und da Zahlen so nackt nicht richtig wirken, basteln Sie am besten noch ein paar klangvolle Sätze drum herum und können dann Ihrem ersten Auftritt entgegeneilen.

Etwa so könnten Sie sich mit leicht bebender Stimme im Gesundheitsministerium vernehmen lassen: »Seit der Wiedervereinigung 1989 ist unser Einkommen real um ein Drittel gesunken. Selbst, wenn wir fälschlicherweise die Preissteigerungen von mehr als 40 Prozent seit 1989 unberücksichtigt lassen, haben wir immer noch ein Minus im Portemonnaie. Die Zahnärzte haben also ihren Beitrag zur Konsolidierung der Gesundheitsfinanzen wahrlich schon geleistet.« Und falls Ihnen der Blick über zwanzig Jahre zurück zu antiquarisch erscheint, gibt es auch eine aktuellere Variante: »Von 1997 bis 2007 ist unser Einkommen real um knapp 6 Prozent gesunken. Wir haben in den letzten Jahren also unseren Beitrag zur Konsolidierung der Gesundheitsfinanzen wahrlich schon geleistet. Jetzt sind andere dran!« So massiv mit unbestechlichen Prozentzahlen argumentierend, brauchen Sie über das tatsächliche aktuelle Einkommen der Ärzte – immerhin knapp 10 000 Euro monatlich – im Ministerium wahrscheinlich kein Wort zu verlieren und bugsieren Ihren Verband ungeschoren durch die Sitzung.

Eine kleine Feinheit am Rande: Auch Sie wissen, dass die Wiedervereinigung erst 1990 war. Aber kleine Fehler lenken ab! So bleibt der wirkliche Trick, dass Sie sich unter den stark schwankenden Einkommen genau das Basisjahr mit dem höchsten Einkommen herausgesucht haben, ebenso unbemerkt wie der Trick, dass Sie für Ihre Hauptaussage statt der nominalen die realen Einkommen herangezogen haben.[2]

Und jetzt der doppelte Rittberger! Drei Tage später legen Sie den Delegierten mit stolzgeschwellter Brust Ihre Leistungsbilanz vor: »Liebe Kolleginnen und Kollegen! Es ist eine harte Zeit für alle Ärzte. Immer wieder wird gerade bei uns gespart, um das Gesundheitssystem finanzierbar zu halten. Sie verfolgen das ja auch in den Medien. Aber für unseren wahrlich schon gebeutelten Sektor konnte ich dank vieler unermüdlicher Verhandlungen durchsetzen, dass unsere Einkommen in den letzten acht Jahren um gut 22 Prozent gestiegen sind. Ich danke allen, die mir bei meinem Einsatz geholfen haben.« Stehender Applaus, und Ihre Wiederwahl ist nur noch eine Formsache. Kleinigkeiten wie die diesmal unberücksichtigten Preissteigerungen und das seltsame Basisjahr fallen hinter den tollen Prozenten niemandem mehr auf.

Sie haben es geahnt: Eine solche Geschichte kann man nicht erfinden. Ich habe sie als Statistiker eines Ärzteverbandes mit anderen Jahreszahlen und drei Wochen Abstand zwischen den Ereignissen fast genau so erlebt. Die Freiheit der Prozentrechner ist bei Zeitreihen mit stark schwankenden Werten fast unendlich.

Bevor ich es vergesse: Vielen Dank für Ihre Mitarbeit bei der Rettung eines verarmten, erniedrigten und beleidigten Berufsstandes! Die Benotung Ihrer Arbeit nehmen Sie bitte selber vor. – »Typisch Professor!«, sagt Jens dazu. »Wird das Prinzip des Sich-selber-Benotens der Prüflinge demnächst als Beitrag zur Kostendämpfung im Hochschulwesen eingeführt?«

Natürlich kennen und nutzen auch andere diese Tricks. Beispiel *Klimaschutz*: Der damalige US-Präsident George W. Bush sagte im Sommer 2008 bei einer Gipfelkonferenz zu, dass die

USA den Ausstoß klimaschädlicher Treibhausgase bis 2050 um mindestens 50 Prozent absenken würden. Das Basisjahr vergaß er leider bei der Ankündigung. Vermutlich meinte er das Jahr mit dem höchsten Ausstoß überhaupt, während die ganze übrige Welt sich bei solchen Angaben an das in internationalen Klimaschutzabkommen übliche Basisjahr 1990 hält. Das wäre ein in Worten kleiner, aber von der Wirkung riesiger Unterschied. Denn je höher der Ausstoß im Basisjahr war, desto größer ist auch das, was nach Abzug von 50 Prozent übrig bleibt.

Jenes Basisjahr 1990 schafft normalerweise im internationalen Klimaschutz Klarheit bei den angestrebten und erreichten Vereinbarungen; aber es sorgt trotzdem auch für Verzerrungen. Deutschland steht im internationalen Vergleich mit einer erreichten Absenkung des Treibhausgas-Ausstoßes um 22,2 Prozent (Stand 2008)[3] viel besser da als beispielsweise Spanien, das seinen Ausstoß um fast 50 Prozent gesteigert hat, oder die USA mit ihrem Plus von rund 16 Prozent. Wenn man sich genauer anschaut, wer noch besser abgeschnitten hat als Deutschland, kommt man der Erklärung auf die Spur: Das sind Länder wie Tschechien, Polen, Russland und die Ukraine. Deren Ausstoß sank um sagenhafte 25 bis 55 Prozent! Natürlich liegt das nicht am phänomenalen Umweltbewusstsein dieser Staaten, sondern am Zusammenbruch der früheren Ostblock-Wirtschaft mit ihren zahllosen veralteten Kraftwerken und Industriebetrieben. Und Deutschland – mit seiner zusammengebrochenen Industrie in der ehemaligen DDR – kann sich jetzt dank des glücklichen Basisjahrs über die Maßen als Land der Klimaschützer loben.

Wie bei Prozentzahlen mit der Auswahl der Bezugsgröße bewusst Politik gemacht wird, zeigt das Beispiel der *Atomindustrie*. Der Kölner Stadt-Anzeiger veröffentlichte 2006 eine

Grafik zur Zahl der Atomreaktoren weltweit. Sie ist typisch für die Argumentation der Atomindustrie. Dabei wurde im konkreten Beispiel behauptet, der »Anteil der nuklear erzeugten Energie« betrage in Deutschland 31 Prozent und in Frankreich 78 Prozent. Als Quelle der Grafik wurde die mysteriöse Abkürzung CEA angegeben. Dahinter verbirgt sich das offizielle französische Komitee für Atomenergie (Commissariat à l'énergie atomique), das unter anderem die Aufgabe hat, französische Atomkraftwerke in der Öffentlichkeit gut zu präsentieren. Dieser Aufgabe wurde der Zeitungsartikel gerecht, indem er die Bedeutung der Atomkraft für die Energieerzeugung »ein wenig« übertrieben hat. In Wirklichkeit stellt die Atomkraft in Deutschland nur etwa 13 Prozent der verbrauchten Primärenergie.[4] Während die genannten 31 Prozent, vermutlich mit Absicht, schnell das Horrorbild heraufbeschwören, ein Ausstieg aus der Atomkraft werde in Deutschland wohl das Licht ausschalten, können wir uns bei 13 Prozent schon viel eher vorstellen, dass man das mit Energieeinsparung, Windkraft und anderen erneuerbaren Energien überbrücken könnte. Die 31 Prozent der CEA sind zwar vielleicht nicht falsch (andere Quellen nennen 23 oder 28 Prozent)[5], beziehen sich aber nur auf die *Stromproduktion*. Große Teile der Wärmeenergie (zum Beispiel in Heizungsanlagen) oder der Bewegungsenergie (beispielsweise in Motoren) wurden bewusst ausgeblendet. Damit machen sich die Propagandisten der Atomkraft bei ihren Prozentzaubereien ganz bewusst einen weit verbreiteten Irrtum zunutze: die Verwechslung von Strom und Energie.

Viele Journalisten neigen leider dazu, die Frage »*Prozent wovon?*« gar nicht erst zu stellen. Sie behandeln Prozentzahlen so, als wäre Prozent eine Maßeinheit wie Zentimeter. Deshalb verstehen sie auch nicht, wieso es manchmal nicht *Prozent*, sondern *Prozentpunkte* heißen muss. Dazu wieder ein Beispiel aus der Wahlarithmetik: Wenn eine Partei bei der vorigen Wahl 30 Prozent der Stimmen hatte und bei der aktuellen Wahl nur noch 20 Prozent, dann hat sie nicht 10 Prozent ihrer Wähler verloren, sondern 10 Prozentpunkte. 10 Prozent weniger – darüber hätte die Partei sich ja fast noch freuen können, wären doch nur 3 Prozent der Stimmen gewesen. 10 Prozent ist ein Zehntel, und ein Zehntel von 30 Prozent sind 3 Prozent. Die Partei hat aber von den 30 Prozent der Stimmen, die sie vorher hatte, 10 verloren, also genau ein Drittel oder gut 33 Prozent ihrer Stimmen.

Wer es nicht glaubt, rechne das einmal mit absoluten Zahlen durch. Bei 1000 Wählern hat die Partei früher 300 Wähler gehabt und jetzt 200, mithin also jeden dritten ihrer Wähler verloren.

Ähnlich sieht es aus, wenn die Krankenkassenbeiträge von 14,9 auf 15,5 Prozent (der Bruttoeinkommen) steigen. Sie steigen dann nicht, wie so mancher Wirtschaftsredakteur zu schreiben pflegt, um 0,6 Prozent, sondern um 0,6 Prozentpunkte. Die Steigerungsrate ist vielmehr mit rund 4 Prozent deutlich höher.

»Kommst du zum Schluss? Gleich springen uns die Leser ab«, unterbricht Jens meine Prozentpredigt. Netter Versuch; doch nach einer Tasse Tee lässt der Texter mit dem berüchtigten Motto »Korff kürzt« noch eine allerletzte, einfache, aber höchst manipulative Variante durch.

Ganz wüste Effekte kann man mit Steigerungsraten von Steigerungsraten erzielen, auch *»Prozent von Prozent«* genannt. Ein Beispiel: Nach dem Winterschlaf steigere ich im Frühjahr meist meine Trainingskilometer beim Laufen. »Na, zum Glück gibt's den Winter, sonst müsstest du dich immer weiter steigern«, stichelt Jens, der nicht nur Nichtmathematiker, sondern auch Nichtläufer ist ... Wenn ich dann entsprechend erschöpft nach Hause komme und diesen Zustand rationalisieren will – mir selbst oder meiner Frau gegenüber –, kann ich leicht aus einer Mücke einen Elefanten machen. Ich muss nur die Steigerung der Steigerungsraten berechnen. Lief ich vorgestern 10 und gestern 10,1 Kilometer, so war das eine Steigerung von 0,1 Kilometer oder 1 Prozent. Schaffe ich heute 10,5 Kilometer, beträgt die Steigerung zum Vortag 0,4 Kilometer oder fast 4 Prozent. Das sind vier Mal so viele Prozente wie bei der vorigen Steigerung! Also eine hübsche verbale Verpackung drum herum, und ich bin der Held der Waldläufe: »Zurzeit trainiere ich Länge. So konnte ich meine Streckenverlängerung gegenüber gestern vervierfachen! Wenn ich so weitermache, reicht es bestimmt bald zum Marathon. Quod erat demonstrandum!«, keuche ich noch mit meinem vorletzten Atem und meinem letzten Latein.

1 Quelle: *Jahrbuch* 2008 *der Kassenzahnärztlichen Bundesvereinigung* (KZBV).

2 Ein aktuelles Beispiel dafür, dass tatsächlich so verfahren wird, lieferte die Kassenärztliche Vereinigung Nordrhein in ihrer Pressemitteilung vom 7.1.2010: »Honorareinbußen setzen sich fort ... Jetzt wurde es auch von unabhängiger Seite bestätigt: Die Arzteinkommen sind seit 1990 um rund 50 Prozent zurückgegangen.«

3 Laut Umweltbundesamt, April 2010.

4 dpa-Grafik 3765 (Stand 2006). Quelle: Arbeitsgemeinschaft Energiebilanzen. Nach *Harenberg Aktuell* 2008, S. 203. Mit Primärenergie ist die Form der Energie gemeint, die sie am Anfang der technischen Erzeugung und Verteilung hat.

5 www.kernenergie.de; *Die Welt*, 11.9.2008.

Kapitel 6

Die Guten ins Töpfchen …

Sollte es wirklich wahr sein: Piloten sterben früher als der Durchschnitt der Bevölkerung? Neu gegründete Hochschulen sind meist die Besten des Landes und werden nach fünf, sechs Jahren dann stetig schlechter? 90 Prozent aller Absolventen bestimmter Hochschulen haben nach kurzer Zeit gut dotierte Jobs bekommen?

Alle diese rätselhaften oder unwahrscheinlichen Phänomene wurden aufgrund statistischer Daten »entdeckt«, und im Fall des »Pilotensterbens« hat man sogar lange geforscht, um die Ursachen herauszufinden: Liegt es am Stress? Am häufigen Jetlag? An der Trennung von der Familie? An der kosmischen Höhenstrahlung?

Bis endlich jemand dahinterkam: Es lag an einem Fehler in der Deutung der Statistiken.

Vorsortierte Stichproben

Das ist in der Fachsprache die Bezeichnung für derartige Fehler, die manchmal auch eingeschränkte Grundgesamtheit genannt werden. Was das bedeutet, werden wir Ihnen gleich erläutern.

Bei »gefühlten Statistiken«, wie sie viele Menschen ab und

zu im Munde führen, können Sie den Fehler oft leicht durchschauen: Wenn zum Beispiel ein Aktienbroker behauptet, alle »normalen« Menschen dächten doch ständig nur an Gewinn und Verlust. Als Beleg verweist er auf die Menschen, mit denen er täglich während seiner Arbeit telefoniert. Wir ahnen, dass es ziemlich viele Menschen gibt, mit denen der Aktienbroker noch nie telefoniert hat, und dass vielen von ihnen vielleicht ganz andere Dinge wichtig sind.

Oder wenn Ihr Nachbar behauptet, alle »normalen« Menschen, zumindest die Männer, interessierten sich jeden Tag für Fußball. Als Beleg führt er an, dass noch keiner seiner Kneipenkumpane während eines Fußballgesprächs jemals gesagt habe, dass Fußball ihm am A... vorbeigehe. Das könnte – Sie ahnen es – daran liegen, dass sich in jener Kneipe überwiegend Fußballfans treffen, während die Fans der Barockmusik ein anderes Etablissement bevorzugen; oder auch daran, dass Fußballmuffel sich dort nicht zu outen trauen, schon gar nicht während eines Fußballgesprächs.

Oder wenn sich eine aktive Gewerkschafterin fragt: »Wer sollen eigentlich diese 15 Prozent Wähler sein, die angeblich FDP gewählt haben? Ich habe noch nie einen davon getroffen!« Denn in ihrem persönlichen wie beruflichen Umfeld kennt sie niemanden, der diese Partei wählt, oder korrekter: Keiner hat sich mit dieser Präferenz ihren Unmut zuziehen wollen.

Bei einem ähnlichen Fall habe ich länger gebraucht, den möglichen Hintergrund zu erkennen. Bei einem 14-tägigen »Spaziergang« durch den Himalaya habe ich mich fast täglich mit einem Mitglied unserer Gruppe über die Frage gestritten, *ob die Menschen an sich gut oder schlecht seien*. Meine Kontrahentin meinte, sie seien schlecht und nur mit der Knute zum

Guten zu bekehren. Ich warf ihr vor, dass sie mit der Knute die Menschen erst schlecht mache. Besonders im Kindesalter würden sie dadurch nur Gewalt lernen und schöpferische Kreativität, die jedes Kind von sich aus bei der Entdeckung der Welt an den Tag lege, verlieren. Sie meinte dagegen, dass die Verbrecher durch »Weicheier« wie mich erst die Chance bekämen, ihre Untaten ständig zu wiederholen. Bei angemessen harter Erziehung würde die Angst vor Sanktionen die Leute schon von der schiefen Bahn abbringen.

Ich erspare Ihnen den weiteren Verlauf des Streits, um Ihnen zu zeigen, wie wir beide hier unsere jeweiligen Stichproben vorsortiert hatten – was mir allerdings erst viel später klar wurde: Meine Kontrahentin war von Beruf Streifenpolizistin in einer deutschen Großstadt. Wenn sie im Einsatz war, dann hatte sie es mit Schlägern zu tun, mit Dieben, Schwarzfahrern, prügelnden Ehemännern, betrunkenen Autofahrern, Rasern und Rücksichtslosen aller Art. Zu netten, friedfertigen Leuten wird die Streife halt nicht gerufen. Ich dagegen unterrichtete damals an einer weiterführenden Privatschule. In dieser Umgebung und auch vorher schon an der Kölner Universität oder unter den Ministerialbeamten der damaligen Bundeshauptstadt Bonn waren mir nur höchst selten dieraueren Seiten der Wirklichkeit begegnet, die der Polizistin täglich Brot waren. Auch unterschiedliche gesellschaftliche Aufgaben spiegelten sich in unserem Streit wider: Die Polizistin hat die Aufgabe, »böse« Menschen zur Räson zu bringen, der Lehrer soll hingegen die »guten« Seiten der Schülerinnen und Schüler erkennen und fördern.

Unsere Urteile werden stark von dem kleinen Ausschnitt der Wirklichkeit geprägt, den wir jeden Tag erleben. Vor allem, wenn es im Kindesalter schon damit beginnt!

Das alles sind typische Fälle von vorsortierten Stichproben. Da wir nicht alle knapp 7 Milliarden Menschen fragen können, ob sie sich für Fußball interessieren, ziehen wir eine *Stichprobe:* Wir fragen 20 Menschen und glauben intuitiv oft, dass deren Einstellung repräsentativ für alle sei (oder zumindest für die 80 Millionen Deutschen). Darrell Huff macht die richtige Anwendung der Methode in seinem Buch an folgendem Beispiel klar: Wir haben ein *großes Glas mit weißen und roten Bohnen* und wollen wissen, wie viele davon weiß und wie viele rot sind.[1] Da die wenigsten Lust haben, stundenlang alle Bohnen (die *Grundgesamtheit,* wie die Statistiker sagen) durchzuzählen, nehmen wir eine Stichprobe, nämlich eine Handvoll Bohnen heraus, zählen die ab und übertragen das Mengenverhältnis, das wir dort gefunden haben, auf das ganze Glas – in der meist unbewussten Hoffnung, dass sich die weißen und roten Bohnen gleichmäßig im Glas verteilt haben.

Genau das ist bei unserer Auswahl von Menschen aber in der Regel nicht der Fall. Gelb-schwarze Bohnen (sprich: die Fans von, sagen wir, Alemannia Aachen), goldene Bohnen (die Fans der deutschen Börse) oder auch blaue Bohnen neigen dazu, sich an bestimmten Stellen im Glas heftig zu knubbeln – und wenn man seine Stichprobe genau an solchen Stellen zieht, dann betrügt man sich selbst. Solche Stichproben sind vorsortiert, das heißt: Nicht jede Bohne im Glas hatte die gleiche Chance, in diese Stichprobe hineinzukommen. Deshalb kommt Huff zu dem Fazit: »Es ist eine bittere Wahrheit, dass Schlüsse aus zu kleinen oder einseitig gewählten Stichproben hinter vielem stecken, was wir lesen oder zu wissen glauben.« Daran hat sich leider auch 50 Jahre später noch wenig geändert.

Aber was hat es nun mit den allzu früh verblichenen *Piloten* auf sich? Walter Krämer erzählt die Geschichte in seinem Buch:[2] 1990 meldete die Times in London, 60 Prozent aller Piloten der zivilen Luftfahrt stürben vor dem 65. Lebensjahr. Das war etwas gewagt formuliert; in Wirklichkeit waren 60 Prozent der aktiven und ehemaligen Piloten, die im Vorjahr gestorben waren, noch keine 65 Jahre alt gewesen (was etwas anderes ist als die Behauptung, 60 Prozent der noch lebenden Piloten würden voraussichtlich sterben, ehe sie 65 geworden sind). Woher kam aber dieser hohe Anteil an relativ jung Verstorbenen? Man stellte allerhand Untersuchungen an und fand schließlich eine Ursache, die so simpel und unspektakulär war, dass es schwerfiel, sie bekanntzugeben: 1989 gab es einfach nur wenige Piloten, die älter waren als 65. Das hat wiederum historische Gründe. Die zivile Luftfahrt gibt es noch nicht so lange. In den 1930er- und 1940er-Jahren kam sie mit wenig Piloten aus. Um 1960 wurde sie in Europa stark ausgebaut, und es wurden viele junge Piloten ausgebildet und eingestellt. Diese Piloten der zweiten Stunde, wenn man so sagen will, waren 1990 im Schnitt 60 bis 65 Jahre alt; aus dieser Gruppe kamen die meisten, die 1989 gestorben waren.

Genau genommen war hier nicht die Stichprobe vorsortiert, sondern die Grundgesamtheit aller Piloten hatte um 1990 eine andere Altersstruktur als die männliche Gesamtbevölkerung: Es gab in ihr nur sehr wenige Männer über 65. Auf den ersten Blick erscheint es paradox, dass eine Bevölkerungsgruppe, die jünger ist als der Durchschnitt, eine höhere Sterberate zu haben scheint. Das hat sie auch gar nicht. Die Statistik betrachtete nämlich nur diejenigen Piloten, die im Vorjahr tatsächlich gestorben waren, und stellte fest, dass diese zum großen Teil relativ jung waren. Über die Sterbewahrscheinlichkeit der noch lebenden Piloten sagt das überhaupt nichts aus.

Hier müssen wir jedoch auf eine *wichtige Feinheit* hinweisen: Wir behaupten nicht, dass Piloten keinen Risiken ausgesetzt sind, die zu einem durchschnittlich früheren Tod führen können. Wir sagen nur: Aus der untersuchten Stichprobe ist der Schluss unzulässig. Will man eine solche Vermutung wirklich beweisen, muss man die Sache genauer untersuchen und etwa die Sterberate von Piloten mit der von Nichtpiloten gleichen Alters vergleichen. Würde sich dann ergeben, dass in der Gruppe von 60- bis 65-jährigen Piloten 3 Prozent, in der gleichaltrigen Gesamtbevölkerung aber nur 0,5 Prozent sterben, dann hätten wir einen klaren Hinweis auf zusätzliche Risiken bei Piloten.

Diese Feinheit in der Schlussfolgerung ist wichtig, wird aber oft übersehen. Dazu noch ein weiterer Fall aus meiner persönlichen Erfahrung. In den Jahren 2001 und 2002 hatten wir an der Fachhochschule Ansbach 50 chinesische Gaststudierende. Und allzu oft mussten sich unsere einheimischen Studenten von den Kollegen den Hinweis gefallen lassen, dass *asiatische Studierende fleißiger* seien. Auch bei mir in Mathematik und Statistik schnitten sie deutlich besser ab als der Durchschnitt – viel mehr Punkte bei der Klausur bei deutlich weniger Papierverbrauch! Trotzdem habe ich meinen Studierenden diesen ungerechten Vergleich erspart, da der Fehler eigentlich offensichtlich war. Hier wurden deutsche »Normalos« mit der Elite von China verglichen. Wer kommt denn zum Studium nach Deutschland? Eine Auswahl der Besten des Landes, die sich zusätzlich noch zutrauen, in einer völlig anderen Sprache und Schrift ein Studium zu absolvieren. Und die sind halt besser als der deutsche Durchschnitt. Ob Asiaten tatsächlich fleißiger oder klüger sind, müsste durch den Vergleich gleichartiger Gruppen belegt werden. Am besten asiatische »Normalos« gegen deutsche »Normalos«. (Ein Vergleich der Spitzengruppen birgt wieder zusätzliche Gefahren der Verzerrung!)

Da wir gerade bei Fehlschlüssen in Hochschulen sind:

Meine Geschichte von den *neuen Hochschulen*, die anfangs besonders gut sind und dann langsam immer schlechter werden, geht folgendermaßen: Im Jahr 2003 trug der Dekan meines Fachbereichs in Remagen voller Sorge die Zahlen des Prüfungsamts vor: Seit vier Semestern sinkt die Durchschnittsnote unserer Diplomanden bei gleichzeitig wachsender Semesterzahl bis zum Abschluss. Und alles ganz gleichmäßig. Jedes Semester ist wieder etwas schlechter als das Vorsemester. Wurden die Studierenden schlechter? Waren die neu hinzugekommenen Professoren so scharfe Hunde? War die Geduld der altgedienten Lehrenden mit den Studis langsam aufgebraucht? An den äußeren Faktoren konnte es eigentlich nicht liegen: Die Vorlesungsräume wurden fertig, der Baulärm nahm ab, die Bibliothek füllte sich mit moderner Fachliteratur, das Rechenzentrum hatte seine Anlaufprobleme in den Griff bekommen.

Ich selbst war damals erst seit einigen Monaten als Professor an dieser Fachhochschule, von der Dienstzeit aus gesehen also noch grün hinter den Ohren. Da konnte ich dem alten Hasen doch nichts über die Entwicklung der letzten vier Semester erzählen. Außerdem war der Hinweis auf die neuen scharfen Hunde ja vielleicht auch auf mich gezielt. Ich dachte mir also: Saach nix! Lieber erst mal ruhig beobachten. Doch schließlich wurde so unerträglich wild spekuliert, dass ich mich dennoch zu Wort meldete. Ich gab zu bedenken, ob es sich dabei nicht um ein rein statistisches Artefakt handeln könne, also um ein »Phänomen«, das erst durch die Art und Weise der statistischen Datenerhebung entstanden ist.

Ungläubiges Staunen im Saal – bis ich erzählte, was ein paar Jahre zuvor an der Fachhochschule Ansbach passiert war: Diese FH wurde als beste Bayerns aufgeführt, da die Studierenden im Schnitt nur 8,0 Semester bis zum Diplom brauchten. Auffällig war, dass die Zahl genau 8,0 war. Da wird der erfahrene Statistiker hellhörig, denkt nach und erklärt die Ursache: Die Fachhochschule Ansbach war erst vier Jahre zuvor gegründet worden. Es konnte damals also noch gar keine Absolventen geben, die länger als acht Semester – die Mindeststudienzeit – studiert hatten. In den späteren Semestern kamen dann immer mehr Absolventen hinzu, die neun, zehn oder mehr Semester gebraucht hatten – die Studiendauer stieg also kontinuierlich. Der erste Jahrgang von Absolventen bestand ausschließlich aus Studierenden, die es geschafft hatten, ihr

Studium innerhalb der Mindeststudienzeit abzuschließen. Das sind Studierende, die in der Regel ihr ganzes Studium zielstrebig und konzentriert »durchgezogen« haben. Solche Studenten neigen dazu, auch bessere Abschlussnoten zu erzielen als der Durchschnitt. In späteren Absolventenjahrgängen kommen dann immer mehr »normale« und schließlich auch deutlich leistungsschwächere Studierende hinzu, die nach elf, zwölf oder mehr Semestern mit Ach und Krach ihr Diplom schaffen. Dadurch sinkt der Notendurchschnitt der Absolventen bei neuen Hochschulen unweigerlich für einige Jahre ab.

Auch hier gab es also wie bei den Piloten eine historisch bedingte Verschiebung in der Grundgesamtheit der Absolventen, die ähnlich wirkt wie eine vorsortierte Stichprobe.

Sind Sie verwundert, so viele unpolitische Beispiele von uns zu lesen? Da können wir abhelfen.

Ähnlich unfair wie der Vergleich der Durchschnittsstudierenden mit asiatischen Elitestudierenden ist der übliche *Vergleich der Deutschen Bahn mit Privatbahnen*. Private Bahnen gibt es in Deutschland im größeren Umfang erst seit den 1990er-Jahren, und deshalb mussten sie fast alle erst vor einigen Jahren ihre Erstausstattung an Zügen anschaffen. Die »alte« Deutsche Bahn dagegen hat in ihrem Fuhrpark immer noch unverwüstliche Waggons aus den 1960er-Jahren, und da sie sparsam wirtschaftet, verschrottet sie sie nicht einfach. Also haben Privatbahnen in der Regel neuere und modernere Züge als die DB. Aber fast noch wichtiger ist die Frage, welche Strecken denn von Privatbahnen gekauft werden. Die Antwort ist einfach: überwiegend die Besseren, denn schlechte Strecken zu kaufen ist sicherlich unrentabel. Also vergleichen wir die auf guten Strecken arbeitenden, relativ neuen Privatbahnen mit dem Durchschnitt der Deutschen Bahn. Dies soll kein Freifahrschein für die DB sein, sich auf ihren Schwächen auszuruhen. Wir haben nur gezeigt, dass die Beweisführung für die Überlegenheit der Privatbahnen so nicht korrekt ist.

Umfragen unter den Absolventen bestimmter Hochschulen ergeben fast immer, dass eine überwältigende Mehrheit der Befragten schon kurze Zeit nach dem Examen eine gut dotierte Stelle bekommen hat. Wer das liest und persönlich weniger Glück hatte, neigt dazu, sich zu fragen: Was habe ich falsch gemacht? Alle haben tolle Jobs bekommen, nur ich nicht – das kann ja nur an mir liegen. Oder hat sich die Welt gegen mich verschworen? Doch in Wirklichkeit handelt es sich auch hierbei oft um vorsortierte Stichproben, die das Ergebnis der Umfrage verzerrt haben. Damit wagen wir uns auf das weite Feld der Umfragen, den größten Tummelplatz der sprichwörtlichen Töpfchen und Kröpfchen. Und am Ende werden Sie wissen, warum angeblich so viele Absolventen eine gut dotierte Stelle erhalten.

Darrell Huff leitete 1953 sein Buch *Wie lügt man mit Statistik* mit dem Thema Umfragen ein, und die erste Umfrage, die er zitiert, führte zu dem Ergebnis: »Der durchschnittliche Absolvent des Jahrgangs 1924 der Yale-Universität hat ein Jahreseinkommen von 25 111 Dollar.«[3] So stand es seinerzeit in der amerikanischen Zeitschrift Time. Ganz ähnlich hörten sich die Fanfarenstöße an, mit denen die Wirtschafts- und Sozialwissenschaftliche Fakultät der Universität Köln 2003 ein Umfrageergebnis bekanntmachte: Über 90 Prozent ihrer Absolventen hätten ein halbes Jahr nach dem Examen einen Job gefunden.[4]

Wie kommen solche Ergebnisse zustande? Darrell Huff fragt dazu: Wer von den Angeschriebenen hat wohl am ehesten die Frage nach dem Gehalt gleich in den Papierkorb geworfen? Wahrscheinlich überwiegend Leute, die keinerlei

Grund hatten, mit ihrem Gehalt zu prahlen. Ähnlich bei der Umfrage der Uni Köln: Auch dort werden Absolventen, die Glück hatten, deutlich stärker geneigt gewesen sein, die Umfrage zu beantworten, als Absolventen, die noch auf das große Los warten. Und schon füllt sich verstärkt das Töpfchen mit »Guten« – will sagen: mit denjenigen, bei denen es gut gelaufen ist.

Den gleichen Effekt kennen wir auch im privaten Umfeld, zum Beispiel bei Klassentreffen: Nur selten lässt sich einer jener Abiturienten oder Schulabgänger zehn oder zwanzig Jahre später auf dem Klassentreffen blicken, der in seinem Beruf oder Privatleben gescheitert oder schwer erkrankt ist. So kommt der falsche Eindruck zustande, dass »eigentlich alle« es zu etwas »Ordentlichem« gebracht hätten. Wobei wir noch gar nicht berücksichtigt haben, dass auch die Teilnehmer meist nur ausgesuchte Teile ihrer Biografie auf dem Klassentreffen oder in der Umfrage zum Besten geben.

Wie grandios eine Umfrage danebengehen kann, hat Stefan Raab in seiner *Fernsehshow am Vorabend der Bundestagswahl 2009* unfreiwillig dem staunenden Fernsehpublikum präsentiert.[5] Nach einer einstündigen Debatte der Polit-Prominenz (Guttenberg, Gysi, Müntefering, Trittin, Westerwelle, Wulff) vor einem Studio-Publikum, das aus ausgesuchten Anhängern der auftretenden Parteien bestand, durften die Zuschauer per Telefon (TED) oder SMS ihre Partei »wählen«. Raab prahlte vorher vollmundig wie gewohnt: »Wenn es heute gut läuft, können wir uns das [die eigentliche Bundestagswahl] morgen sparen.« Und selbst Klaus-Peter Schöppner, Chef des Meinungsforschungsinstituts EMNID, der im Publikum saß, bestätigte, das Ergebnis der großen Fernseh- und Telefonaktion könne durchaus repräsentativ sein; 2005 habe Raab mit seiner Show-

Wahl recht nahe am Ergebnis des nächsten Tages gelegen. Dann zählte man umständlich das TED-Ergebnis nach Bundesländern getrennt aus, und um es spannender zu machen, präsentierte Raab die kleinsten Bundesländer zuerst. Dass die Linke in Bremen, im Saarland und in Mecklenburg-Vorpommern vorne lag, schien ja noch im Bereich des Möglichen zu liegen. Als die Linke aber bis kurz vor Schluss die stärkste Partei blieb, trieb das dem TV-Moderator doch das eine oder andere Schweißtröpfchen auf die Stirn. Auch der Chef von EMNID bangte um seinen Ruf und versuchte hektisch, ins Fahrwasser der Glaubwürdigkeit zurückzurudern. Nach Raab endete die Wahl schließlich mit rund 27 Prozent für die CDU/CSU, 21 für die Linke, 20 für die FDP, 18 für die SPD und 15 für die Grünen.[6] Zum Vergleich das reale Ergebnis am nächsten Tag in den Wahlurnen (ganzzahlig aufgerundet): CDU/CSU 34 Prozent, SPD 23, FDP 15, Linke 12, Grüne 11 Prozent.

Was könnten die Gründe für diese Verzerrung sein? Das ist nicht schwer zu erraten: Raab ist ein ziemlich schräger Großstadtvogel, der mit seinen Sendungen vor allem ein junges Publikum anspricht; Raab-Fans sind also bestimmt kein repräsentativer Querschnitt der Wahlbürger. Die Anrufe beim Fernsehsender sind nicht gerade billig; das schreckt Leute mit wenig Geld ab. Das Verfahren belohnt Personen, denen es besonders wichtig ist, sich für ihre Lieblingspartei einzusetzen, mit einem unmittelbar sichtbaren Erfolgserlebnis – wie das ähnlich organisierte Verfahren beim Grand Prix d'Eurovision (European Song Contest). Mithin haben wir durch Raabs Umfrage vor allem erfahren, dass Linke und FDP im Herbst 2009 überdurchschnittlich viele jugendliche Enthusiasten unter ihren Wählern hatten; vielleicht auch gezielt mobilisiert durch die beiden Parteien.

Aus ähnlichen Gründen spiegeln die meisten *Internet-Umfragen* zu aktuellen Streitfragen ein verzerrtes Meinungsbild wider: In der Regel finden überwiegend jüngere, gebildete Leute die entsprechenden Seiten im Internet, und von denen beteiligen sich vor allem die, denen die jeweilige Streitfrage besonders wichtig ist. Wem die Frage weniger wichtig ist, wird sich in der Regel nicht die Mühe machen, die Umfrageseite aufzusuchen und dort eine Antwort anzuklicken. Es wäre aber falsch anzunehmen, dass solche Leute sich bei einer realen Volksbefragung der Stimme enthalten würden. Es kann sein, dass viele von ihnen durchaus eine klare Meinung in der Streitfrage haben.

Ein schönes Beispiel dieser Art lieferte das Internet-Portal Yahoo im März 2010 anlässlich seines fünfzehnten Geburtstags: Es meldete in einer Presseerklärung, für 90 Prozent »der Nutzer« sei das Internet täglich unverzichtbar, während nur noch 68 Prozent täglich den Fernseher einschalteten. Befragt hatte Yahoo dafür aber nur regelmäßige Yahoo-Nutzer, die schon zehn Jahre oder länger im Internet aktiv waren. Das Ergebnis solcher Umfragen läuft auf die tautologische (sich mit sich selbst erklärende) Erkenntnis hinaus, dass Leute, die überdurchschnittlich viel im Internet surfen, unterdurchschnittlich oft fernsehen.[7] Wer hätte das gedacht?

Da das Phänomen der vorsortierten Stichproben in der Statistik und vor allem bei Umfragen allgegenwärtig ist, sagen kluge Köpfe, Stichproben seien fast immer »ein bisschen vorsortiert«. Man kann versuchen, diesen Effekt so klein wie möglich zu halten und deshalb seine Ergebnisse ausdrücklich unter Vorbehalt stellen. Man kann diesen Effekt aber auch gezielt einsetzen, um Entscheidungen zu beeinflussen. Hans-Peter Beck-Bornholdt und Hans-Hermann Dubben erläutern in ihrem Buch als Beispiel eine *medizinische Studie*, die zu einem sogenannten Lipidsenker durchgeführt wurde.[8] Dabei kam vordergründig heraus, dass die über fünf Jahre hinweg verfolgte Sterblichkeit der Patienten von 20 auf 15 Prozent sank, wenn sie regelmäßig das kostspielige Medikament einnahmen. Bei näherem Hinsehen zeigt sich allerdings, dass der gleiche Effekt auch bei regelmäßiger Einnahme eines Placebos eintrat, und dass die Sterblichkeit stieg, wenn die Patienten das Medikament oder das Placebo unregelmäßig einnahmen. Der Grund dafür ist vermutlich: Patienten, die ein Medikament oder Placebo regelmäßig einnehmen, sind ohnehin wegen ihres Allgemeinzustands gesünder als solche Patienten, die ein Medikament nur unregelmäßig einnehmen, und wahrscheinlich auch gesünder als der Durchschnitt der Patienten. Wer zum Beispiel schon im Sterben liegt, an Demenz oder einer anderen schweren Krankheit leidet, wird eher zu denen gehören, die das Medikament nur unregelmäßig oder gar nicht mehr einnehmen. Und wenn die Krankheit trotz des Medikaments schlimmer wird, vielleicht auch noch Nebenwirkungen auftauchen – wer quält sich dann zur regelmäßigen Einnahme? Wenn solche Leute eher sterben als andere, muss das mit den Eigenschaften des getesteten Medikaments also gar nichts zu tun haben. Bei dem Test ist, wie die Autoren spitz sagen, eigentlich nur herausgekommen, dass Gesunde tatsächlich gesünder sind als Kranke.

Die Mediziner, die solche Tests durchführen, können sich damit trösten, dass sie sich in bester Gesellschaft befinden: Auch der statistische Beleg für medizinische Volksweisheiten wie »Wer regelmäßig mit seinem Hund Gassi geht, lebt länger« funktioniert dank vorsortierter Stichproben: Wer bereits schwer krank ist, schafft sich in der Regel keinen Hund mehr an, und wer im Sterben liegt, gibt seinen Hund, wenn auch schweren Herzens, ab. Damit sei nichts gegen die positiven Wirkungen regelmäßigen Spazierengehens gesagt. Aber der Versuch, diese Weisheit statistisch über eine hohe Korrelation zu belegen, taugt wegen der Vorsortierung nichts.

1 Darrell Huff: *Wie lügt man mit Statistik*, a.a.O., S. 10f.

2 Walter Krämer: *So lügt man mit Statistik*, a.a.O., S. 101.

3 Darrell Huff: *Wie lügt man mit Statistik*, a.a.O., S. 9.

4 http://bit.ly/absolventen2003

5 Eine Kritik von Andreas Thieme (»Ein Erdrutsch bei Stefan Raab«) erschien in: sueddeutsche.de, 27.9.2009.

6 In das ermittelte Ergebnis wurde später noch ein Koeffizient eingerechnet, der den Unterschied zwischen Raab-Publikum und Wahlbevölkerung berücksichtigen sollte und auf der Differenz zwischen der 2005er-Prognose und dem damaligen realen Wahlergebnis beruhte. Die so korrigierte Prognose nach Raab bescherte der CDU/CSU 31,4 Prozent, der Linken 16,8 Prozent, der SPD 16,8 Prozent, der FDP 14,5 Prozent und den Grünen 14,4 Prozent. stern.de, 29.9.2009.

7 presseportal.de, 8.3.2010 (»Beam me up, Yahoo!«).

8 Hans-Peter Beck-Bornholdt/Hans-Hermann Dubben: *Der Hund, der Eier legt*, a.a.O., S. 201ff.

Kapitel 7

Die glatt gebügelte Sonntagsfrage

»Wenn am nächsten Sonntag Bundestagswahl wäre, entfielen laut Institut X auf die CDU/CSU ….« Wie oft haben wir das gehört! Und wie oft haben sich die meisten darauf verlassen, dass diese Zahlen so seriös sind wie die Sakkos und Krawatten ihrer abendlichen Verkünder! Auch wir, die Autoren dieses Buches, gehörten lange Zeit dazu. Denn die Antwort auf die Parteienfrage scheint klar und einfach zu sein, die Anzahl der Befragten ist recht hoch, die Meinungsforscher haben darin jahrzehntelange Erfahrung, und die 18-Uhr-Prognosen am Wahltag liegen seit vielen Jahren stets sehr nah am Endergebnis der Wahl.

Erste Zweifel kamen mir dann doch bereits in den frühen 1980er-Jahren. Kann man wirklich aus einer Stichprobe von 1000 Befragten auf ein halbes Prozent genau zuverlässig ermitteln, wie viel Prozent der damals 44 Millionen Wahlberechtigten in Deutschland die CDU/CSU, die SPD oder eine andere Partei wählen würden? Um die Antwort vorwegzunehmen: Das kann man nicht. Das hat mit dem sogenannten Lotterieeffekt zu tun und damit, dass die meisten Wählerstichproben eben nicht die Allgemeinheit der Wähler widerspiegeln. Dennoch tun die Meinungsforschungsinstitute meist so, als gäbe es diese Probleme nicht.

Es war wahrscheinlich Ende 1982: Die Universität Köln war

stolz auf ihre ersten IBM-Rechner mit 80286er-Prozessoren. Ich nutzte damals die Gelegenheit, um mithilfe dieser Rechner in diversen Experimenten Einsichten in die Statistik zu vermitteln. Mit der Seminarveranstaltung »Statistik am PC« wurden die doch sehr theorielastigen Vorlesungen an praktischen Beispielen veranschaulicht. Das Experiment zur Qualität von Wahlprognosen machte deutlich, wie groß eine Stichprobe sein muss, um eine bestimmte Genauigkeit der Aussage zu erzielen. Dafür gibt es zwar einige Formeln in der Formelsammlung, die die Studierenden kennen müssen, aber die meisten verstehen diese Formeln erst, wenn sie sie am praktischen Beispiel anwenden.[1] Mit dem Reiz des Spiels zeigte sich, was beim Schätzen geht und was eben nicht. Die Demonstration hatte allerdings einen Nachteil: Ihre Ergebnisse waren so spannend, dass die Studierenden darüber den theoretischen Hintergrund zwischendurch meist völlig vergaßen.

Wahlprognosen

Angenommen, am Tag der Befragung hat die VDSP (Vereinigte Deutsche Spießerpartei) einen Wähleranteil von 40 Prozent. Kriegen wir das heraus, wenn wir nur 1000 Wähler befragen können, die wir zufällig aus der Gesamtmenge herausgreifen? Um diesen Vorgang zu simulieren, lassen wir den Rechner für jeden »Wähler« eine Zufallszahl zwischen 1 und 100 ermitteln.[2] Liegt die Zahl zwischen 1 und 40, nehmen wir an, dass der Befragte die VDSP wählen will; ansonsten wählt er eine andere Partei. Damit ist der 40-Prozent-Anteil in der Wahlbevölkerung genau abgebildet. Aber wie wird das in der Stichprobe der 1000 aussehen?

Für die Simulationsrechnung bin ich von den tatsächlichen Ergebnissen einer Bundestagswahl ausgegangen und habe so getan, als wenn bei der Befragung kurz vor der Wahl

- alle Bürger schon wussten, ob sie wählen gehen werden,
- sich schon sicher waren, wem sie ihre Stimme geben werden,
- dies dem Interviewer auch ehrlich sagen und
- wirklich zufällig aus der Bevölkerung ausgewählt wurden.

So sieht die Wunschstichprobe aus, von der die Meinungsforscher träumen. Mit einer solchen Stichprobe hätten die Institute für ihre Hochrechnung optimale Voraussetzungen; ihre Schätzungen müssten demnach bestens sein.

Starten wir den Rechner am aktualisierten Beispiel der Bundestagswahl 2009. Dabei nehme ich an, dass 1433 Wahlberechtigte interviewt wurden, was nach Angaben des Bundeswahlleiters zu 1000 tatsächlichen, gültig stimmenden Wählern geführt hätte. Die übrigen 433 sind bekennende Nichtwähler sowie Wähler, die ungültige Stimmen abgeben.

Um im Experiment zu sehen, wie gut die Zufallsstichproben die tatsächliche Wählerverteilung wiedergeben, lassen wir am Rechner einmal 10 fiktive Institute unabhängig voneinander an solche idealen Gruppen von Befragten heran und simulieren das mit den Zufallszahlen von Excel.[3]

Simulation von idealen Befragungen mit 1000 Wählern zur Bundestagswahl 2009					
tatsächliches Ergebnis	**CDU/CSU 33,8**	**SPD 23,0**	**FDP 14,6**	**LINKE 11,9**	**Grüne 10,7**
Prognose:					
Forschungsinstitut 1	33,9	23,2	16,6	10,8	9,9
Forschungsinstitut 2	34,0	23,2	15,5	12,3	11,0
Forschungsinstitut 3	36,0	21,8	14,1	10,7	12,0
Forschungsinstitut 4	32,9	21,0	14,9	12,2	12,4
Forschungsinstitut 5	33,0	23,2	15,2	13,7	12,3
Forschungsinstitut 6	33,7	22,2	13,3	11,4	10,9
Forschungsinstitut 7	37,6	23,0	16,2	10,5	10,3
Forschungsinstitut 8	32,1	22,7	15,7	11,6	9,4
Forschungsinstitut 9	32,5	21,0	14,0	12,1	8,7
Forschungsinstitut 10	33,4	21,4	13,6	11,3	11,4

Datenquelle: Eigene Berechnung, 2010

Die Ergebnisse sind gar nicht so schlecht, sagt der erfahrene Statistiker. Angesichts der Zahlen würden andere Beobachter nach der Wahl allerdings Institut 1 klar als FDP-freundlich und Linken- sowie Grünen-feindlich einstufen, während die Nähe von Institut 7 zur CDU/CSU offenkundig ist. Die SPD könnte sich wieder einmal ungerecht behandelt fühlen, da sie, wenn überhaupt, nur ganz knapp überschätzt wurde, dafür gleich zwei Mal um 2 Prozentpunkte unterschätzt. Bei 23 Prozent ist das schon eine gravierende Abweichung. Die Linke könnte Institut 3 verübeln, dass es die Grünen entgegen der Wirklichkeit deutlich vor ihr platziert hat; dazu noch hat es die CDU/CSU mit geschmeichelten 36 Prozent verwöhnt. Auch das Institut mit der besten Prognose,[4] die Nummer 2, lag bei der FDP daneben.

Bevor Sie weitere Mutmaßungen über Auftraggeber und

Neigungen dieser fiktiven Forschungsinstitute anstellen, wollen wir Sie daran erinnern: Alle Zahlen kamen einzig und allein durch zufällige Abweichungen bei Stichproben zustande. Schauen wir einmal, was passiert, wenn wir den zehn Instituten eine zweite Chance geben und den Versuch wiederholen!

Simulation von idealen Befragungen mit 1000 Wählern zur Bundestagswahl 2009 – zweiter Versuch

tatsächliches Ergebnis	CDU/CSU 33,8	SPD 23,0	FDP 14,6	LINKE 11,9	Grüne 10,7
Prognose:					
Forschungsinstitut 1	36,7	23,8	12,9	11,5	10,7
Forschungsinstitut 2	30,8	27,3	14,7	11,7	10,5
Forschungsinstitut 3	33,8	22,4	12,4	12,5	10,2
Forschungsinstitut 4	35,8	24,5	14,4	13,2	10,8
Forschungsinstitut 5	33,0	24,1	15,0	11,8	11,0
Forschungsinstitut 6	34,5	23,3	15,7	10,9	10,2
Forschungsinstitut 7	33,0	20,1	13,6	12,0	12,1
Forschungsinstitut 8	36,4	22,3	15,0	10,5	11,4
Forschungsinstitut 9	31,7	23,2	14,2	12,2	11,5
Forschungsinstitut 10	34,0	24,7	14,6	14,9	10,1

Datenquelle: Eigene Berechnung, 2010

Diesmal hat sich das Institut 2 – eben noch als Bestes gelobt – heftig auf die Seite der SPD und gegen die CDU/CSU gestellt. Und die plötzliche Vorliebe des Instituts 10 für die Linke ist unübersehbar. Allerdings bevorzugt man hier auch die SPD und benachteiligt anscheinend keinen so richtig. Wie kann das sein? Hier hat der Zufall unter den Parteien gewildert, die jeweils unter der 5-Prozent-Grenze blieben. Diese haben insgesamt bei Institut 10 nur 1,7 Prozent Anhänger, tatsächlich waren es bei der Bundestagswahl aber 6 Prozent.

So – genug Computer gespielt! Jetzt gilt es, fünf wichtige Fragen zu klären:

- Warum liegen die fiktiven Forschungsinstitute trotz idealer Bedingungen manchmal ganz schön daneben?
- Wie sehen Wählerstichproben in der Praxis aus? Inwiefern unterscheiden sie sich von unserer idealen Stichprobe, und welche Auswirkungen hat das?
- Wie gehen die Forschungsinstitute[5] im Einzelnen mit diesen Unsicherheiten um? Verdecken sie da etwas?
- Gibt es Hinweise darauf, dass Meinungsforschungsinstitute nicht immer neutrale Berichterstatter sind? Oder anders gefragt: Welche Interessen haben diese Institute?
- Und am Schluss wollen wir Ihnen erklären, warum die 18-Uhr-Prognosen am Wahltag meist so gut sind und eine so tolle Werbung für die Meinungsforschung darstellen.

Die erste Frage ist einfach logisch zu klären. Aus einer Stichprobe von 1000 Wählern kann man eben nicht annähernd exakt auf eine Wählerschar von 44 Millionen schließen. Ein Journalist hat dazu einmal gesagt: Jeder von den Meinungsforschern befragte Wähler spricht für ein ganzes Fußballstadion voll mit 44 000 Wählern. Dass das nicht immer gut geht, liegt am sogenannten *Lotterieeffekt:* Wenn 10 Prozent Gewinne unter den Losen sind, können Sie leider nicht davon ausgehen, dass Sie genau zehn Lose kaufen müssen, um einen Gewinn zu ziehen. Der eine kauft zehn Lose und hat zwei oder drei Gewinne, ein anderer kauft zwölf Lose und hat nur Nieten. Mit anderen Worten: Der Zufall kann bewirken, dass unter den 1000 Befragten der Anteil der VDSP-Wähler (zur

Erinnerung: Vereinigte Deutsche Spießerpartei) deutlich größer oder deutlich kleiner ist als die 40 Prozent, die sie unter allen Wählern wirklich haben.

Zu diesem Sachverhalt gibt es statistische Formeln, und die besagen: Ergibt sich bei 1000 Befragten für eine Partei ein Anteil von 40 Prozent, so kann daraus der Wähleranteil in der Bevölkerung nur mit +/- 3 Prozentpunkten vorhergesagt werden.[6] Die Meinungsforscher müssten also eigentlich sagen: Das Ergebnis der VDSP dürfte zwischen 37 und 43 Prozent liegen.

Die obigen Simulationsrechnungen zeigen den Effekt gut: Die CDU/CSU mit ihren 33,8 Prozent Wähleranteil schwankte in den zwanzig Stichproben zwischen 30,8 und 37,6 Prozent. Erst ab einer Stichprobengröße von 10 000 Befragten reduziert sich der Fehler auf 1 Prozentpunkt nach oben oder unten. Bei den kleinen Parteien sind die Abweichungen in Prozentpunkten gerechnet geringer, im Verhältnis zur erreichten Prozentzahl aber noch gravierender. So hatte die Linke in der Simulation Prozentschätzungen zwischen 10,5 und 13,7, wenn wir die letzte Schätzung mit ihren 14,9 Prozent als Ausreißer außer Acht lassen.[7]

Aber die Ungenauigkeit durch den Lotterieeffekt ist bei Weitem nicht die Einzige. Denn unsere am Anfang getroffenen Annahmen über die befragten Wähler waren viel zu optimistisch. Viele Befragte wissen eine Woche vor der Wahl noch nicht, ob sie wählen gehen oder wen sie wählen werden. Aber nur wenige geben diese Unsicherheit gegenüber der fremden Person, die sie am Telefon befragt, zu. Das heißt, sie behaupten, dass sie eine bestimmte Partei wählen wollen, obwohl sie sich dessen gar nicht sicher sind und vielleicht am Wahltag etwas anderes tun. Diese Gruppe verteilt sich aber wahrscheinlich nicht gleichmäßig auf die Anhänger aller Parteien, sondern tritt möglicherweise in der Anhängerschaft einer bestimmten Partei gehäuft auf. Manche Bevölkerungsgruppen, die vielleicht traditionell eine bestimmte Partei bevorzugen, sind telefonisch schlecht zu erreichen und deshalb in der Stichprobe unterrepräsentiert. So entstehen Fehler, die man in der Fachsprache als *systematische Fehler* bezeichnet.

Die Meinungsforscher versuchen wohl in der Regel, diese Fehler auf der Grundlage von politikwissenschaftlichen Erfahrungen zu korrigieren, indem sie die Zahlen, die sich aus den Rohdaten ihrer Befragungen ergeben, unterschiedlich gewichten. Sie geben also als Prognose nicht die wirklichen Ergebnisse ihrer Befragung bekannt, sondern andere Zahlen. Damit kommen sie oft dem nächsten Wahlergebnis näher; bisweilen liegen sie aber auch arg daneben, vor allem dann, wenn ihnen historische Erfahrungen fehlen, oder wenn es zu einem plötzlichen Stimmungswandel unter den Wählern kommt. Ersteres war bei der letzten Volkskammerwahl der DDR im März 1990 gut zu beobachten, bei der zum ersten (und einzigen) Mal konkurrierende Parteien antraten. Fast alle Forschungsinstitute hatten prognostiziert, dass die SPD in der DDR vorne lag. Die Wahl gewann dann aber überraschend deutlich die von der CDU geführte »Allianz für Deutschland«; die SPD bekam nur 22 Prozent der Stimmen.[8] Bei der ersten gesamtdeutschen Bundestagswahl im Dezember 1990 wiederholte sich das Debakel der Meinungsforscher: Allensbach und andere prognostizierten einen sicheren Einzug der Grünen in den Bundestag; doch dann blieben die westdeutschen Grünen mit 4,8 Prozent vor der Tür (und nur das ostdeutsche Bündnis 90/Grüne gewann 8 Mandate in Berlin und den neuen Bundesländern).[9] Auch die Bundestagswahl 2005 ging in die Katastrophengeschichte der Meinungsforscher ein: Bis zum Wahltag prognostizierten die meisten Institute einen klaren Wahlsieg von CDU/CSU und FDP. Am Wahltag reichte es dann doch nicht für Schwarz-Gelb; die SPD hatte sich viel besser geschlagen als erwartet, und statt Schwarz-Gelb gab es Schwarz-Rot.[10]

Ein noch härteres Brot für die Meinungsforscher sind Landtagswahlen. Eine der ärgsten Fehlprognosen in der Geschichte der deutschen Wählerprophetie leistete sich das Allensbacher Institut vor der saarländischen Landtagswahl 1985: Man prophezeite einen Aufwind für die CDU mit 47 Prozent, eine Schwächung der SPD, den Einzug der Grünen in den Landtag und die FDP weit abgeschlagen auf unter 2 Prozent. Am Wahltag trat jedoch auf allen vier Feldern genau das Gegenteil ein: Die SPD feierte mit Oskar Lafontaine ihre absolute Mehrheit, die CDU sackte um 10 Prozentpunkte ab, die FDP heimste 10 Prozent ein, und die Grünen blieben mit 2,5 Prozent draußen.[11] Dagegen wirkt es schon fast als kleiner Fehler, wenn Infratest/dimap zehn Tage vor der Bundestagswahl 2009 der SPD 26 Prozent der Stimmen zusprach. In der Realität waren es 3 Prozentpunkte weniger; das ist, bezogen auf einen Wähleranteil von 23 Prozent, immerhin eine Abweichung um 13 Prozent![12]

Die Forschungsinstitute sind auch nicht zu beneiden. Als ehrliche Statistiker müssten sie eigentlich Aussagen veröffentlichen wie: Die VDSP liegt zurzeit wahrscheinlich bei einer Wählergunst von 32 bis 40 Prozent; die PAMA (Partei »Alles muss anders werden«) liegt zwischen 9 und 15 Prozent; und es besteht eine Gefahr von 5 Prozent, dass die Realität sogar außerhalb dieser Spektren liegt. Dabei haben wir zu dem Zufallsfehler (Lotterieeffekt bei einer Stichprobe) nur einen systematischen Fehler von 1 Prozentpunkt addiert. Es ist sehr fraglich, ob irgendwer Geld für dermaßen schwammige Prognosen ausgeben würde. Deshalb wenden die Meinungsforscher Korrekturverfahren an, um die Stichprobenergebnisse zu glätten und dem beobachteten Zeittrend anzupassen. Das Ergebnis bezeichnen sie als »gewichtete Zahlen«. Wie sie das genau machen, wird als Betriebsgeheimnis fast so streng gehütet wie die Rezeptur von Coca Cola. Mit Ausnahme der Forschungsgruppe Wahlen verweigern die Institute anderen Forschern sogar die Herausgabe der echten Stichprobenergebnisse, die ihren veröffentlichten Prognosen zugrunde liegen sollen.[13] Wir können letztlich nur darüber spekulieren, was die Institute da treiben. Dazu hier ein paar Vorschläge.

Mit Sicherheit nutzen die Institute die realen Wahlergebnisse jeweils zur Neujustierung des angenommenen Wählerwillens. Das heißt, sie gehen davon aus, dass sich nach einer Wahl die politische Stimmung nicht schlagartig ändert. Wenn sie dann in einer Stichprobe zum Beispiel eine Woche nach der Wahl messen, dass die Anhängerschaft einer Partei um 4 Prozentpunkte geschrumpft ist, obwohl diese Partei die ganze Woche über eher positive Schlagzeilen in den Medien hatte, dann rechnen die Meinungsforscher mit einer Laune des Zufalls und korrigieren -4 vielleicht zu +1. Natürlich schielt man auch auf die Konkurrenz. Denn viele Institute haben zusammengerechnet viele Befragte und damit auch bessere Schätzungen: Mit einer vier Mal so großen Stichprobe halbiert sich der Zufallsfehler. Doch von alledem erfährt die Öffentlichkeit nichts, und auch die Wissenschaftler scheinen im Nebel zu stochern, wenn sie darüber spekulieren, wie aus stark schwankenden Messergebnissen die plausibel erscheinenden, »gewichteten« genauen Zahlen und glatten Trends in den veröffentlichten Wahlprognosen entstehen.

Der Wuppertaler Statistiker Fritz Ulmer veröffentlichte 1994 eine lange Zahlenreihe: die monatlichen Bundestags-Wahlprognosen von Infratest/dimap von März 1986 bis August 1994.[14] Ulmer verglich die Prozentzahlen der Parteien, die sich aus den jeweiligen Rohdaten der durchgeführten Befragungen ergeben, mit den gewichteten Werten, die das Institut veröffentlicht hatte. Dabei fiel ihm (und uns) auf, dass die Meinungsforscher bei insgesamt 91 veröffentlichten Daten für die CDU/CSU nur 7 Mal nach unten, aber 74 Mal nach oben gewichtet hatten – und zwar um bis zu 8 Prozentpunkte. Bei der FDP hatten sie sogar nur ein einziges Mal nach unten gewichtet und 70 Mal nach oben (um bis zu 4 Prozentpunkte, und damit regelmäßig über die 5-Prozent-Hürde, obwohl die Befragungen die FDP in zwei längeren Zeiträumen unterhalb der Hürde, also außerhalb des Parlaments sahen). Genau umgekehrt bei SPD und Grünen: Vor allem die SPD-Ergebnisse wurden fast immer deutlich verkleinert (um bis zu 9 Prozentpunkte!).

Dafür mag es politikwissenschaftliche Gründe geben. Es kann sein, dass CDU- und CSU-Wähler eher als andere dazu neigen, bei Befragungen aus spontanem Ärger über die Regierungspolitik ihrer eigenen Partei zu sagen, sie würden diesmal eine andere Partei wählen, in der Wahlkabine dann aber doch die CDU beziehungsweise CSU wählen, wie sie es schon immer getan haben. Es ist durchaus möglich, dass SPD-Anhänger eher als andere dazu tendieren, am Wahltag entgegen ihrer Ankündigung zu Hause zu bleiben. Es mag zutreffen, dass FDP-Wähler häufiger als andere telefonisch schlecht erreichbar und deshalb in der Stichprobe unterrepräsentiert sind.[15]

Es kann aber auch sein, dass die Auftraggeber der Wahlprognosen politische Interessen verfolgen und diese mit den veröffentlichten Zahlen unterstützen wollen. In der Zeit zwischen zwei Wahlen übernehmen Wahlprognosen die Rolle von echten Wahlen: Im öffentlichen Meinungsstreit um politische Fragen stehen die Politiker besser und stärker da, die auf aktuell gute Wahlprognosen verweisen können. Das gilt wohl besonders für die umstrittenen Positionen des beliebten Koalitionspartners FDP, die erheblich an Stoßkraft verlieren könnten, wenn die Partei laut Umfragen längere Zeit unter 5 Prozent liegt. Solange die Meinungsforschungsinstitute ihre Gewichtungskriterien im Dunkeln lassen, können wir von außen nicht beurteilen, welche dieser Erklärungen am plausibelsten ist.

Wer sind eigentlich *die Auftraggeber?* Im Fall Allensbach ist es die Frankfurter Allgemeine Zeitung, also ein politisch eindeutig konservatives Presseorgan. Bei der Forschungsgruppe Wahlen ist es das ZDF, dem ebenfalls eine traditionelle Nähe zur CDU nachgesagt wird. Die ARD beauftragt Infratest/dimap, »Stern« und RTL beauftragen Forsa, der Fernsehsender N24 betraut EMNID. Einige dieser Medien zitieren auffallend häufig FDP-Politiker, namentlich Guido Westerwelle. Von daher passt es schon ganz gut zusammen, wenn die Forschungsinstitute regelmäßig CDU/CSU und FDP mit guten Umfragewerten herausputzen.

Angesprochen auf solche möglichen Motive verteidigen sie sich meistens mit der Behauptung, dass die Umfrageergebnisse doch keinen merkbaren Einfluss auf die Wahlentscheidungen hätten. Das müssen sie auch gar nicht; politisch wirksam sind sie aktuell, wie eben gezeigt, in jedem Fall. Und indirekt dürften sie auch die Wahlergebnisse beeinflussen, da viele Wähler lieber nicht eine Partei wählen, der ein Verlierer-Image anhaftet. So mancher wählt die Partei, von der er glaubt, dass sie die Wahlen gewinnen wird. Denn bei den Gewinnern lebt es sich nach der Wahl doch schöner als in der Verliererecke. Bei einer Umfrage in Österreich haben 25 Prozent der Bürger zugegeben, ihre Wahlentscheidung schon mindestens einmal taktisch nach den Umfrageergebnissen ausgerichtet zu haben. Und da ein solches Verhalten eher zögerlich zugegeben wird, ist die folgende Zahl aus der gleichen Untersuchung vielleicht aussagekräftiger: 68 Prozent unterstellen anderen Wählern, sich nach Umfrageergebnissen zu richten; nur 15 Prozent glauben das nicht.[16] Da viele bei solchen Fragen von sich auf andere schließen, dürfte die Quote der zeitweise taktischen Wähler eher bei 50 Prozent liegen.

Wahrscheinlich staunen Sie schon eine Weile über die Abgründe, die sich hinter den akkuraten bunten Balken- und Tortendiagrammen der Wahlforscher auftun. Sollte der freundliche, vernünftige, souveräne, zuweilen sogar fein ironische und selbstkritische Jörg Schönenborn, der im Umfeld der grundsoliden ARD-Tagesschau die aktuellen Wahlprognosen vorzutragen pflegt, etwas anderes sagen als die mit bestem Wissen und Gewissen ermittelte Wahrheit? Gegen diesen Gedanken haben auch wir uns lange gesträubt.

Zumal es da noch diese konkrete Erinnerung gibt: *die letzte 18-Uhr-Prognose vom Wahltag*. Die lag doch stets ganz nah am amtlichen Endergebnis! Sehen Sie zum Beispiel, wie Infratest/dimap im März 2010 die eigenen Wahlprognosen feierte:

»Infratest dimap Prognosen treffen ins Schwarze … Das Superwahljahr 2009 geht für Infratest dimap mit einer eindrucksvollen Leistungsbilanz zu Ende. In allen drei Prognosen, die Infratest dimap im Auftrage der ARD … zur Bundestagswahl und den Landtagswahlen in Brandenburg und Schleswig-Holstein erstellt hat, wurden die vorläufigen Endergebnisse bereits um Punkt 18 Uhr hervorragend getroffen.«[17]

Na, die können's! Denen kann man glauben! Da kann keiner meckern! Möchte man meinen. Doch wir, die Autoren dieses Buches, meckern trotzdem und trauen uns, auf eine sonst schamhaft verschwiegene Tatsache hinzuweisen: Meinungsforschungsinstitute sind Unternehmen, die ihre Dienstleistungen gewinnbringend verkaufen wollen und sich von Berufs wegen bestens auf wirksame Werbung verstehen. Wenn ein solches Unternehmen am Wahltag die Gelegenheit hat, seine Leistung einem Millionenpublikum zu präsentieren, dann lässt es sich nicht lumpen. Dann wird richtig Aufwand getrieben, um die Werbewirkung so groß wie möglich werden zu lassen. Für diese Veranstaltung am Wahltag befragt man nicht 1000 oder 2000 Bürger wie sonst, sondern (zur Bundestagswahl) sagenhafte 100 000! Und zwar gleich nach der Stimmabgabe vor dem Wahllokal.

So schließen die Meinungsforscher bei dieser einen ganz besonderen Umfrage eine ganze Reihe von Fehlern aus, die all ihre übrigen Umfragen belasten, und die die Kunden der Forschungsinstitute sonst leider mitkaufen müssen:

- Anhänger einer Partei, die am Wahltag dann doch zu Hause bleiben;
- Wähler, die zwischen Befragung und Wahl ihre Meinung ändern – ein Phänomen, das heutzutage recht häufig anzutreffen ist;
- Probleme mit speziellen Gruppen, die telefonisch schwer erreichbar sind.

Zwei weitere Probleme werden deutlich verringert:

- Leute, die dem Befrager nicht die Wahrheit sagen (denn es ist viel schwerer, bei der Frage: »Was haben Sie gerade gewählt?« zu lügen als bei der eher unverbindlichen Frage: »Was würden Sie wählen, wenn …«);
- grobe Ungenauigkeiten durch den Lotteriefehler, denn die 100-fach größere Stichprobe steigert die Genauigkeit auf das 10-Fache!

Die 18-Uhr-Prognose ist also eine tolle Werbeveranstaltung für die beteiligten Meinungsforscher, die dazu noch von den auftraggebenden Medien wahrscheinlich recht gut bezahlt wird. Sie festigt maßgeblich den weit verbreiteten Irrglauben an die Gültigkeit und Genauigkeit von normalen Umfrageergebnissen.

Wenn Sie sich vom Schock dieser verwirrenden Erkenntnisse ein wenig erholt haben, möchten wir Sie noch mit einer weitreichenden Schlussfolgerung konfrontieren. Die Frage nach der Lieblingspartei ist eine ganz simple. Bei den meisten Befragungen – seien sie politischer, sozialer, wirtschaftlicher oder kommerzieller Natur – werden viel kompliziertere Dinge gefragt mit der Folge, dass die Ergebnisse noch viel ungenauer werden. Wenn Sie dann noch berücksichtigen, wie stark geschickt formulierte Fragen oder Antwort-Optionen das Ergebnis beeinflussen können, wird Ihnen klar, dass die Ergebnisse der meisten Umfragen weniger wichtig sind als die Frage, wer der Auftraggeber der Studie ist. Welcher Dienstleister kann es sich schon leisten, ein anderes Lied zu singen als das, das der Besteller hören will?[18]

1 Genau genommen haben wir an diesem Beispiel die Konfidenzintervalle für Anteilswerte und die Formeln zum Mindestumfang der Stichproben bei gewünschter Genauigkeit überprüft.

2 In Wirklichkeit ist es nicht der Zufall, sondern der Computer, der die »Zufallszahl« berechnet. Die Verfahren sind aber so ausgeklügelt, dass die so berechneten Zahlen sich tatsächlich wie Zufallszahlen verhalten.

3 Wenn Sie das selber ausprobieren wollen – so geht's mit Excel: Extras, Analysefunktionen, Zufallszahlengenerierung mit den Parametern: 1/1000/Bernoulli/0,338// A1. Das ergibt in Spalte A für jeden der 1000 Wähler, ob er (in diesem Fall: Bundestagswahl 2009) die CDU/CSU gewählt (1) oder die CDU/CSU nicht gewählt (0) hat. Eventuell müssen Sie zunächst die Analysefunktionen per Add-Ins-Manager (Menü Extras) installieren.

4 Bewertet über die Summe der Absolutbeträge der relativen Abweichungen zum tatsächlichen Ergebnis.

5 Allensbach, EMNID, FORSA, Forschungsgruppe Wahlen, Infratest/DIMAP und GMS sind laut www.wahlrecht.de die sechs größten.

6 Hier und im Folgenden verzichten wir zugunsten der Anschaulichkeit auf die absolut exakte Darstellung. Exakte Formulierungen können Sie jedem Statistikbuch unter dem Stichwort »Schätzen« (aus Stichproben) entnehmen.

7 Nach statistischer Formel lägen bei 1000 befragten Wählern für die Linke theoretisch 95 Prozent aller Schätzungen zwischen 9,9 und 13,9 Prozent der Wähler; 5 Prozent der Schätzungen lägen sogar noch weiter ab.

8 Wikipedia: Volkskammerwahl 1990. Zu den damaligen Wahlprognosen siehe Walter Krämer: »Pleiten, Pannen und Prognosen – Was geht bei Wahlumfragen schief?«, in: *Welt am Sonntag*, 3.10.1998.

9 Wikipedia: Bundestagswahl 1990. Zu den Allensbach-Prognosen siehe Fritz Ulmer: *Der Dreh mit den Prozentzahlen*. Wuppertal 1994, S. 2.

10 Thomas Plischke/Hans Rattinger: »›Zittrige Wählerhand‹ oder invalides Messinstrument? Zur Plausibilität von Wahlprojektionen am Beispiel der Bundestagswahl 2005«, in: *Wahlen und Wähler. Analysen aus*

Anlass der Bundestagswahl 2005, hg. von Oskar W. Gabriel u.a.. Wiesbaden 2009.

11 Walter Krämer: »Pleiten, Pannen und Prognosen«, a.a.O.; Wikipedia: Landtagswahlen im Saarland.

12 Der wichtige Unterschied zwischen Prozent und Prozentpunkten ist Ihnen aus dem Kapitel »Die Große Freiheit der Prozentisten« geläufig (S. 92f.).

13 Diverse Versuche meiner Studierenden, 2009 und 2010 weitere Daten zu erhalten, lösten nur nichtssagende Antwortschreiben aus.

14 Fritz Ulmer: *Der Dreh mit den Prozentzahlen*. Wuppertal 1994.

15 Darauf deutet eine Formulierung hin, die Meinungsforscher zuweilen verwenden: »Unter Berücksichtigung der längerfristigen Bindungen der Wähler an die Parteien« unterscheiden sie zwischen aktueller Wählerstimmung und einem zu erwartenden Wahlergebnis. So zum Beispiel Dieter Roth (Forschungsgruppe Wahlen): »SPD hat Vorteile in der Medienkompetenz«, in: *Handelsblatt*, 1.12.1997. Ähnlich die Forschungsgruppe Wahlen im ZDF-Politbarometer Mai 2010: »Auch die FDP fiel in der Projektion der Stimmungszahlen auf das tatsächliche Wählerverhalten um zwei Punkte auf 6 Prozent.« *Neue Westfälische*, 22.5.2010.

16 Der Rest hat die Frage nicht beantwortet. Presseinformation des Instituts für Grundlagenforschung Salzburg, 5.12.2002.

17 infratest-dimap.de, Pressemeldung vom 12.3.2010.

18 Ausführlicher zu den Problematiken der Meinungsforschung u.a.: Andreas Diekmann: *Empirische Sozialforschung – Grundlagen, Methoden, Anwendungen*. Reinbek 2007.

Kapitel 8

Die Magie der Prognose

Wenn Sie hier ein Potpourri der Propheten erwartet haben, die sich im weiteren Verlauf der Geschichte als Lügner oder Irrende lächerlich gemacht haben, werden wir Sie enttäuschen. Das war uns zu billig, auch wenn uns mancher Lacher sicher wäre.

Wie weit wir in die Zukunft schauen können

Um dies ernsthaft aufzuzeigen, beginnen wir mit dem Klassiker unter den Prognosen, der *Wettervorhersage*. Dem Schweizer Fernseh-Meteorologen Jörg Kachelmann[1] verdanken wir nicht nur die Erkenntnis, dass man mit Wettervorhersagen ein Geschäft machen kann, sondern auch eine gewisse Kultur im Umgang mit einem schwierigen Widerspruch: hier die sprichwörtliche Unsicherheit von Wettervorhersagen, da der Anspruch der Wissenschaft, verlässliche, »harte Fakten« zu liefern. Wenn Kachelmann den voraussichtlichen Temperaturverlauf der nächsten drei Tage auf den Fernsehschirm brachte, verwies er uns oft mit einem Lächeln des Bedauerns auf zwei Grundsätze realistischer Prognosen:

- Je weiter man in die Zukunft geht, desto größer wird das Spektrum der Unsicherheiten.

- Den gegenwärtigen Trend kann man realistisch in die Zukunft hinein verlängern, solange keine unvorhergesehene Wendung eintritt.

Aufs Wetter von morgen, übermorgen und so weiter bezogen, heißt das zum Beispiel: Morgen wird die Höchsttemperatur bei Ihnen voraussichtlich zwischen 10 und 13 Grad Celsius liegen, übermorgen voraussichtlich zwischen 9 und 14 Grad Celsius, in drei Tagen voraussichtlich zwischen 8 und 15 Grad Celsius. Der zweite Punkt führt zu der wenig überraschenden Prognose: Wenn das Wetter so bleibt, wie es ist, wird es übermorgen wohl so sein wie heute. Wenn es sich aber ändert, wird es übermorgen deutlich anders sein. Oder allgemeiner gesagt: Wenn Prognosen scheitern, dann liegt das meist an unvorhersehbaren Wendungen.

Hier meldet sich allerdings der Meteorologe zu Wort und sagt freundlich: »Herr Prof. Bosbach, Herr Korff, ich will Sie nicht belehren, aber ein kleiner Hinweis sei mir erlaubt: Wenn wir einen Trend in die Zukunft hinein verlängern, kann das auch eine Bewegung sein; das muss kein statischer Zustand sein. Wir sehen zum Beispiel, wie sich ein Frontensystem in einer bestimmten Geschwindigkeit auf Deutschland zubewegt. Auch das ist ein Trend, aus dem wir schließen können, dass sich das Wetter morgen wahrscheinlich ändern wird, es also wahrscheinlich regnen wird, obwohl heute die Sonne geschienen hat.«

Da hat er recht; wir haben die Dinge eben zu sehr vereinfacht. Es kann sogar sein, dass der prognostizierte Trend auf eine Änderung hindeutet und die überraschende Wendung, die dem Trend den Garaus macht – das Frontensystem kommt zum Beispiel plötzlich zum Stillstand – bewirkt, dass das Wetter so bleibt wie es war, nämlich sonnig. Die Drei-Tages-Prognosen der Wetterfrösche kommen nach Angaben von Herrn Kachelmann immerhin auf eine Trefferquote von 75 Prozent.

Auch die Geschäfte mit Wetterprognosen deuten darauf hin, dass wir Europäer ohne Prognosen offenbar kaum leben können. Wenn ich mir eine Bahnfahrkarte nach Berlin kaufe, prognostiziere ich zumindest, dass der Zug, mit dem ich fahren will, tatsächlich kommen und nach Berlin fahren wird. Wenn Sie drei Wochen vor Weihnachten Geschenke für Ihre Lieben einkaufen, wagen Sie die Prognose, dass die zu beschenkenden Personen drei Wochen später alle noch leben und zu Ihren Lieben zählen. Und wenn sich Ihr Nachbar bei der Bank einen Kredit holt, prognostiziert er (in der Regel), dass er ihn später wird zurückzahlen können – und die Bank rechnet normalerweise damit, dass sie den Kredit einschließlich Zinsen vom Kreditnehmer zurückbekommen wird.

Wenn wir solche Voraussagen für die Zukunft treffen, gehen wir meistens davon aus, dass Dinge, die in der Vergangenheit geklappt haben, auch in Zukunft gelingen werden. Wir sehen also einen Trend, eine bestimmte regelmäßige Entwicklung, und verlängern sie in die Zukunft. Die Erfahrung hat uns gelehrt, dass das meistens stimmt. Allerdings nur dann, wenn wir uns auf Voraussagen für einen kurzen Zeitraum beschränken (der je nach Prognoseart auch einmal etliche Monate umfassen kann). Sobald wir wesentlich längere Zeiträume ins Auge fassen, lässt die Zuverlässigkeit unserer Prognosen rapide nach – auch dann, wenn es um Entwicklungen geht, die nicht ganz so wechselhaft sind wie das Wetter.

Fußball-Kommentatoren zum Beispiel setzen sich gerne über diese Erkenntnis hinweg. So schrieb der Fußballverein

Schalke 04 am 29. Februar 2008, einen Tag vor einem sehr wichtigen Spiel gegen Bayern München, auf seiner Website: »S04 seit acht Jahren auf Schalke gegen Bayern ungeschlagen.« Als Prognose verstanden haftet einer solchen Aussage etwas Magisches an. Man hofft, eine Art Geist des Ortes – *genius loci*, wie die alten Römer sagten – zu beschwören, um das bevorstehende Spielergebnis zu beeinflussen. Allerdings verwiesen die Gelsenkirchener auch auf einen Gegentrend: »Diese Bilanz müssen die Schalker gegen die auswärtsstärkste Mannschaft der Liga verteidigen: Die Münchner gewannen drei der vergangenen vier Gastspiele und verloren nur eine der letzten dreizehn Auswärtspartien …« Welcher Trend war der stärkere? Das Spiel am 1. März 2008 gewannen die Bayern mit 1:0. Auch eine achtjährige Serie kann also ganz plötzlich vorbei sein. Sie sehen die Willkür, die solchen Trendprognosen anhaftet: Für fast jedes gewünschte Ergebnis finden Eckenzähler und andere Statistiker in der Vergangenheit einen passenden Trend, der nach Fortschreibung schreit.

Im Herbst 2008 legten die üblichen Verdächtigen unter den deutschen *Wirtschaftsforschern* Prognosen für die Entwicklung des Bruttoinlandsprodukts im Jahr 2009 vor. Die Mehrheit hatte sich für ein Nullwachstum entschieden. Gut ein Jahr später wussten wir: Die deutsche Wirtschaftsleistung war 2009 krisenbedingt um knapp 5 Prozent geschrumpft. Die Prognose war ein Opfer des Umstands geworden, dass sich die Weltwirtschaft stärker verändert hatte als angenommen. Wenn ein Strukturbruch eintritt, taugen Prognosen fast nichts mehr. Auch wir wollen hier unser Glück versuchen und eine Prognose für die nächsten Jahre wagen: Trotz vieler schlechter Erfahrungen werden die Wirtschaftsjournalisten das jeweils neue »Gutachten zur gesamtwirtschaftlichen Lage« mit seinen Prognosen wieder als der versammelten Weisheit letzten Schluss präsentieren und Schlagzeilen dazu texten wie: »Wirtschaft wächst um 1,1 Prozent«.

Das jeweils nächste Jahr scheint für Prognostiker aller Art eine besonders harte Nuss zu sein. Nicht nur Astrologen beißen sich daran regelmäßig die Zähne aus – die bei diesem Berufsstand allerdings rasch nachwachsen. Bundesregierungen ergeht es nicht anders. Als die Regierung Schröder im März 2003 ihre inzwischen berüchtigte »Agenda 2010« vorlegte, wussten Gerhard Schröder, Wolfgang Clement und Hans Eichel viel über die Zeit ab 2010 zu erzählen. Ziemlich dünn wurden ihre Lippen und Auskünfte, als man sie nach Details des Bundeshaushalts 2004 fragte.

Im Gespräch den Bogen über Jahrzehnte hinweg zu schlagen macht anscheinend mehr Spaß. Langfristige Wirtschafts- und Bevölkerungsprognosen haben sogar schon eine über zweihundertjährige Geschichte.

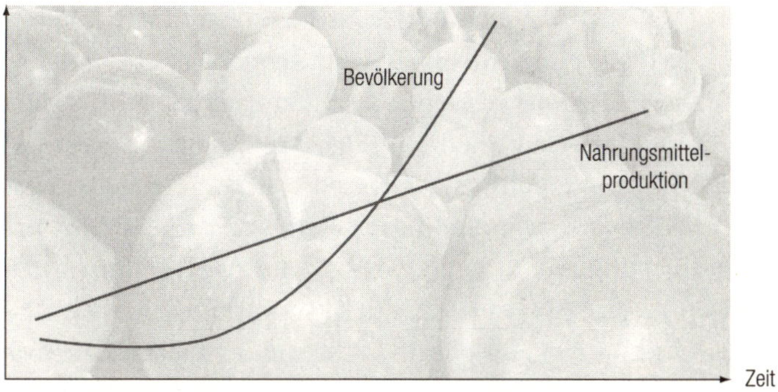

Der Ökonom Thomas Robert Malthus prognostizierte 1798, dass das Bevölkerungswachstum unweigerlich zu Hungerkatastrophen führen müsse.

Im Jahr 1798 formulierte der britische Ökonom *Thomas Robert Malthus* eine umfassende Prognose über die Entwicklung der Weltbevölkerung und des Nahrungsangebots der Erde. Er hielt sie sogar für ein mathematisches Axiom, also eine Art Grundgesetz der Zahlen. Malthus nahm an, dass die Bevölkerung exponentiell anwachsen werde – dass also das Wachstum immer schneller würde –, die Nahrungsmittelproduktion aber nur linear, also in gleichbleibendem Tempo wachse. Daher entstünden unweigerlich eines Tages »überflüssige Menschen«, die nicht ernährt werden können und deshalb durch Seuchen, Kriege oder andere Unglücke dezimiert werden müssten.

Malthus hatte diese Trends in der Vergangenheit beobachtet und unbegrenzt in die Zukunft fortgeschrieben. Dabei hatte er unter anderem nicht berücksichtigt (und auf Basis des damaligen Wissens auch gar nicht berücksichtigen können), dass die Menschheit wirksame Mittel der Geburtenkontrolle erfinden würde, um das Bevölkerungswachstum zu dämpfen. Sie fand auch Mittel und Wege, die Produktivität ihrer Nahrungsmittel- und Industrieproduktion so weit zu steigern, dass sie mit der wachsenden Bevölkerung Schritt halten können; und das haben Kritiker wie William Godwin schon zu Lebzeiten des Pessimisten angemerkt. Dennoch griffen rund 60 Jahre später auch Karl Marx und Friedrich Engels in ihrer Verelendungstheorie auf die »malthusianische« Vorstellung zurück, dass das Proletariat in den kapitalistischen Industrieländern unweigerlich immer weiter anwachsen und dabei immer ärmer werden müsse, bis es dieser Entwicklung mit einer Revolution ein Ende machen werde.[2] Allerdings machten sie kein Naturgesetz für die Verelendung verantwortlich, sondern die kapitalistische Wirtschaftsordnung, also ein von Menschen geschaffenes und von Menschen veränderbares System.

1972 veröffentlichte der Club of Rome seinen Bericht »Die Grenzen des Wachstums«, der, zumindest oberflächlich betrachtet, Ähnlichkeiten mit der Prognose von Malthus hat. Den Autoren Donella und Dennis L. Meadows und ihrem Team ging es darum zu zeigen, dass ein exponentielles Wachstum der Industrieproduktion zusammen mit dem Bevölkerungswachstum unweigerlich eines Tages seine eigenen Grundlagen zerstören müsse, weil die Ressourcen der Erde begrenzt sind. Kritiker warfen den Autoren vor, sie hätten wie seinerzeit Malthus willkürlich ein exponentielles Wachstum mit einer linearen Entwicklung kombiniert – nämlich eine bloß lineare Weiterentwicklung der Ressourcen-Effizienz der Technologien angenommen. Das trifft allerdings nur für die Teile des Berichts zu, die seinerzeit die öffentliche Diskussion beherrschten. Im Kleingedruckten ihrer Studie sind die Autoren durchaus klüger als Malthus vorgegangen und haben einige sehr unterschiedliche Szenarien durchgerechnet, darunter auch eines, bei dem die Menschheit es durch technologischen Fortschritt im Recycling schafft, ihren Rohstoffverbrauch sogar auf null zu reduzieren.[3] Doch auch in diesem Fall würde, so die Modellrechnung, ein unbeschränktes Wirtschaftswachstum noch vor dem Jahr 2100 zum Zusammenbruch der natürlichen Grundlagen des Fortschritts führen.

Auch diese Prognosen kollidieren mit dem anfangs erwähnten Grundsatz, dass wir Menschen unsere fernere Zukunft so gut wie gar nicht voraussehen können, was ein bekannter Kalauer auf die Formel bringt: »Prognosen sind schwierig, vor allem, wenn sie die Zukunft betreffen.« Immerhin hat der Bericht des Club of Rome bei allen Schwächen, die er aufweist, eine – vielleicht die einzige – prinzipielle Möglichkeit aufgezeigt, wie man doch etwas über die fernere Zukunft sagen kann: Indem man eine Reihe sehr unterschiedlicher *Szenarien* – also wahrscheinlicher Entwicklungspfade – entwirft und, jedes für sich, in die Zukunft hinein fortrechnet. So deckt man im Spektrum der Ergebnisse zumindest einen Teil der denkbaren Änderungen im Verlauf der zukünftigen Weltgeschichte ab. Auf dieser Basis kann man dann konkrete Vorschläge machen, um diesen Verlauf positiv zu beeinflussen. Zu diesem Mittel haben 2001 und 2007 auch die im Weltklimarat IPCC versammelten *Klimaforscher* gegriffen, als sie versuchten, die zu erwartenden Folgen einer Erderwärmung zu skizzieren. Ihre Prognosen haben übrigens den Hauptzweck, sich gewissermaßen selbst zu widerlegen und eben nicht die zukünftige Wirklichkeit zu beschreiben. Sie zeigen der Menschheit Handlungs- und Steuerungsoptionen auf, mit denen sie die »prognostizierten« Katastrophen abwenden kann.[4]

Problematisch bleiben solche Prognosen trotzdem aus drei Gründen:

- Auch eine Arbeit mit vielen Szenarien kann keine Wendungen und Strukturbrüche berücksichtigen, die sich heute noch nicht abzeichnen.
- Es ist kaum möglich, die zukünftigen Wechselwirkungen verschiedener Trends einzuschätzen, also die Frage, wie manche Entwicklungen in Zukunft einander verstärken oder schwächen werden.
- Die Öffentlichkeit neigt dazu, komplizierte Erwägungen in solchen Prognosen zu ignorieren und sich auf ein möglichst spektakuläres Untergangsszenario zu konzentrieren. Vielleicht lieben viele Menschen die Vorstellung von einem Untergang auch so sehr, dass sie die rettende Option ignorieren.

Den Versuch der Klimaforscher könnte man, wenn er gelingt, eine sich selbst zerstörende Prognose nennen. Das ist das Gegenteil jener *sich selbst erfüllenden Prophezeiungen*, die Sie sicherlich aus Ihrem Alltagsleben kennen. Wer mit dem linken Fuß zuerst aufgestanden ist und sich selbst schon vor dem Frühstück prophezeit, dass alles an diesem Tag schiefgehen wird, wird mühelos dafür sorgen, dass sich seine Prophezeiung bewahrheitet. Das ganze Konzept des positiven Denkens beruht auf der spiegelbildlichen Annahme, dass alles gut wird, wenn wir nur glauben, dass es gut werden wird.

Diese Phänomene verweisen auf ein grundsätzliches, oft übersehenes Problem: Oft sind die Prognosen selbst Faktoren der Entwicklung, die sie beobachten. Die Prognose selbst beeinflusst also die zukünftige Entwicklung.

Die häufigste Form der Prognose ist die simple *Trend-Extrapolation*, bei der man einen Trend, den man über einen begrenzten Zeitraum hinweg beobachtet hat, einfach in die Zukunft hinein verlängert oder auch rückwärts in die Vergangenheit hinein. Dieses Verfahren ist nicht frei von Stumpfsinn, und die Ergebnisse stimmen oft überhaupt nicht. Dazu ein kleines Beispiel aus meiner eigenen Laufpraxis:

- Beim Marathonlauf (42 km) erreichte ich zu meinen guten Zeiten eine Durchschnittsgeschwindigkeit von 14 km/h;
- beim Halbmarathon (21 km) waren es 15 km/h;
- beim 10-Kilometer-Lauf 16 km/h und
- auf der 5-Kilometer-Strecke 17 km/h.

Das ergab einen »wunderbar eindeutigen« Trend, ein scheinbar feststehendes Verhältnis zwischen der Verkürzung der Laufstrecke und der Erhöhung des Durchschnittstempos: Halbiert sich die Strecke, steigt das Tempo um einen Kilometer pro Stunde. Wäre ich jetzt ein gläubiger Prognostiker – wie es viel zu viele gibt –, würde ich diesen Trend einfach nach vorne und hinten verlängern: Dann käme ich beim 100-Meter-Lauf auf rund 22,5 km/h – das sind 16 Sekunden, für einen engagierten Läufer eine ganz schön lahme Ente! Beim 168-Kilometer-Lauf wäre ich dagegen mit rund 12 km/h in der Nähe der Weltspitze. Beide Extrapolationen sind also völlig unrealistisch, und der kritisch denkende Mensch weiß das eigentlich!

Eines der schönsten Beispiele dieser Art brachte einst der amerikanische Schriftsteller Mark Twain in einer Satire: »Binnen 170 Jahren hat sich *der untere Mississippi* um 240 Meilen verkürzt. Das macht im Durchschnitt $1^1/_3$ Meile pro Jahr. Daher sieht jeder, es sei denn, er ist blind oder ein Idiot, dass vor einer Million Jahren der untere Mississippi mehr als 1 300 000 Meilen lang gewesen ist und in den Golf von Mexiko wie ein Angelstock hinausragte. Genau so sieht man sofort, dass in 742 Jahren der untere Mississippi nur noch eine und dreiviertel Meile messen wird ... Das ist das Faszinierende an der Wissenschaft: Man erhält die tollsten Ergebnisse aus so gut wie nichts ...«[5]

Viele Entwicklungen verlaufen ungleichmäßig. Der Mississippi verkürzt sich mal schneller, mal langsamer, mal überhaupt nicht, und manchmal verlängert er sich sogar. Das Bruttoinlandsprodukt wächst mal schneller, mal langsamer, und manchmal schrumpft es sogar. Bevölkerungen wachsen viele Jahre lang an, und die Propheten sprechen von Bevölkerungsexplosion und von Kriegen um knappe Ressourcen. Dann schrumpfen sie plötzlich wieder, und die Experten raunen von Geisterstädten und einem Krieg der Generationen. Wir freuen uns lieber darauf, dass bei leicht sinkender Bevölkerungszahl Staus und Warteschlangen schrumpfen, der allgegenwärtige Verkehrslärm etwas nachlässt und in einem ziemlich dicht besiedelten und zersiedelten Land wieder hier und da Urwälder wachsen, Wildkatzen, Fischotter, Luchse und Wölfe leben können. Zum Glück ist ja auch das vorhergesagte Waldsterben weitgehend ausgeblieben.

Eine *Bevölkerungsprognose* für die nächsten 50 Jahre ist das Papier nicht wert, auf dem sie steht. Das wird klar, sobald wir uns anschauen, was eine Bevölkerungsprognose aus dem Jahr 1950 für das Jahr 2000 alles zwangsläufig übersehen hätte: den Babyboom um 1960, die Antibabypille, den Zuzug der Gastarbeiter und ihrer Familien, den Trend zur Ein-Kind-Familie und zu Single-Haushalten in den 1980er- und 1990er-Jahren, den Zusammenbruch des Ostblocks und den Zuzug von über 3 Millionen Aussiedlern. Strukturbrüche ähnlicher Größenordnung werden auch in Zukunft stattfinden und jede langfristige Prognose zu Makulatur machen. Wer solche Prognosen als sichere Zukunftsbeschreibung verkauft, ist ein Scharlatan.

Und wer sie ihm einfach glaubt, hat vergessen nachzudenken. Es hilft nichts: Mit der unsicheren Zukunft müssen wir leben und deshalb flexibel für die Zukunft planen!

Zum Schluss des Kapitels wollen wir kurz der Frage nachgehen, welche Interessen denn manche Prognosenutzer mit ihren Voraussagen verfolgen, und wie ihr Interesse die Auswahl der veröffentlichten Trends beeinflusst. Die *Ölpreisprognosen* von Banken, Unternehmensberatern und Energiekonzernen für die Jahre 2010 bis 2020 schwanken zwischen 20 und 200 Euro pro Barrel. Dabei prognostizieren Ölkonzerne meist einen maßvollen Anstieg. Kein Wunder, denn dieser verlockt einerseits Aktienanleger zum Aktienkauf, verhindert aber andererseits, dass Ölverbraucher sich energisch nach Alternativen zum Erdöl umsehen oder der Staat reglementierend eingreift.[6]

Die Spekulationen auf dem internationalen *Finanzmarkt* werden fast ausschließlich von Zukunftserwartungen der Investoren angetrieben. Es liegt also nahe, diese mit geschickt gestreuten Prognosen im Sinne bestimmter Akteure zu beeinflussen. Damit sind weniger verbotene Kursmanipulationen und Insiderhandel gemeint als einseitige Berichte über bestimmte Branchentrends, Unternehmensstrategien oder Geschäftsentwicklungen. Selbst Wirtschaftsprüfer und Rating-Agenturen, die gesetzlich zu einer kritischen Sicht verpflichtet sind, haben immer wieder noch kurz vor dem Zusammenbruch von hoch spekulativen Konzernen oder Banken positive Prognosen abgegeben: so die Wirtschaftsprüfer von Arthur Andersen 2002 vor dem Zusammenbruch des Enron-Konzerns sowie die Rating-Agenturen Standard & Poor's, Moody's und Fitch vor der amerikanischen Hypothekenkrise 2007, die die Weltfinanzkrise auslöste.[7]

Die Bild-Zeitung und der Sozialwissenschaftler Prof. Dr. Meinhard Miegel stellten im Sommer 2006 auf bild.de einen Prognose-Automaten online, auf dem man sich ausrechnen lassen konnte, wie viel *gesetzliche Rente* man, je nach Geburtsjahrgang, für 100 eingezahlte Euro später »herausbekommen« wird. Der Automat funktionierte sogar bis zum Geburtsjahrgang 2040![8] Miegel gab also vor zu wissen, wie lange die Menschen um 2100 und später in Deutschland arbeiten werden, wie viel sie verdienen und davon in die gesetzliche Rente einzahlen. Wie lange sie anschließend leben und wie hoch während dieser Zeit die Rentenauszahlungen sind, gehörte natürlich auch zum Rechenmodell. Miegel wollte mit diesen Daten, die in Anbetracht des raschen sozialen Wandels völlig aus der Luft gegriffen sein müssen, den Bild-Lesern »beweisen«, dass die gehaltsabhängige und solidarische Finanzierung der gesetzlichen Rente keine Zukunft habe und durch ein anderes System ersetzt werden müsse: eine vom Staat garantierte minimale Grundversorgung und private, kapitalorientierte Rentenversicherungen für alle weiteren Ansprüche. Im Interview mit Dietrich Krauß vom Südwestrundfunk gab Miegel allerdings zu, dass er zukünftige Veränderungen der Produktivität der Wirtschaft dabei nicht einbezogen hatte: »So weit sind wir noch nicht«, gestand er vor laufender Kamera. Dabei ist es gerade die Produktivität der Arbeiter und Angestellten (neben der Anzahl ihrer Arbeitsplätze), die darüber entscheidet, wie viele Kinder, Rentner oder Kranke jeder Erwerbstätige mitfinanzieren kann.

Miegels Beziehungen zu jenen Versicherungskonzernen, die mit dem Verkauf privater Rentenversicherungen viel Geld verdienen, gehen wir im Kapitel »Die Dummen und die Bösen« nach (siehe Seite 246). Einige weitere haarsträubende

»Irrtümer« in der Werbung für private Rentenversicherungen decken wir im Kapitel »Stiftung Warentest im Renditerausch« auf.

Wie in den meisten Kapiteln sollen Sie am Schluss wieder mitmachen. Also beamen Sie sich mit der Zeitmaschine in das Jahr 1975 zurück, und wagen Sie einen Blick »nur« 25 Jahre voraus auf das Jahr 2000 in Deutschland. Was hätten Sie damals voraussehen können?

Die Älteren sollen sicherheitshalber Ihre Erinnerung mit Fotos und Dokumenten auffrischen, und die Jüngeren sollten das Gespräch suchen; ein Geschichtsbuch wird kaum ausreichen.

Gab es damals schon eine Spur von PCs, Internet, E-Mails oder Handys? Selbst in den bekannten Science-Fiction-Romanen und -Filmen dieser Zeit taucht nichts auf, was an Google oder an ein iPhone erinnert.[9] Selbst wenn die Klügsten schon Ahnungen hatten, konnten sie auch nur ansatzweise deren

massive Auswirkungen auf Alltag, Produktion, Medizin oder Finanzwesen absehen? Fragen Sie nach der gesellschaftlichen Aufbruchstimmung der 1970er-Jahre und den Hoffnungen, die viele Menschen damals hatten. Fragen Sie aber auch, wie die Welt damals aufgeteilt war, und ob irgendjemand die Auflösung des Ostblocks und die Folgen sehen konnte.

Falls Sie jemand finden, der 1975 die nächsten 25 Jahre annähernd richtig vorausgesehen hat, sagen Sie uns das bitte: Dann schreiben wir dieses Kapitel um. Aber wahrscheinlich werden Sie merken, dass selbst ein Blick über 25 Jahre so gut wie unmöglich ist. Und das war keine Besonderheit der Zeit: Auch im Jahr 1900 war es nicht möglich, einen Blick ins Berlin der 1920er-Jahre zu werfen, über den Ersten Weltkrieg und den Zusammenbruch des Kaiserreiches hinweg. Zwischen 1925 und 1950 lagen die Nazizeit, der Zweite Weltkrieg, das Ende des Deutschen Reichs, riesige Bevölkerungsverschiebungen, die deutsche Teilung. Von 1950 aus gesehen waren das Wirtschaftswunder, die Gastarbeiter, der Siegeszug des Autos, der große Umbruch von 1968 oder Brandts Ostpolitik so gut wie unsichtbar; all das fand in den 25 Jahren bis 1975 statt.

Wir hoffen, Sie verstehen jetzt unsere Skepsis gegenüber dem öffentlichen Umgang mit Langfristprognosen. Meist lenken sie von heutigen Problemen ab oder verstecken aktuelle, kurzfristige Interessen im Nebel einer angeblichen Schau in die Zukunft. Das heißt aber nicht, dass wir grundsätzlich gegen Prognosen sind. Wir brauchen sie, um für die Zukunft zu planen. Wir wissen aber auch, dass sie nur ganz selten Wirklichkeit werden und deshalb einer ständigen Überprüfung bedürfen.

1 Wir sprechen hier ausdrücklich nur über seine Verdienste als Meteorologe. In der anderen privaten Frage, die die Öffentlichkeit beschäftigt, hoffen wir auf ein korrektes Urteil des Gerichts.

2 Wolfgang Ruge: *Stalinismus – eine Sackgasse im Labyrinth der Geschichte*. Berlin 1991, S. 22.

3 Donella H. Meadows u. a.: *Die Grenzen des Wachstums. Bericht des Club of Rome zur Lage der Menschheit*. Stuttgart 1972, S. 119, Abb. 36.

4 So äußerte sich z. B. Hans Joachim Schellnhuber, Leiter des Potsdam-Instituts für Klimafolgenforschung, im *Spiegel*-Gespräch: *Der Spiegel* 33/2010, S. 111.

5 Zitiert nach Walter Krämer: *So lügt man mit Statistik*, a. a.O., S. 73. Siehe auch Darrell Huff: *Wie lügt man mit Statistik*, a. a.O., S. 80.

6 Ein Hinweis von Jörg Schindler (Ludwig-Bölkow-Stiftung) in Tilman Achtnich: »Propheten und Moneten«. Dokumentation des SWR, 4. 11. 2009.

7 Kritisch dazu der »Wirtschaftsweise« Peter Bofinger im Mai 2010; ddp-Meldung 7. 5. 2010.

8 http://bit.ly/rentenrechner (führt auf www.bild.de/ …); kritisch dazu Tilman Achtnich: »Propheten und Moneten«. Dokumentation des SWR, 4. 11. 2009.

9 Mit einer Ausnahme: Der polnische Schriftsteller Stanislaw Lem beschrieb 1954 in dem Science-Fiction-Roman *Lokaltermin* einige ans Internet erinnernde Strukturen. Siehe: *Die Zeit*, 28. 7. 2005.

Kapitel 9

Wunder der Statistik

Wer dieses Kapitel liest, tut das auf eigene Verantwortung. Als ich eines der folgenden Beispiele während einer längeren Zugfahrt meiner Frau zeigte, brachte uns das an den Rand eines Ehekrachs. Sie argwöhnte, ich wollte sie bewusst mit Rechentricks aufs mathematische Glatteis führen, um mich als Mathematiker und Promovierter aufzuspielen und sie als beschränkte Lehramts-Mathematikerin vorzuführen. Mit ganz viel Zuwendung konnte ich die Emotionen so weit bremsen, dass sie sich das in der Tat abstruse Rechenbeispiel unvoreingenommen anschaute und wir dann gemeinsam staunen konnten.

Und staunen werden Sie auch, vielleicht sogar den Glauben an saubere Statistik verlieren. Das Letztere wäre schade, da Sie nach der bisherigen Lektüre schon zu den Fortgeschrittenen gehören, denen man so leicht nichts mehr vormachen kann. Seien Sie versichert: Auch gegen die verblüffenden Wirkungen der folgenden Wunder können Sie sich wappnen – und zum Glück sind diese Effekte von Fälschern nur in relativ wenigen Fällen anwendbar.

Will-Rogers-Phänomen und Simpson-Paradox

Haben Sie den Sicherheitsgurt angelegt? Dann lassen wir die Achterbahn langsam losfahren! Hinter dem ersten, täuschend sanften Anstieg lauern die Abgründe des Will-Rogers-Phänomens.

Der Direktor von Joypix, einer bundesweit tätigen Vertriebsfirma für digitale Bilderrahmen, war mit dem Bielefelder Gebietsleiter unzufrieden. Er suchte für ihn in der Zentrale einen internen Arbeitsplatz und gab einer Hochschulabsolventin, Frau Clever, eine Chance zum Berufseinstieg. In ihrer Bewerbung hatte er gelesen: Studienabschluss an der FH in Remagen, Hauptseminar »Statistiken lesen, Lügen erkennen« bei Prof. Dr. G. Bosbach, Note 1,0. Da sie sehr überzeugend auftrat, dachte er sich nichts weiter dabei. Sieben Monate später bekam er von Frau Clever dann folgenden Erfolgsbericht auf den Tisch: »Durchschnittliche Verkaufszahlen in den beiden Bielefelder Filialen in den ersten sechs Monaten gesteigert: Bielefeld-Nord um 16,7 Prozent auf 7000 verkaufte Bilderrahmen pro Mitarbeiter, Bielefeld-Süd um 6,7 Prozent auf 13 333.« Na bestens! Der Direktor klopfte sich ob der hervorragenden Wahl der neuen Gebietsleiterin auf die Schulter, wandelte den Zeitvertrag umgehend in einen unbefristeten Vertrag für Frau Clever um und rieb sich vergnügt die Hände.

Beim Jahresabschluss öffnete er voller Vorfreude die Daten aus Bielefeld. Aber was war das? Die Verkaufszahlen waren ja genauso mau wie im Vorjahr! Kein einziger Mehrverkauf! Auch die Monatszahlen wiesen keinerlei Absatzsteigerung in Bielefeld aus. Der Direktor tobte: »Betrug! Diese saubere Frau Clever hat mich betuppt – die fliegt sofort raus«, und kündigte ihr fristlos. Vier Tage später trudelte ein Widerspruch des Rechtsanwalts ein, der Frau Clever vertrat. Bei der Lektüre wurde der Direktor, eben noch rot vor Wut, zunehmend blass. Die aufgeführten Zahlen belegten die Erfolgsmeldung, die Frau Clever nach sechs Monaten abgegeben hatte, haarklein. Bezogen auf den Durchschnitt ihrer Mitarbeiter hatten beide Filialen tatsächlich ihren Umsatz um die genannten Prozentsätze erhöht. Obwohl unterm Strich kein einziger Bilderrahmen mehr verkauft worden war, und – da witterte der Direktor noch einmal kurz Morgenluft und schaute ganz genau hin – obwohl sich auch die Anzahl der Mitarbeiter nicht verkleinert hatte. Der Direktor rieb sich drei Mal die Augen: Heiliger Adam Riese, das kann doch nicht sein!

Und doch, ob Sie's glauben oder nicht: Es kann sein.

Hier sind die (vereinfachten) Zahlen:

Verkaufszahlen der Firma Joypix
einzelne Mitarbeiter

	1. Halbjahr 2010 Bielefeld		**2. Halbjahr 2010 Bielefeld**	
	Nord	Süd	Nord	Süd
	5.000 6.000 7.000	5.000 **10.000** 15.000 20.000	5.000 6.000 7.000 **10.000**	5.000 15.000 20.000
Durchschnitt	6.000	12.500	7.000	13.333
	Steigerung zum 1. Halbjahr:		16,7%	6,7%

Das Will-Rogers-Phänomen: Die Umsetzung eines Mitarbeiters von Filiale Süd in Filiale Nord hebt in beiden Filialen die Verkaufsleistung pro Mitarbeiter.

Wir nehmen in diesem Beispiel an, jeder Mitarbeiter hätte im zweiten Halbjahr 2010 genauso viele digitale Bilderrahmen verkauft wie im ersten Halbjahr. Frau Clever hat also überhaupt nichts am Absatz verändert. Sie hat lediglich den Mitarbeiter mit 10 000 verkauften Rahmen aus Bielefelds Süden in Bielefelds Norden versetzt. Dadurch stieg in beiden Filialen der durchschnittliche Pro-Kopf-Absatz.

Diese Methode funktioniert immer dann, wenn man in der besseren Filiale einen Mitarbeiter findet, der dort unter dem Durchschnitt liegt, aber über dem der schlechteren Filiale. Wenn man den in die schlechtere Filiale versetzt, steigt in beiden Filialen der Durchschnitt; denn die gute Filiale verliert einen unterdurchschnittlichen Mitarbeiter, der den Durchschnitt gedrückt hatte, und die schlechte Filiale gewinnt einen überdurchschnittlichen, der den Durchschnitt anhebt. Vorausgesetzt, die Verkaufsleistung des versetzten Mitarbeiters bleibt gleich.

Der Erste, der dieses merkwürdige statistische Phänomen beschrieben hat, war kein Mathematiker, sondern der amerikanische Schauspieler, Philosoph und Komiker Will Rogers. Der wollte eigentlich nur einen Witz machen, als er in den 1920er-Jahren die gewagte Behauptung aufstellte: »Als die Okies Oklahoma verließen und nach Kalifornien gingen, erhöhten sie den Intelligenzquotienten in beiden Staaten.«[1]

Rogers, der selbst ein Okie war, also aus Oklahoma stammte (er war übrigens ein gebürtiger Cherokee), wollte damit anscheinend andeuten, dass nur die dümmsten Einwohner Oklahomas während des Goldrauschs um 1850 nach Kalifornien gingen, dass sie aber immer noch intelligenter waren als die meisten Kalifornier.

Ganz so einfach wie in unserem Joypix-Beispiel stellt sich

die Realität allerdings nur selten dar. In der Regel dürfte jener Mitarbeiter X, wenn er in ein schlechteres Absatzgebiet versetzt wird, dort weniger verkaufen als vorher im guten Absatzgebiet. Auch die Versetzung als solche wirkt sich vielleicht zunächst negativ auf die Verkaufsleistung des Mitarbeiters aus. Es gibt aber durchaus Felder, auf denen das Will-Rogers-Phänomen zum Alltag gehört, zum Beispiel das dreigliedrige deutsche Schulsystem. Verpasst ein Gymnasiast knapp das Leistungsziel und wechselt zur Realschule, kann er sich dort (wahrscheinlich) in der besseren Hälfte der Klasse etablieren. Erfolg: Beide Klassen sind im Schnitt besser geworden, ohne dass auch nur ein Schüler seine Leistungen persönlich verbessert hätte.

Will Rogers wird auch ein Satz zugeschrieben, der diesen überraschenden Effekt auf den Punkt bringt: »Alles wird besser, obwohl sich nichts verändert.« Allerdings ist das beim Will-Rogers-Phänomen nicht immer so. Wir werden weiter unten zwei Beispiele anführen, bei denen gewissermaßen alles schlechter wird, obwohl jeder Beteiligte sein Bestes gegeben hat.

Wenn Sie einmal Ihren Blick dafür geschärft haben, entdecken Sie wahrscheinlich bald: Oklahoma ist (fast) überall. Etwa im Fußball: Versetzt der Trainer einen relativ schwachen Spieler aus der A-Mannschaft in die B-Mannschaft, wird bei beiden Mannschaften die durchschnittliche Spielstärke steigen. Bei der Neuordnung von Wahlkreisen kann eine Partei den Trick zwar nicht nutzen, um ihre Gesamtstimmenzahl zu erhöhen. Aber die geschickte Verschiebung eines Dorfes von einem Wahlkreis in den Nachbarwahlkreis kann bewirken, dass das prozentuale Ergebnis einer Partei in beiden Wahlkreisen ansteigt – und ihr vielleicht ein zusätzliches Direktmandat einbringen.[2]

Vertrackt wird das beschriebene Phänomen dadurch, dass es oft nicht bösartig benutzt wird, sondern sich quasi natürlich ergibt. So ist es bei dem erwähnten Fall des Gymnasiasten in der Realschule. Hans-Peter Beck-Bornholdt und Hans-Hermann Dubben zeigen einen Fall in der Medizin auf: Eine verbesserte Diagnostik bei Tumoren kann auch direkt zu einer (scheinbaren) Verbesserung der Heilungschancen führen – wenn nämlich, wie üblich, die Tumore in kleine, mittlere, große und sehr große eingeteilt werden. Dann führen die feineren Diagnosen rechnerisch zu höheren Heilungschancen in allen Gruppen. Das kommt so zustande: Wurde früher ein Tumor der Gruppe der kleinen Tumoren zugeordnet und gehörte dort zu den größeren, also gefährlicheren, erkennt die neue Diagnostik noch Ränder; deshalb fällt der gleiche Tumor jetzt in die mittlere Gruppe, wo er zu den kleineren zählt. Somit verliert die Gruppe der kleinen Tumoren diejenigen mit den schlechtesten Prognosen, und die mittlere Gruppe gewinnt Tumoren mit überdurchschnittlich guten Prognosen hinzu.

Den interessierten Fachmann verweisen wir hier aber lieber an die Fachleute[3] und widmen uns einem fiktiven Fall, bei dem das Phänomen nach hinten losging: Ein Diätinstitut hatte so viele Anmeldungen zum Frühjahrskurs, dass es die Teilnehmerinnen und Teilnehmer in drei Gruppen einteilte: in Gruppe 1 alle unter 90 Kilogramm, in Gruppe 2 alle von 90 bis 120 Kilogramm und in Gruppe 3 alle über 120 Kilogramm. Man versprach sich davon homogenere Gruppen und den Anreiz, bei Gewichtsabnahme in eine tiefere, also bessere Gruppe wechseln zu dürfen. Um den Anreiz zu verstärken, konnten die Teilnehmer im Internet den Gewichtsverlust verfolgen. Aus Datenschutzgründen nicht von jedem Einzelnen, sondern nur im Durchschnitt der jeweiligen Gruppe. Toll, wie der von Woche zu Woche sank! Bis es dann so weit war und die erste Teilnehmerin den Sprung von Gruppe 3 nach Gruppe 2 schaffte. Die Leichteste der letzten Gruppe wurde plötzlich die Schwerste der mittleren Gruppe, und beide Durchschnitte sprangen nach oben. Dumm gelaufen! Hier gaukelt das Will-Rogers-Phänomen eine Verschlechterung vor, obwohl jeder und jede Beteiligte das Gewünschte, die Gewichtsabnahme, erreicht hatte.

Wenn Sie demnächst lesen, dass die gut Verdienenden sowohl in den gesetzlichen als auch in den privaten Krankenversicherungen Einkommenseinbußen hinnehmen mussten, bleiben Sie skeptisch. Auch hier könnte »Will Rogers« zugeschlagen haben. Bekommt nämlich ein gut verdienender gesetzlich Versicherter ein paar Euro mehr, steigt sein Gehalt knapp über die Beitragsbemessungsgrenze, und er wechselt in die private Krankenversicherung. Dort wird er zu den »Ärmeren« zählen. Erfolg: Das Durchschnittseinkommen der gesetzlich Versicherten sinkt durch den Weggang eines Gutverdieners, und das der privat Versicherten sinkt durch den Zugang eines Aufsteigers, der nur knapp die Hürde genommen hat. Hier wird ein Absinken der Einkommen vorgegaukelt, obwohl die Einkommen in Wirklichkeit gestiegen sind.

Ist Ihnen schon schwindelig? Dann nutzen Sie den Vorteil, den ein Buch gegenüber einer Achterbahn hat, und blättern Sie einfach zum nächsten Kapitel weiter. Denn jetzt nehmen wir Fahrt auf ins Unglaubliche: das berüchtigte Simpson-Paradox.

Wir besuchen den imaginären Staat Hansistan mit den beiden Bundesstaaten Flachland und Bergland. Da die Bürger in diesen überschaubaren Verhältnissen recht gesund leben, gibt es auch nur drei verschiedene Arztgruppen: Schnibbler, Tröster und Knochenflicker. Um Fachidiotentum zu vermeiden, werden die Medizinstudenten in allen drei Fachrichtungen ausgebildet und später je nach Bedarf als Schnibbler, Tröster oder Knochenflicker eingesetzt. Allerdings können sie frei entscheiden, ob sie im Flachland oder im Bergland praktizieren wollen. Unter den Ärzteanwärtern gibt es einige, für die das zu erwartende Gehalt das wichtigste Entscheidungskriterium ist. Einer davon, ein gewisser Dr. Scheffel, bereitet sich gut auf die Auswahl des Bundesstaates vor. Mit geschultem Blick wird Scheffel im Statistischen Jahrbuch der Ärzte schnell fündig:

Ärzte in Hansistan: Jahreseinkommen vor Steuern

	Schnibbler		Tröster		Knochenflicker	
	Flachland	Bergland	Flachland	Bergland	Flachland	Bergland
Anzahl Ärzte	200	40	20	20	30	100
davon über 200 000 Piepen	60	8	16	2	24	70
Anteil Bestverdiener in %	30	20	80	10	80	70

Wo verdienen Ärzte besser – im Flachland oder im Bergland? Im Detail deutet alles aufs Flachland hin.

Ein schneller Blick genügt: Egal, in welcher Fachrichtung ich eingesetzt werde, im Flachland bin ich besser dran. Alles klar, die Entscheidung ist gefallen.

Beim nächsten Treffen mit seinem alten Freund Klettermax, der sich natürlich fürs Bergland entschieden hat, protzt Scheffel mit seiner »klugen« Entscheidung. Er erwartet den Widerspruch, dass Geld doch nicht alles sei. Den bekommt er auch; aber er hat seinen Freund unterschätzt. Auch der hat nämlich recherchiert und ist zu dem Ergebnis gekommen, dass seine Entscheidung für die Berge ihm auch finanzielle Vorteile verschaffe. Dazu legt er folgende Statistik vor:

Ärzte in Hansistan: Jahreseinkommen vor Steuern

	Alle Ärzte	
	Flachland	Bergland
Anzahl	250	160
davon über 200 000 Piepen	100	80
Anteil Bestverdiener in %	40	50

Im Gesamtüberblick scheint das Bergland jedoch vorne zu liegen.

Tatsächlich: Im Bergland sitzen anteilsmäßig mehr Bestverdiener. Jeder Zweite darf sich dort dazu zählen.

Wie immer in solchen Situationen tobt bald ein Streit zwischen den Freunden, wer die besseren und glaubwürdigeren Zahlen ermittelt hat. Klettermax führt an, dass es im Bergland mehr Knochenflicker gibt und diese meist besser verdienen. Scheffel kontert: »Vergiss es! Die sind fast alle noch jung, da wird so schnell kein neuer gebraucht.« Wie dem auch sei: Die letzte Tabelle ist aus der Addition der absoluten Zahlen der drei Arztgruppen entstanden (mit der dann nötigen Neuberechnung der Anteile). Rechnen Sie nach: Hier liegt kein Rechenfehler vor. Vielleicht verstehen Sie jetzt meine Frau besser, die das beim ersten Blick während der Zugfahrt nicht glauben wollte. Auch ich selbst war beim ersten Kennenlernen des Simpson-Paradoxons ziemlich perplex.

Bevor wir dem fiktiven Beispiel mit den hansistanischen Ärzten auf den Grund gehen, präsentieren wir Ihnen zur Eingewöhnung ins paradoxe Statistisieren ein weiteres Beispiel, das sich an den klassischen Anwendungsfall anlehnt, mit dem das Simpson-Paradox meist erläutert wird.[4]

Im Jahr 1973 wurde die University of California in Berkeley verklagt, weil *Frauen geringere Chancen auf einen Graduierten-Studienplatz hätten* als ihre männlichen Kollegen. Die Zahlen zeigten nachweisbar, dass 44 Prozent der Männer, aber nur 35 Prozent der Frauen zugelassen wurden. Die Quoten unterscheiden sich so deutlich, dass ein Zufall eigentlich als Ursache auszuschließen war. Die Diskriminierung schien so gut wie bewiesen. Bis man in die Detailuntersuchung ging, um herauszufinden, in welchen Fachbereichen denn da so schamlos Frauen diskriminiert wurden.

Wir vereinfachen das Beispiel hier, damit Sie die Chance haben, selber nachzurechnen. Wir empfehlen Ihnen, das tatsächlich zu tun, weil man nach unserer Erfahrung solche schwierigen Sachverhalte am besten dann begreift, wenn man selber damit arbeitet. Und nicht nur nach unserer Erfahrung! Sie kennen vielleicht das chinesische Sprichwort: »Sage es mir, dann vergesse ich es. Zeige es mir, dann behalte ich es. Lass es mich mit dir tun, dann verstehe ich es.«

Bewerbungen					Annahmequoten in Prozent	
Fachbereich	weiblich	angenommen	männlich	angenommen	w	m
1	10	8	80	50		
2	5	4	60	40		
3	80	20	40	10		
4	30	15	40	10		
Gesamt						
angenommen in Prozent						

Wurden Frauen bei der Bewerbung um Graduiertenplätze tatsächlich benachteiligt?

Bitte rechnen Sie alle fehlenden Zahlen in den grau unterlegten Feldern aus.

Bei korrekter Rechnung ergibt sich eine Gesamtannahmequote von 50 Prozent bei den Männern und von 37,6 Prozent bei den Frauen. (Unsere Rechnung haben wir zum Vergleich am Kapitelende angefügt.) Die Diskriminierung der Frauen scheint also offensichtlich zu sein. Betrachten Sie aber alle Fachbereiche einzeln, kehrt sich das Bild um. In keinem der vier Fachbereiche haben die Frauen schlechter abgeschnitten, die Männer dagegen drei Mal, und das jeweils deutlich. Wenn hier jemand diskriminiert wurde, dann waren das eher die Männer.

Wie zum Teufel ist so ein Widerspruch möglich? Dass irgendwelche Religionen, Philosophien, pädagogischen oder volkswirtschaftlichen Theorien in sich widersprüchlich sein können, diesen Kummer sind wir ja gewohnt. Aber eine rein mathematische Statistik?

Bitte tief Luft holen.

Und nochmal tief Luft holen!

Und dann die Zahlen einmal genauer ins Auge fassen. Wo hat sich die Masse der Frauen beworben? 80 von insgesamt 125 Frauen haben sich beim Fachbereich 3 beworben; und das ist ausgerechnet der Fachbereich, der drei Viertel aller Bewerber, egal, ob männlich oder weiblich, abgelehnt hat. Das hat die Gesamtablehnungsquote bei den Frauen in die Höhe getrieben. Anders bei den Männern. Von denen wollten die meisten in die Fachbereiche 1 und 2; und das waren Fachbereiche, die die meisten Bewerber – egal, ob Frauen oder Männer – aufgenommen haben. Entscheidend waren also die Auswahl des Fachbereichs und die allgemeinen Zulassungsquoten der Fachbereiche, nicht aber das Geschlecht der Bewerber. Und ähnlich hat es sich auch 1973 bei der Universität in Berkeley zugetragen. Zum Glück kamen die statistischen Fachargumente auch vor Gericht – das ist leider nicht immer der Fall[5] –, und die Universität wurde nicht verurteilt.

Aber jetzt zurück zu unseren jungen Ärzten in Hansistan. Betrachten wir die Arztgruppen einzeln, dann haben die Ärzte im Flachland in allen Gruppen zum Teil deutlich besser verdient als im Bergland. Betrachten wir dagegen alle Ärzte zusammen, ist das Bergland lukrativer. Was stimmt denn nun?

Geschult durch das Beispiel der Fachbereiche in Berkeley erkennen wir, dass auch hier wieder sehr unterschiedliche Daten zusammengefasst wurden. Die Schnibbler bilden die größte Gruppe der Ärzte, und da ist die Bestverdienerquote verhältnismäßig gering. In der kleineren Gruppe der Knochenflicker dagegen ist die Bestverdienerquote sehr hoch. Die zahlenmäßig kleinste Gruppe der Tröster hat dazu eine völlig unterschiedliche Bestverdienerquote im Flachland und im Bergland. Hier sehen wir ein wichtiges gemeinsames Merkmal mit der genannten Universität: die sehr unterschiedlichen Gruppenzusammensetzungen. Diese scheinen, wenn man sie zusammenfasst, anfällig zu sein für das Simpson-Paradox. Beck-Bornholdt und Dubben nennen ein weiteres interessantes Beispiel aus der Medizinpraxis, das das Problem vielleicht am besten verdeutlicht: Werden in völlig unterschiedlichen Kliniken – etwa in einem Kinderkrankenhaus und einer geriatrischen Einrichtung – die gleichen zwei Medikamente auf ihre Wirkungsweise verglichen, kann Simpson zuschlagen – etwa so, dass Medikament A sowohl im Kinderkrankenhaus als auch in der Geriatrie besser abschneidet, und dennoch in der Zusammenfassung Medikament B das bessere zu sein scheint.[6]

So gewappnet trauen wir uns jetzt endlich, die Frage der beiden jungen Ärzte Scheffel und Klettermax zu beantworten, wer recht hat. Ob die Wahrscheinlichkeit, im Bergland Knochenflicker zu werden, wirklich größer ist als im Flachland, wissen wir nicht, da wir die Altersstruktur der Ärzteschaften nicht kennen. Wir nehmen also gleiche Wahrscheinlichkeiten an, eingesetzt zu werden. Dann müssen wir, was den Verdienst betrifft, Scheffel recht geben. Denn egal, wo ihn der Staat nachher einsetzt, wird er im Flachland mit höherer Wahrscheinlichkeit später sehr gut verdienen. Der Gesamtüberblick führt hier ähnlich in die Irre wie bei der angeblichen Geschlechterdiskriminierung in Berkeley. Ähnlich verhält es sich bei den beiden getesteten Medikamenten. Als Patient sind Sie entweder Kind oder Greis, niemals beides gleichzeitig.

Also nehmen Sie das Medikament, das in Ihrer Altersgruppe besser ist. Der Detailblick gewinnt, oder anders gesagt: Die Wahrheit ist stets konkret.

Ein anderes geläufiges Sprichwort wird hier allerdings widerlegt: Die Tücke liegt eben nicht im Detail, sondern im groben Überblick. Haben Sie zusammengefasste Daten von recht unterschiedlichen Gruppen vor sich, müssen Sie immer Vorsicht walten lassen. Sei es beim Risikostrukturausgleich zwischen den verschiedenen Krankenkassen, bei Länderdaten internationaler Konzerne, bei Vergleichsdaten der Bundesländer – überall kann es passieren, dass Vorteile, die in (fast) jeder Einzelbetrachtung (Krankenkasse, Land, Bundesland) bestehen, in der Zusammenfassung untergehen und dort sogar als Nachteil erscheinen. Ähnlich wie beim Will-Rogers-Phänomen verdeckt die Zusammenfassung das, was im Einzelnen wirklich geschieht.

Am Ende haben wir also eine schlechte Nachricht für Sie: Sie müssen sich bei wichtigen Entscheidungen leider die Mühe machen, ein wenig ins Detail zu gehen.

Eine weitere interessante Aufgabe aus den Schluchten des Simpson-Paradoxons finden Sie im Kapitel »Übung macht den Meister« (S. 293). Simpson macht es dort sogar möglich, dass Raucher über 54 länger leben als Nichtraucher. Allerdings nur im groben Überblick. Schauen wir uns einzelne Altersgruppen an, dann leben, wie zu erwarten, die Nichtraucher länger. Besonders tückisch: Gerade das frühere Sterben vieler Raucher löst den paradoxen Effekt aus, dass die überlebenden Raucher statistisch gesehen langlebiger erscheinen.

Zum Abschluss jetzt aber die detaillierte Auflösung unserer Mitmach-Aufgabe zur scheinbaren Frauendiskriminierung an der Universität:

Bewerbungen					Annahmequoten in Prozent	
Fachbereich	weiblich	angenommen	männlich	angenommen	w	m
1	10	8	80	50	80	63
2	5	4	60	40	80	67
3	80	20	40	10	25	25
4	30	15	40	10	50	25
Gesamt	125	47	220	110		
angenommen in Prozent		37,6		50,0		

Die Wirkung des Simpson-Paradoxons am Beispiel weiblicher und männlicher Bewerber um Graduiertenplätze

1 Zitiert nach Julian Havil/M.Stern: *Verblüfft? Mathematische Beweise unglaublicher Ideen*. Berlin/Heidelberg 2009.

2 Die extremsten Wahlkreis-Manipulationen sind allerdings bei einem reinen Mehrheitswahlrecht möglich, wie es in Großbritannien, Frankreich und zum Teil in den USA gilt. Man bezeichnet das Verfahren in den USA als Gerrymandering – nach Elbridge Gerry, einem früheren Gouverneur des US-Bundesstaates Massachusetts, der dort 1812 einen abstrus salamanderförmigen Wahlkreis geschaffen haben soll, um die Oppositionspartei im Parlament so klein wie möglich zu halten. Dazu www.wahlrecht.de, Spezial: Wahlrechtslexikon, Wahlkreisgeometrie; Wikipedia.de: Gerrymandering

3 Hans-Peter Beck-Bornholdt/Hans-Hermann Dubben: *Der Hund, der Eier legt*, a. a.O., S. 203 f.; dieselben: »Das Will-Rogers-Phänomen

und seine Bedeutung für die bildgebende Diagnostik«, in: *Der Radiologe*, April 2009, S. 348–354.

4 Nach Wikipedia.de: Simpson-Paradoxon.

5 Weitere juristische Beispiele finden Sie in Gerd Gigerenzer: *Das Einmaleins der Skepsis. Über den richtigen Umgang mit Zahlen und Risiken.* Berlin 2003.

6 Hans-Peter Beck-Bornholdt/Hans-Hermann Dubben: *Der Hund, der Eier legt*, a.a.O., S. 196ff.

Kapitel 10

Der Sack der Rosstäuscher

... ist geräumig. In den ersten neun Kapiteln haben wir verschiedene Methoden des Tricksens und Täuschens herausgeholt, doch leer ist der Sack noch lange nicht. Wir holen jetzt neun weitere Instrumente heraus und gestatten Ihnen einen flüchtigen Blick in der Hoffnung, dass dieser inzwischen so geschärft ist, dass einige Andeutungen genügen.

Neun weitere Zahlentricks

1. Lange Zeiträume: Wie Mücken zu Elefanten werden

»Bund und Länder einigen sich auf 18 Milliarden Euro für die Bildung.« So lautete die Botschaft des Bildungsgipfels von Bundeskanzlerin Angela Merkel mit den Bundesländern im Juni 2009. Die Meldung demonstrierte den Willen, für unsere Jugend alles Menschenmögliche zu tun. Wer liest da schon das Kleingedruckte? Wir wollen es Ihnen nicht ersparen:

Die versprochenen 18 Milliarden Euro gibt es leider nicht jetzt oder jährlich, sondern im Zeitraum 2011 bis 2018: pro Jahr also nur gut 2 Milliarden. Und auch die gibt es nicht für die Bildung, sondern für Bildung und Forschung zusammen. Garantiert sind davon nur die Ausgaben bis 2013, insgesamt also

6 Milliarden Euro. Genauso viel kostete die Rettung der Bank Hypo Real Estate allein im Jahr 2009. Wie die Finanzminister der Länder versuchen, den Bildungsetat künstlich aufzublähen, indem sie bereits existierende Ausgaben etwa für Schulgrundstücke oder Sozialleistungen anders eingruppieren, erläutern wir auf Seite 258. Unser Augenmerk liegt hier jedoch auf der einfachen Methode, kleine Zahlen groß zu rechnen, indem man sie für über viele Jahre hinweg addiert.

Noch dreister trieb es die Frankfurter Allgemeine Sonntagszeitung im Januar 2010 in einem großen Artikel, mit dem sie allein erziehende Mütter, die auf Hartz IV angewiesen sind, als staatlich alimentierte Schmarotzer diffamieren wollte: Jede davon erhält angeblich insgesamt bis zu ihrem fünfzigsten Geburtstag 445 000 Euro aus Steuermitteln und verzichtet deshalb gerne auf Arbeitsstelle und Ehepartner.[1] Eine glatte Lüge, wie wir auf Seite 211 ff. ausführen. Diese aus einem ganz anderen Zusammenhang gerissene Zahl ist dadurch zustande gekommen, dass monatliche Ausgaben des Staates für ein sozial benachteiligtes und später im Leben gescheitertes Mädchen von der Geburt bis zum fünfzigsten Lebensjahr zusammengezählt wurden. Wie kann ein Mensch fünfzig Jahre lang allein erziehende Mutter sein? Das weiß nur die Frankfurter Allgemeine Sonntagszeitung.

Ausgaben, die monatlich anfallen, über dreißig oder fünfzig Jahre zusammenzuzählen, ergibt immer abenteuerliche absolute Beträge ohne einen realen Erkenntniswert. Das gilt auch für die beliebten Wirtshausrechnungen mit Bier, Zigaretten oder Mieten (die Sie gerne auch einmal mit Benzin, Handy oder dem Mitgliedsbeitrag Ihres Fitnessclubs wiederholen dürfen). Das ist einer der im Kapitel »Absolut Spitze oder relativ egal?« besprochenen Fälle, in denen relative Zahlen (wie viel Prozent Ihres Einkommens geben Sie für X aus oder wie viel pro Jahr) viel sinnvoller sind als über einen langen Zeitraum addierte absolute Zahlen.

Doch die prächtigsten Effekte erzielen Sie wegen des Zinseszins-Effekts, wenn Sie Steigerungsraten, beispielsweise Preissteigerungen, über viele Jahre hinweg betrachten.[2] Manche Demografen nutzen den Effekt, um bei ihren Bevölkerungsprognosen den Altenquotienten nach fünfzig Jahren in schwindelerregende Höhen zu treiben.[3] Das erinnert mich an mein erstes Kölsch, das vor gut vierzig Jahren in einer Deutzer Kneipe 45 Pfennig gekostet hat. 2010 kostete es dort 1,20 Euro, also satte 420 Prozent mehr! Jens steuert den frühesten Benzinpreis bei, an den er sich erinnern kann: 49,9 Pfennig pro Liter; ebenfalls vor fast vierzig Jahren, nämlich noch vor der Ölkrise von 1973. Im August 2010 stand der Preis laut benzinpreis.de bei 1,397 Euro, also 549 Prozent mehr. Aus dem Blickwinkel von 1970 die reinste Horrorvorstellung! Doch heute leben wir mit diesen Preisen lustig weiter, als ob nichts wäre.

2. Mittelwerte: Die Mitte ist nicht immer die Mitte

»Vermögen: Jeder Haushalt hat im Schnitt 77 900 Euro.«

Immer wieder lesen wir mit Verwunderung solche Meldungen. Gemeint ist damit nicht das Gesamtvermögen inklusive Haus, Auto und so weiter, sondern nur das Geldvermögen, genauer das Nettogeldvermögen. Die Schulden sind also auch schon abgezogen. Hand aufs Herz, haben Sie etwa 80 000 Euro auf der hohen Kante?

Wie eine solche Zahl entstehen kann, verstehen Sie leicht am Beispiel eines armen Schweizer Bergdorfs, in das eine reiche Familie zieht. Wohnten dort früher 500 Familien, jede mit 2000 Schweizer Franken Erspartem, sind es jetzt 501 Familien, von denen eine 200 Millionen Franken besitzt. Die aus Deutschland Zugezogenen haben nämlich dicke Aktienpakete, und die werden von den Bankern auch zum Geldvermögen gezählt.[4] Und plötzlich steigt das durchschnittliche Geldvermögen jeder Familie des Dorfes auf fast genau 400 000 Franken. Das ist die Krux der Durchschnittsbildung mit dem sogenannten arithmetischen Mittel. Wie soll das erst aussehen, wenn ein echter Milliardär zuzieht?

Wie in unserem Schweizer Beispieldorf geht es auch in Deutschland zu: Die Steinreichen sind zwar eine winzige Minderheit, aber mit ihren immensen Geldvermögen heben sie den Schnitt gewaltig an.

Natürlich haben die Statistiker sich eine Lösung für dieses Problem einfallen lassen. Interessiert uns das Vermögen des Herrn Normalverbraucher, der schon längst nicht mehr Otto heißt, sondern Stefan, dann sortiert man alle Vermögen nach ihrer Größe und betrachtet schließlich die Mitte der so entstandenen Reihe. Diesen Wert nennen die Statistiker Median, und der hängt überhaupt nicht von der Größe der Vermögen an den beiden Enden der Reihe ab.[5]

Gute Statistiken weisen beide Werte aus, Durchschnitt und Median. So gibt das Deutsche Institut für Wirtschaftsforschung (DIW) für das Jahr 2007 das Nettovermögen pro erwachsener Person (inkl. Sachvermögen) mit durchschnittlich 88 000 Euro und einem Median von nur 15 000 Euro an.[7]

Bei den Vermögen ist der Unterschied zwischen den beiden Mittelwerten besonders krass. Aber auch bei Gehältern, Geldeinkünften u. ä. liegt der Durchschnitt immer deutlich über dem Median, also dem, was Stefan und Steffi Normalo ihr

Wirkung eines grofsen Wertes (Ausreifsers) auf das arithmetische Mittel (oft als Durchschnitt bezeichnet)[6]

Eigen nennen. Oder allgemeiner: Gibt es große Ausreißer nach oben (und weniger nach unten), liegt der Durchschnitt immer über dem Median.

3. Definitionen: Was ist ein Arbeitsloser? Ein Betrieb? Eine Tonne Kohlendioxid?

»Im Mai 2010 nur noch 3,24 Millionen Arbeitslose. 217 000 weniger als im Mai des Vorjahres.« Die Bundesagentur für Arbeit gibt es uns amtlich: Wir können uns über den Aufschwung freuen. Jene Freunde, Bekannte, vielleicht auch Kinder indessen, die trotz vieler Bemühungen immer noch keine Arbeit gefunden haben, haben wohl nur Pech gehabt. Aber Achtung, es gibt eine Wahrheit jenseits der Schlagzeilen! Die Bundesagentur für Arbeit lässt sich in ihren ausführlichen Monatsberichten auch tiefer in die Zahlen schauen. Dort lesen wir beispielsweise für den Mai 2010:

Stand Mai 2010

3,242 Mio.	registrierte Arbeitslose
5,834 Mio.	Arbeitssuchende
5,918 Mio.	erwerbsfähige Empfänger von Geldleistungen (Arbeitslosengeld I und II; ohne Doppelzählungen)

Veränderungen zu Mai 2009

– 217 Tsd.	registrierte Arbeitslose
– 129 Tsd.	Arbeitssuchende
– 6 Tsd.	erwerbsfähige Empfänger von Geldleistungen

Daten des Monatsberichts Mai 2010 der Bundesagentur für Arbeit, zitiert nach Bremer Institut für Arbeitsmarktforschung und Jugendberufshilfe, 1.6.2010

Hallo? Wohin verschwinden denn die ganzen Arbeitssuchenden und Geldempfänger bei der Statistik-Erstellung? Und warum sind bei den absoluten Zahlen die registrierten Arbeitslosen am kleinsten, bei der Verbesserung zum Vorjahr aber deutlich am größten? Manipulation!? Ja und nein – es ist jedenfalls alles ganz legal und ergibt sich aus der Definition des »registrierten Arbeitslosen«. Als solche gelten nämlich nicht: die meisten Über-58-Jährigen, die Kranken, die 1-Euro-Jobber und diverse andere Sondergruppen. Die Details würden hier den Rahmen sprengen; die finden Sie ausführlich in den Veröffentlichungen des oben zitierten Bremer Instituts.

Ein besonders dreistes Detail wollen wir Ihnen aber doch nicht vorenthalten: Seit dem 1.5.2009 werden Jobsucher, die von privaten Trägern wie den Berufsbildungszentren betreut werden, nicht mehr als Arbeitslose mitgezählt. Verantwortlich für diese Regelung war die Koalition von CDU/CSU und SPD.

Wir erlauben uns, der im Kapitel »Die glatt gebügelte Sonntagsfrage« erwähnten Vereinigten Deutschen Spießerpartei VDSP einen Tipp zur Vorbereitung der nächsten Parlamentswahl zu geben: sechs Monate vorher einen privaten Träger gründen und dann Monat für Monat 50 000 registrierte Arbeitslose verschwinden lassen. Vorausgesetzt, die VDSP ist an der Regierung. Keine Bange, die Presse wird das zwar einmal kurz erwähnen – halb versteckt, irgendwo in den Details – und dann sofort wieder die offiziellen Zahlen bringen.

Sollte die VDSP einmal in die Opposition geraten sein, braucht sie einen etwas längeren Atem: Dann muss sie schon achtzehn Monate vor der Wahl einen privaten Träger gründen, bis zwölf Monate vorher eine Million Arbeitslose verschwinden lassen und dann in den letzten drei Monaten durch Beendigung der Maßnahmen wieder auf den offiziellen Arbeitsmarkt werfen.

Auch die österreichische Bundesregierung ist findig, wenn es gilt, den bösen Drachen Langzeitarbeitslosigkeit mit Paragrafenrittern zu bekämpfen. Wird ein Betroffener krank oder bildet sich weiter und dauert das mehr als 28 Tage, so kehrt er als »neuer« Arbeitsloser zurück in die Statistik. Die offizielle Anzahl der Langzeitarbeitslosen taugt also allenfalls als Untergrenze etwas.

Definitionen sind allemal eine schwierige Angelegenheit, oft umstritten, und oft gibt es gute Gründe für beide Seiten im Streit. Die verwirrende Definition der Kriminalitätsrate kennen Sie schon aus der Einleitung. – Ein *Einzelhandelsunternehmen* mit 50 Filialen: Gilt das als ein Betrieb, eine Arbeitsstätte, oder gilt jede Filiale als eigener Betrieb? Beide Sichtweisen haben etwas für sich. – Wer sich etwas genauer mit Klimaschutz beschäftigt hat, kennt vielleicht das Problem der unterschiedlichen Definitionen für den *Kohlendioxid-Ausstoß beziehungsweise Treibhausgas-Ausstoß* von Staaten oder Branchen: Einmal wird nur das Kohlendioxid gezählt, das beim Verbrennen fossiler Brennstoffe zum Zweck der Energieerzeugung frei wurde; einmal wird auch Kohlendioxid mitgezählt, das bei anderen Prozessen, beim Verbrennen von Holz usw. frei wurde; einmal werden alle sechs in der Klimarahmenkonvention genannten Treibhausgase (vor allem Methan) mitgezählt, jeweils umgerechnet in »Kohlendioxid-Äquivalente«. Manchmal wechseln die Definitionen von Jahr zu Jahr, sodass man keine gültigen Zeitreihen aufstellen kann. – Strittig ist international sogar die Definition, wer als Verkehrstoter gilt: Ist jemand, der zwei Tage nach dem Unfall im Krankenhaus stirbt, ein Verkehrstoter? Das gilt wohl überall. Wenn er aber erst zwei Wochen nach dem Unfall stirbt?

4. Aufteilen: Divide et mentire![8]

Das Gegenstück zum Größerrechnen mittels langer Zeiträume ist das Kleinrechnen von Beträgen durch Aufteilen in möglichst unübersichtliche Unterkategorien. Hier ein Paradebeispiel, wieder einmal aus dem sehr ergiebigen Feld der weißen Kittel:

Die Ausgaben der Krankenkassen
je Mitglied in der gesetzlichen Krankenversicherung im Jahr 2002

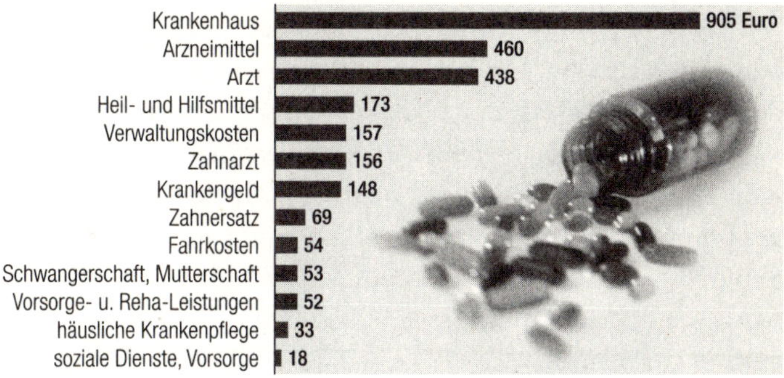

Datenquelle: BMGS

Die Aufteilung in Zahnärzte und Zahnersatz lässt den Kostenfaktor Zahngesundheit nach unten rutschen. Grafik nach: Zahnärztliche Mitteilungen Nr. 19, 1.10.2003

Alle Ärzte sind in einer Kategorie zusammengefasst. Die auf die Zahngesundheit entfallenden Ausgaben dagegen sind aufgeteilt in die Posten »Zahnarzt« und »Zahnersatz«, formell wohl deshalb, weil es sich um unterschiedliche Betriebsarten handelt. Nebeneffekt: Beide erscheinen in der Rangfolge unter »ferner liefen«, noch hinter den Verwaltungskosten der Krankenkassen. Wenn wir Zahn und Zahn zusammenzählen, rangiert der gedachte Posten Zahngesundheit dagegen auf Platz 4.

Auch die deutsche Autoindustrie kennt sich mit diesem Trick bestens aus und hat es tatsächlich geschafft, einen Renntraktor vom Typ Porsche Cayenne Hybrid mit 380 PS, 242 km/h Spitze und einem – vermutlich geschönten[9] – Kohlendioxid-Ausstoß von 193 Gramm pro Kilometer, also 63 Gramm oberhalb des

EU-Grenzwerts, in die zweitbeste Klimaklasse B hineinzuschmuggeln, während ein vergleichsweise umweltfreundlicher Winzling wie der Smart Cdi in der schlechteren Klasse C landet, der Kleinwagen Toyota Aygo mit einem Kohlendioxid-Ausstoß von 109 Gramm pro Kilometer sogar in Klasse D. Wie war das möglich? Sie haben Gewichtsklassen gebildet und die Klimaklassen-Aufteilung für jede Gewichtsklasse extra vorgenommen. Und das Bundesverkehrsministerium hat diese Sichtweise im Mai 2010 in ihrem Vorschlag für das geplante CO_2-Label genau so umgesetzt. Das ermittelte der Verkehrsclub Deutschland (VCD).[10] Jenes Label soll eigentlich genau das bewirken, was die deutsche Autoindustrie auf Teufelkommraus verhindern will: dass Autokäufer sich aus Klimaschutzgründen für ein kleineres, leichteres, saubereres Auto entscheiden.

5. Rankings: Die irrsinnige Sucht nach 1., 2., 3.

Die Medien veröffentlichen Tag für Tag Tausende von Rangfolgen, und wahrscheinlich werden es täglich mehr. Wer es wissen will, erfährt, wo die saubersten Badestrände Europas, die tiefsten Schluchten der Alpen, die kleinsten Inseln des Mittelmeers oder die vergnüglichsten Studentenstädte Süddeutschlands liegen, wann und wo die schlimmsten Eisenbahnunglücke, die größten Hochzeitspartys, die blamabelsten Theaterpremieren der Geschichte stattgefunden haben, und lernt im Nu die 20 torsichersten Fußballspieler, die 100 sexysten Mädels (nackt), die 100 schicksten Damen (bekleidet), die 100 sexysten Männer (bekleidet), die 50 potentesten Manager (bekleidet) und die 100 glitzerndsten Stars der Welt kennen.

Hauptsache Top! Offenbar befriedigen diese Listen eine tief sitzende Sehnsucht vieler Menschen nach Ordnung, Einordnung, Hierarchie, die wir, die Autoren dieses Buches, als überzeugte Demokraten nur schwer nachvollziehen können. Jens erlaubt sich ein Bonmot zum Thema: Am schönsten ist die Welt doch da, wo sie einfach nur schön ist!

Viele dieser Rankings sind, wenn man sie genauer untersucht, schwachsinnig und als Orientierungshilfe wertlos. Dafür zwei prominente Beispiele: die Forbes-Liste der »100 einflussreichsten Prominenten (the Celebrity 100)«[11] und die Liste der 439 deutschen Regionen in Reihenfolge ihrer »Zukunftsfähigkeit«, die das Berlin-Institut für Bevölkerung und Entwicklung 2006 veröffentlichte.[12]

Nach der berühmten Forbes-Liste war 2010 die amerikanische Fernsehmoderatorin Oprah Winfrey die einflussreichste Prominente der Welt. Es folgten die amerikanische Sängerin Beyoncé Knowles (Platz 2), der kanadische Filmregisseur James Cameron (3), die amerikanische Sängerin Lady Gaga (4), der amerikanische Golfspieler Tiger Woods (5), die amerikanische Sängerin Britney Spears (6), die irische Rockgruppe U2 (7), die amerikanische Schauspielerin Sandra Bullock (8), der amerikanische Schauspieler Johnny Depp (9), die amerikanische Sängerin Madonna (10). Wir erinnern kurz daran, dass die Welt, nämlich die Weltbevölkerung, zu rund 20 Prozent aus Chinesen, zu 18 Prozent aus Indern und nur zu knapp 5 Prozent aus US-Amerikanern besteht.[13]

Das amerikanische Wirtschaftsmagazin Forbes macht sich die Erstellung seiner Liste nicht leicht. Es reicht hier nicht, eine dreiköpfige Jury zusammenzustellen, 500 Fotos zu sichten und frei nach persönlichem Geschmack zu entscheiden, wer von den Personen am schicksten oder am geschmacklosesten angezogen ist. Diese Methode führt gelegentlich dazu, dass die gleiche Glitzerdame sowohl unter den 10 am besten als auch unter den 10 am schlechtesten gekleideten Frauen auftaucht.[14]

Nein, die Forbes-Liste orientiert sich an zehn bis zwanzig messbaren Kategorien, darunter dem Jahreseinkommen, der Anzahl der Auftritte in Fernsehen und Radio, der Titelbilder von Illustrierten, der Nennungen im Internet sowie der Anzahl von eingetragenen Fans in den Internet-Netzwerken Facebook und Twitter. Da die Forbes-Rechercheure aber mit Sicherheit nicht alle Fernsehsender der Welt auswerten, sondern nur die amerikanischen (höchstens noch die britischen), hat die »Bollywood«-Diva Madhuri Dixit trotz ihrer zahllosen Auftritte vor zig Millionen Zuschauern im indischen Fernsehen keine Chance, von Forbes mitgezählt zu werden. Und da das amerikanische Showbusiness die höchsten Gagen der Welt zahlt, lässt auch das – ohnehin fragwürdige – Einkommenskriterium fast nur Amerikaner nach oben kommen. Die Forbes-Kriterien hinken in ihrer nationalen Beschränktheit hinter der realen Medienlandschaft der Welt arg hinterher.

Praktisch kann man so etwas wie Einfluss wohl nur indirekt über die Medienpräsenz messen. Doch bitte machen Sie sich klar, wie problematisch das ist: Der Einfluss einer Person auf die Medien ist nicht gleichbedeutend mit dem Einfluss auf die Zuschauer und Leser der Medien, weil sich diese nicht von allen Personen, die die Medien ihnen präsentieren, gleich stark beeinflussen lassen. Personen etwa, die die Menschen auf neue Gedanken bringen, üben einen stärkeren Einfluss aus als Personen, die nur auf einer Welle mitschwimmen, die andere erzeugt haben.

2006 veröffentlichte das Berlin-Institut für Bevölkerung und Entwicklung unter großer Resonanz der anerkannten deutschen Medien seine Studie zur Zukunftsfähigkeit deutscher Regionen (genauer: Kreise). Und der Sieger war – der schwäbische Kreis Biberach in Baden-Württemberg mit der Note 2,66, knapp vor den oberbayerischen Kreisen Freising mit 2,70 und Erding mit 2,72. Die Schlusslichter hießen Burgenlandkreis (4,75 – Platz 438) und Bernburg (4,77 – Platz 439), beide in Sachsen-Anhalt. Wir haben natürlich auch gleich nach der jeweiligen Heimatstadt gesucht, und siehe da: Bielefeld schlägt Köln mit Note 3,25 zu Note 3,43. Aber beide Städte scheinen noch eine Zukunft zu haben. Wir gönnen den Schwaben den Schampus, bitten Sie aber trotzdem, einmal zu überlegen: Was heißt Zukunftsfähigkeit? Wie kann man so etwas messen, sogar auf zwei Nachkommastellen genau?

Da diese Frage selten gestellt wird, glauben Journalisten und andere gerne, dass man den beliebtesten Professor, die kinderfreundlichste Stadt oder die beste Uni tatsächlich ermitteln kann, indem man den Wert einfach an einer Art Thermometer abliest. Wenn die UNO eine Rangliste der Lebensqualität in 182 Ländern veröffentlicht, dann »wissen« wir plötzlich, dass man in Norwegen am besten lebt, knapp vor Australien. Deutschland belegt knapp hinter Großbritannien Platz 22. Nach dem 4:1 für Deutschland bei der Fußball-WM 2010 hat sich die Reihenfolge wahrscheinlich kurzfristig umgedreht. Was bitte ist Lebensqualität, und wie kann man die in fast allen Ländern der Erde in gleicher Weise messen? Das weiß zwar niemand, aber da das Ranking von der UNO herausgegeben wird, muss es stimmen. Solche Veröffentlichungen erzeugen »Fakten«, auf die sich danach viele berufen.

Doch zurück zu den zukunftsfähigsten Regionen. Wie sind die Notenverteiler vorgegangen? Sie haben 24 in Zahlen darstellbare Aspekte – Statistiker sprechen von Indikatoren –

aus dem bunten Leben der Deutschen herausgepickt, etwa die Verschuldung der Städte und Gemeinden, den Anteil der Abiturienten, die Anzahl der Einwohner pro Wohnung, das Bruttoinlandsprodukt pro Kopf oder den für 2020 erwarteten Bevölkerungszuwachs beziehungsweise -verlust. Dann haben sie für jeden Indikator eine Schulnote vergeben und anschließend den Durchschnitt der 24 Schulnoten ermittelt. So erhielt Biberach die Gesamtnote 2,66. Rechnerisch korrekt, aber inhaltlich? Sind die ausgewählten 24 Indikatoren wirklich für alle deutschen Regionen – von Rügen bis Duisburg, von München bis zum Münsterland – ähnlich relevant für die Zukunft? Ist es korrekt, alle Indikatoren einfach zu mitteln, jedem davon also haargenau den gleichen Einfluss zuzumessen?

Einer der Indikatoren fragt danach, ob Einwohner ausländischer Herkunft in der Region häufiger arbeitslos sind als der Durchschnitt der Bevölkerung. Das mag in Städten mit hohem Migrantenanteil ein Indiz für gute oder schlechte Integration sein – in Regionen mit geringem Ausländeranteil ist diese Größe irrelevant und sogar irreführend: Gegenden in Ostdeutschland, die die dort ansässigen Rechtsradikalen stolz zur »ausländerfreien Zone« erklärt haben, bekommen durch diesen Indikator sogar einen Pluspunkt für gute Ausländer-Integration. Ein anderer Indikator bewertet den Anteil der Hochschulabsolventen unter den Beschäftigten des Kreises. Was bedeutet dieser Wert für die Zukunft einer Tourismusregion wie das Sauerland?

Schon die Umrechnung sozialer Daten, zum Beispiel der Anzahl der Einwohner pro Wohnung, in Schulnoten wirft viele Fragen auf und lässt hinter der glitzernden Fassade des Rankings ein reichlich naives, holzschnittartiges Denken vermuten. Gefährlich ist die Möglichkeit der Macher, das Ergebnis durch Auswahl und Verteilung der Indikatoren gezielt zu beeinflussen. Wenn sie, wie hier geschehen, sechs Indikatoren aus dem Themenfeld Demografie einbauen, aber nur zwei aus dem Themenfeld Umwelt und Tourismus und keinen einzigen aus dem Themenfeld Freizeit und kulturelles Leben, dann präjudiziert diese Auswahl das Ergebnis. Die speziellen Interessen der Ersteller bekommen den Rang einer objektiven Bewertung, ohne dass die normalen Nutzer das erfahren.

Auf Seite 290 finden Sie eine schöne Denkaufgabe zu diesem Thema.

6. Ablenkung: Hohe Beweisdichte im Umfeld des Knackpunktes

»Von 100 Euro Lohn bleiben nur 64 übrig – Weniger Netto-Verdienst als 1995.« Mit dieser Meldung aus dem Jahr 2008 versuchten der Bund der Steuerzahler, die Unternehmerverbände und andere, die bösen Steuern und Sozialabgaben für die schmaler gewordenen Brieftaschen der Beschäftigten verantwortlich zu machen. Die FDP skandierte dazu ihre Parole »Mehr Netto vom Brutto«, und so lenkten die Genannten geschickt von der wesentlichen Entwicklung der letzten Jahre ab: Stärker als die Nettolöhne sind die realen Bruttolöhne gesunken, zumindest in den unteren Lohngruppen – durch Ausweitung der Niedriglohnjobs, durch Ausstieg der Betriebe aus Tarifverträgen, durch lächerlich kleine Lohnsteigerungen oder gar Lohnsenkungen in krisengeschüttelten Betrieben.

Filtert man die wichtigsten Fakten aus den verwirrend vielen Zahlen der Meldung heraus, bleibt nicht viel übrig: Blieben im Schnitt 1995 von 100 Euro brutto 65,23 Euro netto übrig, waren es 2006 »nur noch« 64,41 Euro. Die Absenkung betrug also in elf Jahren knapp 1,3 Prozent. Das hätte eine jährliche Lohnerhöhung von 0,11 Prozent schon ausgeglichen!

Darell Huff kommentierte Ablenkungsmanöver dieser Art süffisant: »Kannst du nicht beweisen, was du beweisen möchtest, so beweise etwas anderes und benimm dich so, als wäre es das Gleiche. In dem Lärm, der auf den Zusammenstoß der Statistik mit dem menschlichen Hirn folgt, wird kaum jemand den Unterschied beachten.«[15]

7. Gefühlte Statistiken: Mythos Teuro

Nicht immer stecken mächtige Verbände hinter dem Lug und Trug, der uns umgibt. Zuweilen schaffen es die Bürgerinnen und Bürger auch selber, sich mit Zahlen, persönlichen Erinnerungen und »gefühlten Statistiken« in die Irre zu führen. Ein Beispiel ist die Teuro-Debatte ab 2002.

Fünf Jahre nach der Umstellung der DM auf den Euro, nämlich 2006, gab es im Internet-Wissensforum »Yahoo! Clever« eine Diskussion über den sogenannten »Teuro«, also das Gefühl vieler Menschen, dass viele Preise nach der Umstellung auf den Euro stark gestiegen seien oder sich sogar verdoppelt hätten. Der Fragesteller dort formulierte es so: »Früher konnte ich für 100 DM beim Aldi einen Einkaufswagen füllen, heute kriege ich für 50 Euro zwei Tüten voll. Geht es euch auch so?« Die erste Befragte wies darauf hin, dass Aldi in der Zwischenzeit sowohl die Einkaufswagen als auch die Tüten vergrößert hatte. Davon wollte aber niemand der weiteren Mitdiskutanten etwas wissen. Ein anderer gab zu bedenken, dass der Fragesteller in der Zwischenzeit schon mindestens fünf Jahre älter geworden sei, und dass seine Ansprüche an Qualität und Preisniveau der Lebensmittel in dieser Zeit vielleicht gewachsen sein könnten. Diese beiden kritischen Stellungnahmen waren aber die Ausnahme. Fast alle der 41 Mitdiskutanten waren sich sicher, dass die Aldi-Preise durch die Umstellung auf den Euro stark gestiegen seien. Obwohl alle amtlichen Statistiken – auch die, die sich nur auf Lebensmittelpreise beziehen – eindeutig das Gegenteil aussagen. Inzwischen sind durch den Preiskampf im Lebensmittelhandel sogar viele Lebensmittelpreise unter den Stand von 2001 abgesunken.

Ein anderer großer Unsicherheitsfaktor persönlicher Statistiken, die sich nur auf Erinnerungen und Gespräche stützen, ist der Faktor Zeit. Wann war »früher«? War das wirklich im letzten DM-Jahr 2001? Oder ist es vielleicht schon viel länger her? Sicher, fast alle Preise waren einmal halb so hoch wie heute – oder sogar noch kleiner. Gleichwohl sind wir, die beiden Autoren, uns in diesem Punkt nicht ganz einig. Jens kommt jetzt mit einem Bielefelder Beispiel »umme Ecke«, wie man in Westfalen sagt:

2008 erregte sich ein älterer Bielefelder in einem Leserbrief in der Neuen Westfälischen über den »Teuro« und zitierte als Beleg Fleischpreise aus einer Zeitung von 1987. Die waren tatsächlich in Zahlen etwa so groß wie heutige Europreise für bessere Qualitäten. Und das war erst neun Jahre her, schrieb der Mann empört. Neun Jahre? Es war einfach unvorstellbar für ihn, dass diese Zeitung in Wirklichkeit schon 21 Jahre alt war.

Und ich, also Gerd, wende ein, dass man bei einem genauen Vergleich der Preissteigerungen vielleicht feststellen könnte, dass die Fleischpreise in diesen 21 Jahren stärker gestiegen sind als der durchschnittliche Preisindex; dass gestiegene Fleischpreise vielleicht mehr aufregen als gesunkene Milchpreise beruhigen; und dass manche Europreise sich den Hürden 1, 5, 10, 50 oder 100, die die Leute im Kopf haben (früher in DM, jetzt in Euro), schneller genähert haben könnten, als nach dem statistischen Durchschnitt zu erwarten war.

8. Volkszählungen: Abweichung 275 Prozent

In einer chinesischen Provinz wurde um 1900 zweimal kurz hintereinander die Bevölkerung gezählt. Bei der ersten Zählung hatte die Provinz 28 Millionen Einwohner; fünf Jahre später waren es 105 Millionen. Das übertrifft die normale Fehlerrate von Volkszählungen um ein Vielfaches und hatte auch nichts mit einem Goldrausch zu tun, der plötzlich viele Leute aus Nachbarprovinzen dort hingelockt hätte. Der Grund war laut Darrell Huff: Beim ersten Mal wurde zu Zwecken der Steuererhebung und des Militärs gezählt, beim zweiten Mal ging es um die Verteilung von Hilfsgütern nach einer Hungersnot.[16]

9. Genaue Zahlen: Schwarzarbeiter in der Statistik und Engel auf der Nadelspitze

Die beliebteste Methode, um die Unsicherheit von Daten zu vertuschen, ist immer noch die Angabe einer ganz genau wirkenden Zahl. Wer die Meldung in die Welt setzt, dass 2010 die Schwarzarbeit (genauer: ihr Wert) in Deutschland auf 359 Milliarden Euro steigen und 14,65 Prozent der gesamten wirtschaftlichen Leistung einnehmen werde, setzt darauf, dass seine Leser von diesen genauen Zahlen so beeindruckt sind, dass sie sich nicht trauen, darüber nachzudenken. Schwarzarbeit findet bekanntlich im Verborgenen statt und entzieht sich, wenn sie irgend kann, ihrer offiziellen Erfassung. Von daher kann man ihren Umfang und Wert allenfalls grob abschätzen. Aber wer weiß: Vielleicht stellen die 200 zusätzlichen Kontrolleure, von denen außerdem in der Meldung die Rede war, ja offizielle Schwarzarbeiterausweise aus, nebst Online-Zugängen zum Schwarzarbeit-Erfassungsformular?

Aus meiner Erfahrung beim Statistischen Bundesamt kann ich ergänzen: Auch die Messung der offiziellen Wirtschaftsleistung ist nie vollständig und korrekt; kann es bei so vielen Betrieben, beteiligten Befragten und Bewertungsproblemen auch nicht sein. Da ist es schon fast pedantisch, wenn ich jetzt noch frage, wie man am 27.1.2010, als die obige Meldung erschien, schon wissen konnte, wie groß die Wirtschaftsleistung des Jahres 2010 ausfallen würde?

Jens fühlt sich bei Betrachtungen dieser Art an jene mittelalterlichen Scholastiker erinnert, die komplette theologische Dissertationen über die Frage verfasst haben sollen, wie viele Engel auf einer Nadelspitze tanzen könnten.

1 *Frankfurter Allgemeine Sonntagszeitung*, 24.1.2010.

2 Steigt ein Preis jährlich um 2 Prozent, so sind das in 50 Jahren nicht etwa 100 Prozent, sondern 169 Prozent Steigerung. Denn auch die erste 2-Prozent-Steigerung wird noch 49 Mal mit 2 Prozent gesteigert, die zweite 48 Mal und so weiter.

3 Dazu Gerd Bosbach: »Das Rentenkomplott«, in: *Der Tagesspiegel*, 20.12.2007.

4 Deutsche Bundesbank: Ergebnisse der gesamtwirtschaftlichen Finanzierungsrechnung für Deutschland 2001 bis 2009, S. 20, Juni 2010.

5 Ein Beispiel: Bei fünf Vermögen mit den Werten 0, 500, 1000, 1500 und 1 000 000 Euro liegt der Median bei 1000 Euro (denn 2 Werte liegen darunter und 2 darüber). Ist die Anzahl der Werte gerade, nimmt man als Median den Durchschnitt der beiden mittleren Werte.

6 Der Ausreißer ist hier nur etwa 8 Mal so hoch wie die anderen Werte. In der Praxis bei Vermögen kann der Faktor auch schon einmal 1 Million betragen. So große Unterschiede lassen sich grafisch aber kaum darstellen.

7 DIW-Wochenbericht 4/2009, S. 57.

8 Lateinisch: »Teile und lüge!« Frei nach dem bekannten Spruch »Divide et impera!« (»Teile und herrsche!«).

9 Auf S. 253 erfahren Sie, wie die Autohersteller ihre Verbrauchsangaben manipulieren.

10 vcd.org/co2-label.html (2010).

11 forbes.com 28.6.2010: »The World's Most Powerful Celebrities«.

12 Steffen Kröhnert/Reiner Klingholz/Franziska Medicus: *Die demografische Lage der Nation. Wie zukunftsfähig sind Deutschlands Regionen?* München 2006.

13 DSW-Datenreport 2010, nach Wikipedia.de: Weltbevölkerung.

14 Dazu Franziska Seng: »Das Maß aller Stars«, in: sueddeutsche.de, 7.5.2010.

15 Darrell Huff: *Wie lügt man mit Statistik*, a.a.O., S. 39.

16 Ebenda, S. 74. Wobei wir hoffen, dass Huff nicht einer modernen Legende aufgesessen ist.

Kapitel 11

Die konstruierte Explosion

Alle Jahre wieder liefern die Medien Horrorszenarien von den »ins Unermessliche steigenden« Kosten des Gesundheitswesens. Im Januar 2008 fragte zum Beispiel das ARD-Magazin *plusminus*, wohl eher rhetorisch: »Wird Krankenversicherung unbezahlbar?« Der Kölner Stadt-Anzeiger wusste es 2007 schon genauer: »Experten: Gesundheit ist bald unbezahlbar«.

Neu ist die Geschichte nicht. Schon 1975 titelte das Nachrichtenmagazin Der Spiegel: »Krankheitskosten: Die Bombe tickt«.[1]

Gesundheitskosten im Vergleich

Doch wir haben hier eine gute Nachricht für Sie, liebe Leser: In Wirklichkeit explodiert da überhaupt nichts.

Merkwürdigerweise wollen viele Politiker und Journalisten die gute Nachricht nicht hören. Aus verschiedenen Gründen hängen sie an dem Drama einer Kostenexplosion, und wenn die Lunte partout nicht brennen will, dann wird eben so lange manipuliert, bis es zumindest brenzlig aussieht. Wir zeigen Ihnen in diesem Kapitel, wie sie das machen; dass sich die Kosten des Gesundheitswesens, wenn man sie im Zusammenhang mit anderen Kosten betrachtet, schon seit vielen Jahren moderat entwickeln; warum sie das wahrscheinlich auch in Zukunft tun werden; und wo das wirkliche Finanzierungsproblem der Krankenkassen liegt.

1975 war es der damalige Landesminister und CDU-Stratege Heiner Geißler, der mit einem *Katastrophengemälde* die politische Szene Westdeutschlands in Wallung brachte. Der Spiegel gab es wie folgt wieder:

> »50 Milliarden Mark kostete der westdeutsche Medizinbetrieb 1974... Rund 60 Milliarden werden es nach jüngsten Berechnungen in diesem Jahr sein. Gemessen am Umsatz, zählt der Gesundheitsbetrieb zu den größten Unternehmensbranchen, wie Elektro, Auto und Chemie. Ende 1978, so errechnete ein CDU-Planungsstab unter... Geißler, wird der Gesundheitsetat sich der 100-Milliarden-Grenze nähern... Witzbolde unter den Hochrechnern haben sogar schon prophezeit, dass im Jahr 2000, wenn alles so weiterginge wie bisher, die Westdeutschen das ganze Jahr hindurch nur für den Gesundheitsdienst arbeiten würden.«[2]

Das ist natürlich nicht passiert, und schon die Prognose für 1978 lag drastisch daneben – ein typisches Beispiel für den Schwachsinn von Trendfortschreibungen à la Mississippi, wie wir sie im Kapitel »Die Magie der Prognose« ausführlich behandelt haben.

Das hinderte die »Deutsche Bank Research« nicht daran, im April 2006 erneut eine angeblich dramatische Entwicklung der Gesundheitsausgaben der gesetzlichen Krankenversicherungen an die Wand zu malen[3], wozu man folgendes Balkendiagramm verwendete (von uns hier nachgezeichnet):

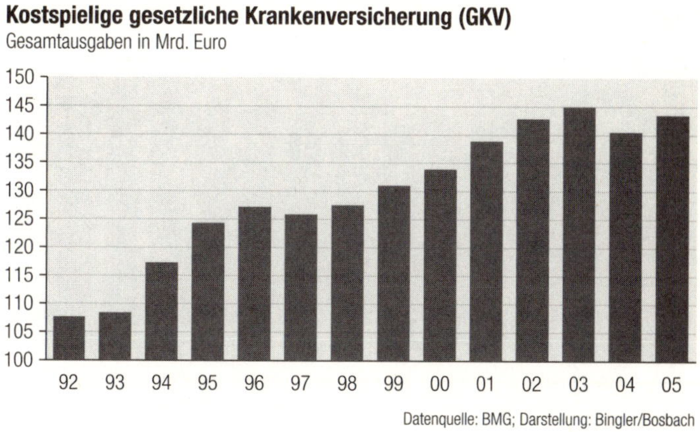

So präsentierte Deutsche Bank Research 2006 die angebliche Kostenexplosion im Gesundheitswesen.

Das Erklärungsmuster zu den Problemen der Gesundheitsfinanzierung bleibt immer gleich: Die Kostenexplosion, heißt es, mache die Gesundheit (der großen Mehrheit der Bevölkerung) langfristig fast unbezahlbar.[4] Was ist von dieser »Beweisführung« zu halten?

Aus dem Kapitel »Ein Bild lügt schneller als tausend Zahlen« kennen Sie bereits den Grafiktrick mit der beschnittenen y-Achse. Der wurde natürlich auch hier wieder eingesetzt, und wir erlauben uns, die Balken einmal nach unten zu vervollständigen – schon fällt die viel beschriene Explosion ein gutes Stück leiser aus:

Kostspielige GKV

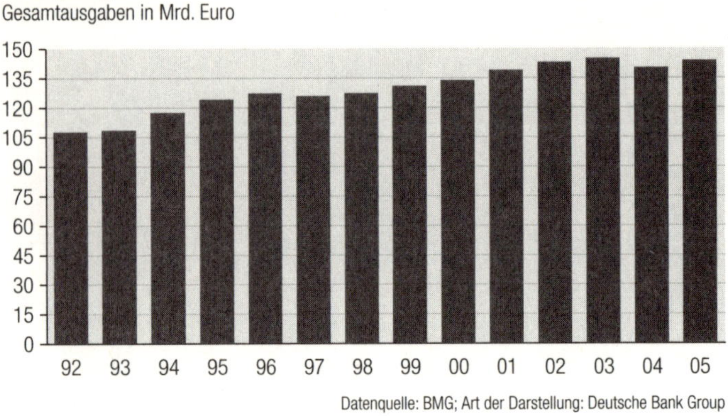

Die gleichen Werte mit vollständiger y-Achse dargestellt

Auffällig ist hier allerdings, dass die Balken für 1992 und 1993 etwa gleich hoch sind, während der Balken von 1994 ungewöhnlich stark nach oben springt. Hierin spiegelt sich die Wirkung des Gesundheitsstrukturgesetzes von 1992, das die Ausgaben im Folgejahr stagnieren ließ, dessen Wirkung aber bereits nach zwei Jahren wieder verpufft war.[5]

Doch wir gehen noch weiter. Aus dem Kapitel »Absolut Spitze oder relativ egal« sind Sie bereits mit der Tatsache vertraut, dass fast alle Ausgaben mit der Zeit anwachsen; das Statistische Bundesamt gibt diese allgemeine Preissteigerung jährlich als Inflationsrate bekannt. Es gibt keinen Grund, die Inflation den Kranken anzulasten, nur weil wir gerade von Gesundheitskosten sprechen. Lassen Sie uns also nicht die *nominalen* Zahlen betrachten (das heißt in Preisen, die die allgemeine Preissteigerung beinhalten), sondern *reale* Zahlen (nach Abzug der Preissteigerung); also nur den Teil der Steigerung, der über die Inflationsrate hinausgeht. Dann sehen unsere Balken so aus:

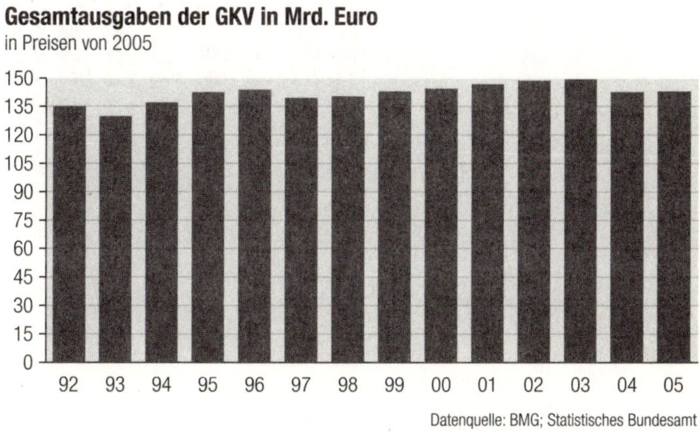

Die Entwicklung in realen Zahlen (nach Abzug der Inflationsrate)

Sieht so eine Kostenexplosion aus? Falls Sie diesen Anstieg für dramatisch halten – vergleichen Sie ihn doch einmal mit der Grafik der privaten Konsumausgaben im gleichen Zeitraum 1992 bis 2005, inflationsbereinigt in Preisen von 2005:

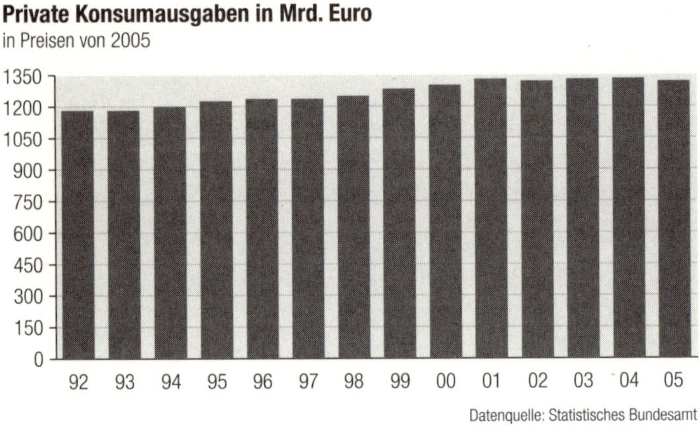

Zum Vergleich die Steigerung der privaten Konsumausgaben

Gab es in den 1990er-Jahren eine bisher unbekannte Explosion des privaten Konsums? Oder steckt hinter diesen ähnlichen Entwicklungen vielleicht eine gemeinsame Hintergrundvariable, ein »dritter Mann«, wie wir das im Kapitel »Auf der Suche nach dem Warum« genannt haben?

So ist es. In den betrachteten 13 Jahren sind wir in Deutschland nämlich insgesamt real um 18 Prozent reicher geworden, wenn wir das reale Bruttoinlandsprodukt (BIP) dafür als Maßstab heranziehen.[6] Und wenn wir insgesamt um 18 Prozent reicher geworden sind, warum sollten wir dann nicht auch 18 Prozent mehr für das wichtige Gut Gesundheit aufbringen? Sogar eine überproportionale Steigerung bei den Gesundheitsausgaben wäre noch angemessen, da wir bei steigendem Wohlstand im Verhältnis immer weniger für die materielle Grundversorgung mit Wohnung, Kleidung und Essen brauchen, also einen steigenden Anteil für Dinge wie Bildung, Urlaub, Kultur und Gesundheit ausgeben können.

Betrachten wir folglich den Anteil der Gesundheitsausgaben am Bruttoinlandsprodukt! Um dabei aktuell zu bleiben, verlassen wir jetzt den von der Deutschen Bank vorgegebenen Zeitrahmen und nehmen auch die neuere Entwicklung bis 2008 hinzu: Sie sehen eine moderate Steigerung des Aufwands für unsere Gesundheit bis 2003. In den Jahren danach stagnierte der Anteil der Gesundheitsausgaben sogar auf einem etwas niedrigeren Niveau.

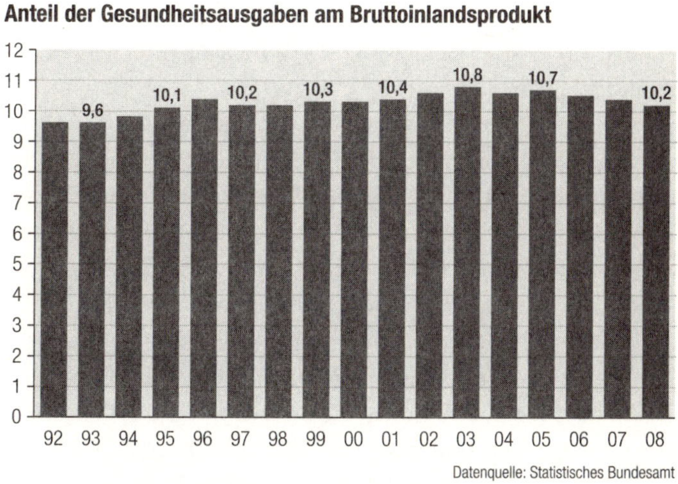

Anteil der Gesundheitsausgaben am Bruttoinlandsprodukt

Und so verweht das Geschwätz von der Kostenexplosion im Gesundheitswesen wie Staub im Wind.

Natürlich sind wir nicht die Ersten, die die Mär von der Kostenexplosion im Gesundheitswesen demaskieren. Selbst die früheren Gesundheitsminister Horst Seehofer (CSU) und Ulla Schmidt (SPD) haben das in ihrer jeweiligen Amtszeit öffentlich getan. Ähnlich äußerte sich der Sachverständigenrat für die Konzertierte Aktion im Gesundheitswesen in seinem Jahresgutachten 2003. Die Organisation für wirtschaftliche Zusammenarbeit und Entwicklung (OECD) stellte Anfang 2008 fest, dass die Gesundheitsausgaben in Deutschland pro Kopf der Bevölkerung 1995 bis 2005 jährlich nur um 1,8 Prozent gestiegen sind (im Durchschnitt der Jahre), in den anderen 29 Vergleichsländern aber im Schnitt um real 4 Prozent.[7]

Wie kommt es dann aber, dass die *Krankenkassen* trotz dieser moderaten Entwicklung immer wieder vor *Finanzierungsproblemen* stehen?

Im Kapitel »Yang ohne Yin« haben wir das Thema bereits erwähnt: Wie jede Finanzierung besteht die Finanzierung des Gesundheitswesens aus zwei Seiten, einem Yin und einem Yang, den Einnahmen und den Ausgaben. Öffentlich gesprochen wird aber fast immer nur über das Yang, die Ausgaben. Denn es scheint interessierte Kreise zu geben, die nicht wünschen, dass über die Einnahmen der Krankenkassen und deren Entwicklung debattiert wird. Umso mehr Grund für uns, genau das hier zu tun. Zumal viele von uns das Problem schon am eigenen Leib erfahren haben. Ist das Konto im Minus, dann kann das zwei Gründe haben: Entweder haben wir zu viel Geld ausgegeben oder zu wenig Geld eingenommen.

Einnahmen und Ausgaben der gesetzlichen Krankenkassen

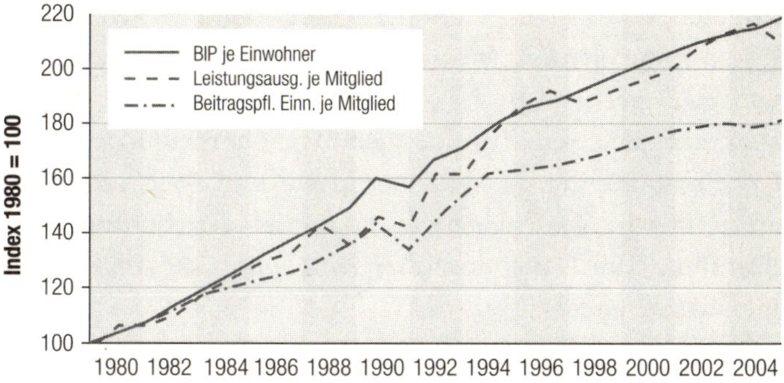

So entwickelten sich das BIP, die Ausgaben und die Einnahmen der gesetzlichen Krankenkassen in Deutschland, jeweils pro Einwohner beziehungsweise Mitglied.[8] *Quelle: Solidarität und Qualität stärken; ver.di Positionen.*

Wenn Sie hier die Zeit ab 1992 betrachten, sehen Sie, wie eine der drei Kurven hinter der Entwicklung der beiden anderen zurückbleibt: nämlich die *Einnahmen der Krankenkassen* je Mitglied. Die Leistungsausgaben dagegen sind nicht stärker gestiegen als das BIP. Das wahre Finanzierungsproblem der Krankenkassen liegt also auf der Einnahmenseite; da steckt die Asymmetrie! Welche Probleme das im Einzelnen sind, können wir an dieser Stelle nur kurz andeuten: Die Löhne und Gehälter der sozialversicherungspflichtig Beschäftigten sind seit 1995 schwächer gestiegen als das BIP (und zuletzt sogar real geschrumpft). Dementsprechend schwach sind die Beiträge der Versicherten gestiegen. Es gibt immer mehr prekär Beschäftigte, Selbstständige mit Hungereinkommen, Arbeitslose und Hartz-IV-Empfänger, die nichts oder fast nichts in die Krankenkassen einzahlen können. Auf der anderen Seite des Spektrums wandern Gutverdiener in die privaten Krankenversicherungen ab und gehen den gesetzlichen Krankenversicherungen als gute Beitragszahler verloren. Hier wären also ganz andere Problemlösungen gefragt als Praxisgebühren, Zuzahlungen, Arzneimittelbudgets oder Gehaltskürzungen für Krankenschwestern. Wir verweisen auf politische Vorschläge wie die Bürgerversicherung, Mindestlöhne, die Anhebung oder Aufhebung der Beitragsbemessungsgrenze.

Gesundheitskosten und demografische Entwicklung

Wenn es immer mehr ältere Menschen gibt, muss das nicht zwangsläufig negative Konsequenzen für die Finanzierung des Gesundheitswesens haben? Diesem Komplex wollen wir uns im Folgenden widmen; und das wird keine leichte Kost, denn hier geht es um eine *trickreiche Vermischung von dynamischem und statischem Denken.* Empirische Sozialwissenschaftler kennen das Problem auch unter der sperrigen Bezeichnung »unzulässige Verbindung von Ergebnissen aus Längs- und Querschnittanalysen«. Die Vermischung ist äußerst tückisch, da leicht eingängig, sodass selbst viele Wissenschaftler darauf hereinfallen. Bitte lassen Sie sich vom Wortgeklingel der Wissenschaftler nicht abschrecken; nach der Lektüre der nächsten Seiten haben Sie den Denkfehler, von dem wir sprechen, durchschaut und werden ihn schon bald selbst entlarven können, wenn er Ihnen einmal in anderen Zusammenhängen begegnet.

Kaum jemand mag bezweifeln, dass die Alterung der Gesellschaft im Gesundheitsbereich extrem kostentreibend sei, vielleicht sogar unbezahlbar. Denn Ältere verursachen im Schnitt höhere Gesundheitsausgaben, und mit dem Alter steigt auch die *Gefahr der Pflegebedürftigkeit*. Schauen wir uns zunächst das zweite Argument genauer an.

Auf diesen Einsatz hat der medienübergreifend tätige und beinahe omnipräsente Sozialexperte Bernd Raffelhüschen gewartet: »Pflegebeitrag: Raffelhüschen warnt vor Vervierfachung/Die Pflege älterer Menschen wird nach Berechnungen des Sozialexperten Bernd Raffelhüschen in den kommenden Jahren drastisch teurer werden.« So dröhnte Focus Online am 28.7.2007, und viele andere Redaktionen stießen rasch ins gleiche Horn.

Die Anzahl der Pflegebedürftigen entspricht zurzeit etwa der Hälfte der Anzahl der Über-85-Jährigen. Da sich nach den Modellrechnungen des Statistischen Bundesamts der Anteil der Über-85-Jährigen – auch Hochbetagte genannt – bis 2050 etwa vervierfacht, müssen wir demnach für 2050 mit einer Vervierfachung der Pflegekosten rechnen.[9] Dazu gemalt wird dann oft noch die abnehmende Anzahl der Jugendlichen (siehe Seite 77ff.), also ein drohender Mangel an Pflegekräften. Die Pflege-Katastrophe scheint unausweichlich. Wie eine private Pflegeversicherung, die meist im nächsten Atemzug als Retter aus der Not angepriesen wird, bei diesen Problemen helfen kann, bleibt in der Regel das Geheimnis der zitierten »Sozialexperten«, und kaum ein Journalist kommt auf die Idee, an dieser Stelle nachzufragen – aber das nur nebenbei.

Das alles klingt fast logisch, soweit wir die Annahmen des Statistischen Bundesamts zur Alterung nicht in Zweifel ziehen (was wir im Kapitel »Die Magie der Prognose« allerdings getan haben). Methodisch ist diese Argumentation aber völlig falsch, und zwar aus folgendem Grund: Zu der Vervierfachung des Anteils der Hochbetagten kommen die Statistiker unter der Annahme, dass sich die Lebenserwartung bis 2050 um ca. sieben Jahre erhöht. An dieser Stelle ihrer Rechnung denken sie dynamisch, sie vollziehen eine Veränderung nach. Die Altersgrenze jedoch, mit der sie die Gruppe der Hochbetagten definieren, lassen sie konstant bei 85 stehen. An dieser Stelle denken sie plötzlich statisch! Wenn das stimmen würde, würde das bedeuten, dass wir im Jahr 2050 alle sieben Jahre, die wir an Lebenszeit hinzugewonnen haben, in Krankheit und Pflegebedürftigkeit verbringen werden. Das widerspricht nicht nur der historischen Erfahrung, es ist auch schlicht unlogisch: Denn warum sollten wir sieben Jahre älter werden, wenn unsere Gesundheit keine Fortschritte macht?

Die Älteren unter uns wissen, dass sie mit sechzig in der Regel erheblich rüstiger sind, als ihre Großeltern im selben Alter gewesen sind. Mediziner schätzen, dass ein heute Sechzigjähriger im Schnitt die physische Konstitution eines Fünfzigjährigen aus der Zeit vor 30 Jahren hat. Auch die Statistiker des Max-Planck-Institutes für demografische Forschung in Rostock ziehen aus den Daten der Jahre 1991 bis 2003 den Schluss: »Steigende Lebenserwartung geht mit besserer Gesundheit einher.«[10]

Auch wir können leider die Frage nicht beantworten, was denn passieren wird, wenn die Prognose des Statistischen Bundesamts zur Lebenserwartung Wirklichkeit werden sollte. Im Gegensatz zu anderen geben wir das zu und berechnen, um uns einer Antwort wenigstens von einer Seite anzunähern, einige mögliche Szenarien:

So steigt der Anteil der Hochbetagten bis 2050

gegenüber 2005, wenn die Lebenserwartung um 7 Jahre steigt.

Definition heute: Hochbetagte sind 85 Jahre oder älter

Mindestalter 2050	Steigerungsfaktor
85	4,2
86	3,6
87	3,0
88	2,5
89	2,0
90	1,6
91	1,3
92	1,0

Datengrundlage: 11. koordinierte Bevölkerungsvorausberechnung Nov. 2006, Variante1-W2; eigene Berechnungen

Werden also alle gewonnenen sieben Jahre in Pflege verbracht, ist die Angst vor der Vervierfachung der Kosten berechtigt. Verbringen wir wenigstens die Hälfte davon in leidlicher Gesundheit, würde sich die Anzahl der Pflegebedürftigen nur noch verdoppeln.[11] Und sind die sieben gewonnenen Jahre alle gesunde Jahre, bliebe der Anteil der Pflegebedürftigen sogar konstant. Die letzte Annahme ist gar nicht so unwahrscheinlich, da der medizinisch-technische Fortschritt Krankheiten auch zurückdrängen kann. Gesundheitswissenschaftler diskutieren sogar die These, dass die Anzahl der Krankheitsjahre im Leben der Menschen tendenziell sinken wird (Kompressionstheorie), und begründen sie oft mit Daten aus der sozial besseren Schicht, die den zu erwartenden Fortschritt für die breite Mehrheit gewissermaßen vorwegnimmt. Damit Sie uns nicht als Traumtänzer abstempeln, wollen wir es hier als Bedingung formulieren: Wenn es uns 2050 sozial nicht besser geht, werden wir vermutlich nicht sieben Jahre länger leben, und dann wäre Raffelhüschens Vervierfachungsgeschichte ein hässliches Geraschel und nicht mehr.

Eine unzulässige Vermengung von Längs- und Querschnittuntersuchungen finden wir auch in der These, dass es bei einer Alterung der Gesellschaft zu einer Kostenexplosion im Gesundheitswesen kommen müsse, weil *Ältere im Schnitt höhere Gesundheitsausgaben* verursachen. Dort wird nämlich das altersbedingte Ausgabenprofil von heute statisch genommen und auf 2050 übertragen, während der Anteil der Älteren an der Bevölkerung dynamisch betrachtet wird. Das ist sicher falsch, denn die oben schon angedeuteten Verbesserungen im Gesundheitswesen werden nach der historischen Erfahrung dazu führen, dass der altersbedingte Anstieg der Krankheitskosten erst später im Leben beginnen wird als heute. Außerdem haben Mediziner festgestellt, dass die höchsten Kosten meist erst kurz vor dem Tod der Patienten anfallen, also im Verlauf des Sterbeprozesses – und zwar vor allem bei Patienten, die in relativ jungem Alter lebensbedrohlich erkranken. Da aber, salopp gesagt, jeder Mensch nur einmal stirbt, ändert die höhere Lebenserwartung an diesen Größenverhältnissen nichts.[12]

Wie tückisch der Fehler ist, zeigt der Aufsatz eines Wissenschaftlers des Max-Planck-Instituts für demografische Forschung von 2010. Dort wies der Autor zwar auf den Denkfehler bei der Frage der Pflegebedürftigkeit hin, warnte aber im gleichen Artikel vor dem steigenden Anteil der Alten bis 2050 – wobei er für 2050 die gleiche Altersdefinition einsetzte wie für heute, nämlich Menschen über 65!

Wenn Sie Fehlschlüsse vermeiden wollen, sollten Sie also

immer nachsehen, ob ein Wissen über heutige Zustände ungeprüft auf die Zukunft übertragen wird, obwohl Änderungen (fast) sicher zu erwarten sind. Oft ist das keine Böswilligkeit, sondern geistige Trägheit – es ist gar nicht so einfach, dynamisch, also in der Dimension einer zeitbedingten Veränderung zu denken!

1 *Kölner Stadt-Anzeiger* 22.9.2007. *Der Spiegel*, 5.5.1975, S. 56, zit. nach Gerd Bosbach/Klaus Bingler: »Droht eine Kostenlawine im Gesundheitswesen? Irrtümer und Fakten zu den Folgen einer alternden Gesellschaft«, in: *Soziale Sicherheit* 1/2008, S. 7.

2 *Der Spiegel*, 5.5.1975, S. 56.

3 Deutsche Bank Research: »Gesundheitspolitik – Ohne Marktorientierung kein nachhaltiger Reformerfolg«, 18.4.2006.

4 Beispiele für solche Äußerungen Gerd Bosbach/Klaus Bingler: »Der Mythos von einer Kostenexplosion im Gesundheitswesen«, in: *Soziale Sicherheit* 9/2007, S. 285 f.

5 Laut Mail-Auskunft des Statistischen Bundesamts (Gesundheitsberichterstattung) im Juni 2010.

6 Das BIP ist ein umstrittener und problematischer Maßstab für die Betrachtung, die wir hier anstellen, da es zum Beispiel äußerst ungleich verteilt ist und stets verdeckt, dass große Teile der Bevölkerung in Wirklichkeit nicht reicher geworden sind. Darauf näher einzugehen, würde aber an dieser Stelle zu weit führen. Ein anderes Problem ist die ökologische »Blindheit« des Maßstabs BIP. Wir verweisen interessierte Leser zu diesem Thema auf Hagen Krämer: »Wen beglückt das BIP?« (2009; als PDF auf library.fes.de) sowie auf Thomas Lingens: »Bruttoinlandsprodukt als Wohlstandsmaß – Kritik in qualitativer Hinsicht« (2004; als PDF auf bildungsserver.berlin-brandenburg.de).

7 www.finanznachrichten.de, Meldung vom 16.3.2008.

8 Zu Problemen dieser Grafik finden Sie im Kapitel »Übung macht den Meister« (Seite 291) eine Aufgabe.

9 Wer im Kapitel »Absolut Spitze oder relativ egal?« gut aufgepasst hat, entdeckt an dieser Stelle vielleicht einen weiteren (vermeintlichen) Fehler: Der *Anteil* der Pflegebedürftigen an der Gesamtbevölkerung ist eine relative Zahl; die Pflegekosten sind eine absolute Zahl. Wenn die Gesamtbevölkerung schrumpft, könnte der Anteil der Pflegebedürftigen steigen, ohne dass ihre Anzahl (und folglich die Kosten) als absolute Zahl steigt. Aber: Sobald die Kosten auf Beitragszahler umgelegt werden, ist auch diese Größe relativ, und dann stimmt es wieder.

10 Ute Ziegler/Gabriele Doblhammer: *Demografische Forschung aus Erster Hand,* Nr. 1/2005, S. 1f.

11 Das mag zunächst immer noch dramatisch klingen, aber bedenken Sie: Produktivitätssteigerungen werden im Lauf von 45 Jahren viele andere Arbeiten überflüssig machen. Da bietet die Altenpflege doch sogar ein Gegenmittel gegen die in anderen Szenarien geschürte Angst, dass uns die Arbeit ausgehen könnte.

12 Dazu ausführlich Gerd Bosbach/Klaus Bingler: »Droht eine Kostenlawine im Gesundheitswesen?«, a.a.O., S. 7–10.

Kapitel 12

Stiftung Warentest im Renditerausch

Auf dem Markt der Finanzdienstleister sind wir als Kunden Kapriolen gewohnt. Schließlich müssen diese Firmen bei scharfer Konkurrenz für ein Produkt werben, dessen Zukunft unsicher ist, mit dem aber heute schon ordentlich verdient wird. Die Provisionen der Verkäufer und die Gewinne der Dienstleister mit den Produkten sind beachtlich. Dass beispielsweise eine *private Rentenversicherung* mit unseren Beiträgen zuerst Provisionen, Kosten und Gewinne finanziert und nur das anlegt, was übrig bleibt, ist eigentlich offensichtlich, soll aber im Verkaufsgespräch möglichst unberücksichtigt bleiben.

Private Rentenversicherungen

Der Finanzmarkt ist also die ideale Brutstätte für Statistiklügen aller Art, wie Sie sie in den ersten zehn Kapiteln dieses Buches kennen gelernt haben. Umso wichtiger sind für den Verbraucher deshalb unabhängige Informationen. Wer aber bewahrt in einem solchen Zig-Milliarden-Geschäft wohl seine Unabhängigkeit?

Die *Stiftung Warentest* vielleicht? Mit großen Erwartungen schlug ich 2007 ein Sonderheft dieser angesehenen Organisation zur Riester-Rente auf.[1] Doch schon bald wich die Erwartung dem Zorn. Lesen Sie selbst, wie die Warentester ihren »Bericht« über Riester-Fondssparpläne eingeleitet haben:

> **»Aktien für eine gute Rente**
>
> ***Riester-Fondssparpläne bieten die besten Renditechancen von allen Riester-Produkten.***
>
> Da behaupte noch mal einer, riestern lohnt sich nicht. 100 Euro pro Monat, 35 Jahre lang verzinst mit 9 Prozent pro Jahr, ergibt 271 306 Euro. Mit diesem Beitrag könnte ein heute 32-Jähriger seine Rente beginnen, wenn er einen Riester-Fondssparplan abschließt. 9 Prozent pro Jahr, so viel bringen im Schnitt die besten Angebote in unserem Test, gerechnet seit dem 1. Juli 2002.«

Weiter unten im Artikel erhält der Leser die Auskunft, dass die Bewertung der Produkte zum 1.9.2007 erfolgte. So stand es da schwarz auf weiß. Bei unkritischem Lesen stellen sich Gefühle ein wie: Raffinierte Geldanlage! 100 Euro im Monat? Das ist ja zu packen! Da muss man ja dumm sein, wenn man sich diese Chance entgehen lässt.

Aus dem zweiten Satz geht hervor, dass ein 32-Jähriger nur zwei Dinge tun muss, um exakt 271 306 Euro anzusparen: einen der Riester-Fondssparpläne abschließen, die im Test am besten abgeschnitten hatten, und 100 Euro im Monat dafür aufbringen. Die exakte Zahl vertreibt Gefühle der Unsicherheit und erinnert an gewisse Lotto-Angebote mit Sofortrente. Das Lob für die tollen Fonds wird auch durch ein großes Foto verstärkt: Mehrere Herren dürfen sich nach getaner Spitzenarbeit im Wasser abkühlen. Überschrift: »Ein bisschen Planschen hätten sie verdient, die Manager der besten Riester-Fondssparpläne.«

Wohlgemerkt, wir zitieren nicht aus einer Werbebroschüre! Schon der erste Absatz enthält *fünf gravierende Verstöße gegen Grundregeln der Statistik*. Ob Sie das als Lügen bezeichnen wollen, können Sie nach der Lektüre der nächsten Seiten selbst entscheiden.

1. Die Finanztester haben eine Entwicklung über 5 Jahre beobachtet und dann einfach über 35 Jahre in die Zukunft verlängert (unzulässige Trend-Extrapolation).
2. Ein langfristiger Zinssatz von 9 Prozent auf Ersparnisse widerspricht aller Erfahrung.
3. Die Finanztester tun so, als wären die besten Aktien der Vergangenheit identisch mit den besten Aktien der Zukunft.
4. Die Prognose verlängert eine außerordentliche Boom-Periode in die Zukunft.
5. Die Finanztester haben den Lesern suggeriert, nominale Werte seien reale Werte.

Riester-Fondssparpläne sind nicht nur auf Aktien aufgebaut. Wir widmen uns im Folgenden dennoch speziell dem Thema Aktien, weil die Stiftung Warentest in jenem Sonderheft ausdrücklich gesagt hat, dass Fondssparpläne mit hohem Aktienanteil besonders hohe Rendite versprächen.[2]

1. Die unzulässige Trend-Extrapolation

Sie kennen unsere Skepsis gegenüber Langzeitprognosen aus dem Kapitel »Die Magie der Prognose«. Studierende tun sich oft schwer damit, diese Skepsis nachzuvollziehen. Doch ich konnte sie schon mehrmals umstimmen, indem ich ihnen scharf, aber freundlich in die Augen schaute und sagte: »Liebe

Studis, was haltet ihr davon, dass ich euch vom 20. bis zum 25. Geburtstag am Campus beobachte und dann mit der Übergabe des Master-Zeugnisses eure Zukunft bis zum 60. Lebensjahr vorhersage?« Ungläubiges Lachen; immerhin ist 60 für einen jungen Studierenden ein fast biblisches Alter.

Wir empfehlen zum Vergleich jenen Blick in die 1970er-Jahre, den wir schon im oben genannten Kapitel gewagt haben. Angenommen, die Stiftung Warentest hätte ein Produkt, zum Beispiel ein Telefon oder einen Computer, oder einen Dienstleistungsbetrieb wie die Deutsche Post von 1970 bis 1975 beobachtet. Das war die Zeit, in der Bundeskanzler Willy Brandt die Ostverträge abschloss. Und hätte daraus die weitere Entwicklung bis 2010 abgeleitet… Nur ein paar Schlaglichter: 1975 füllten die wenigen Rechner, die es damals gab, ganze Räume und wurden meist mit Lochkarten gefüttert. Von Handy und Internet war keine Spur zu sehen. Was heute die Deutsche Telekom ist, hieß damals »Fernmeldewesen« und war eine Abteilung der Deutschen Bundespost. Wer eine Diplomarbeit schrieb, hatte als einzige Informationsquelle Bücher und Zeitschriften zur Verfügung, als Schreibwerkzeug eine Schreibmaschine, für Korrekturen Tipp-Ex, Schere und Uhu.

Glauben Sie ernsthaft, dass man zu dieser Zeit über das Jahr 2010 wesentlich mehr wusste als die Jahreszahl? Ist es unfair, wenn wir ausgerechnet den Fortschritt von Telekommunikation und Informationstechnik als Vergleich für die Entwicklung des Aktienmarkts heranziehen? Nein, denn es waren gerade diese technischen Entwicklungen, die seitdem auch den Weltfinanzmarkt und die ganze Weltwirtschaft umgekrempelt haben.

Natürlich haben Prognosen durchaus ihren Sinn, wie wir

in »Die Magie der Prognose« dargestellt haben. Völlig abstrus ist aber die auf den Euro genaue Angabe eines zukünftigen Kapitals von 271 306 Euro. Damit suggeriert die Stiftung Warentest eine Sicherheit, die im Finanzmarkt nie gegeben ist. Walter Krämer nennt diesen Trick treffend »Illusion der Präzision«.[3]

2. Ein illusorischer langfristiger Zinssatz von 9 Prozent

Auch vor der Finanzkrise wuchsen die Zinsen für langfristig angelegtes Kapital nicht in den Himmel. Für Häuslebauer vergaben die Banken Kredite schon unter 5 Prozent. Um als Anleger einen solchen Zinssatz zu erhalten, musste man schon in den Bereich der Risikopapiere gehen. Und das, nein, noch vier Prozentpunkte mehr sollen Fondssparpläne über 35 Jahre sicher erwirtschaften? Finanzberater haben an dieser Stelle vermutlich laut gelacht.

Wären die Finanztester von einem immer noch optimistischen langfristigen Zinssatz von 4 Prozent ausgegangen – nach Abzug aller Kosten –, dann wären die imposanten gut 270 000 Euro auf gut 90 000 zusammengeschrumpft; und es wäre schon viel schwerer gewesen, damit viele Hunde hinterm Ofen hervorzulocken. Gehen wir gar auf Nummer sicher und legen nur den Garantiezinssatz der normalen Riester-Rentenversicherungen von 2,25 Prozent zugrunde, dann stehen wir nach 35 Jahren bei knapp 64 000 Euro – abzüglich aller Vertragskosten wahrscheinlich kaum mehr als die eingezahlten 42 000.[4]

3. Die besten Aktien der Vergangenheit werden kaum die besten der Zukunft sein.

Es ist keine große Kunst zu sehen, welche zehn Aktien in den letzten fünf Jahren am stärksten gestiegen sind. Dass aber genau diese zehn Aktien auch in den nächsten 35 Jahren Spitzenreiter bleiben und in gleicher Weise zulegen wie in den letzten fünf Jahren, ist so gut wie ausgeschlossen. Wenn es so etwas gäbe, könnten die Analysten der Aktienmärkte einpacken, und der Handel müsste bald eingestellt werden, da alle nur noch diese Spitzenreiter kaufen würden.

Finanztest hat aber einen solchen Fall angenommen, der in der Realität nicht vorkommt: Sie haben die besten Fonds der letzten fünf Jahre ausgewählt und behauptet, so wie es bisher gelaufen ist, werde es noch 35 Jahre weiterlaufen. Obwohl sie selber gesehen hatten, dass andere Anbieter weniger Glück bei ihrer Aktienauswahl hatten. Die schlechten Anbieter haben weniger als 2 Prozent erwirtschaftet, und das auch nur nominal. Wenn die Aktienentwicklung überhaupt in die Zukunft fortschreibbar wäre – was sie wegen der gelegentlich auftretenden Börsenkräche nicht ist –, dürfte man nicht die Besten, sondern nur den Durchschnitt als Maßstab für zukünftige Gewinne in Betracht ziehen.

4. Die Boomjahre 2003 bis 2007

In dem von Finanztest beobachteten Zeitraum 2002 bis 2007 lagen die Boomjahre 2003 bis 2007. Der DAX durchbrach im Jahr 2000 die 8000er Marke und stürzte dann durch das Platzen der sogenannten Dotcom-Blase bis März 2003 auf den Tiefststand von 2203 Punkten ab. Es folgte eine rasante und kontinuierliche Erholung. Im Juli 2007, anderthalb Monate vor dem Stichtag der Finanztest-Bewertung, erreichte er einen neuen Höchststand von 8106 Punkten. Klar, dass sich Geld, das um 2003 auf dem Aktienmarkt angelegt wurde, außerordentlich gut verzinst hat. Die Frage ist hier sogar, wieso an die Fondskunden nur 9 Prozent weitergereicht wurden. Wer hat den Rest kassiert?

Entwicklung des deutschen Aktienindexes

DAX-Kurs Mitte 1999 bis Ende 2009

Finanztest hat einen außergewöhnlichen, zeitlich begrenzten Trend einfach für weitere 35 Jahre fortgeschrieben – wie ein Wanderer, der in dem Moment, wo die Sonne wieder durchkommt, den Regenschirm wegwirft, weil er glaubt, dass es von nun an nie mehr regnen wird. Doch die Druckerschwärze des Testberichts war kaum trocken, als die Finanzmarktkrise begann und das ganze Werk zu Makulatur machte.

5. Verwechslung von nominalen und realen Preisen

Wenn wir Geldbeträge wie 100 Euro oder 270 000 Euro hören, bewerten wir sie nach dem Maßstab der heutigen Preise, obwohl wir eigentlich wissen, dass Preise langfristig steigen und wir für 270 000 Euro in 35 Jahren viel weniger werden kaufen können als heute. Die Preissteigerungen der 35 Jahre von 1975 bis 2010 haben zum Beispiel von nominal 270 000 Euro in realer Kaufkraft nur ca. 122 000 Euro übrig gelassen. Auf diesen Umstand muss ein neutraler Berater hinweisen. Im besagten Artikel stand das noch nicht einmal im Kleingedruckten.[5]

Lesen Sie bitte den Finanztest-Artikel am Anfang dieses Kapitels jetzt mit geschärftem Blick noch einmal. Ist es Irrtum oder Lüge, Dummheit oder Bosheit? Entscheiden Sie selbst! In Zeiten der Finanzkrise wurde die Stiftung Warentest, Abteilung Finanztest, wesentlich vorsichtiger und bewertete zum Beispiel eine fondsgebundene Riester-Rente, deren selbst errechnete Wertsteigerung bei 3,6 Prozent jährlich lag – und zwar ohne den Abzug der hohen Kosten –, schon als gut.[6]

Es geht uns hier vor allem um die Darstellung von Manipulierungsmethoden. Eine umfassende Auseinandersetzung mit dem Thema private Rente wollen wir an dieser Stelle nicht liefern. Tiefer gehende Informationen können interessierte Leser zum Beispiel Albrecht Müllers Buch *Die Reformlüge* oder dem Dokumentarfilm *Rentenangst* von Ingo Blank und Dietrich Krauß entnehmen.[7]

Beim Einschätzen des Finanztest-Artikels haben Ihnen wahrscheinlich unsere Methodenkapitel »Die Große Freiheit der Prozentisten« und »Die Magie der Prognose« geholfen. Allerdings war in diesem Fall zusätzliches Faktenwissen erforderlich, um das ganze Ausmaß der Manipulation erkennen zu können, etwa

- über die längerfristige Renditeerwartung von angespartem Vermögen
- und über den Aktienboom der Jahre 2003 bis 2007.

Gerade auch Kenntnisse der jüngeren Geschichte, der Wirtschafts- und Technikgeschichte sind bei solchen Problemen immer wieder von großem Nutzen.

Ist es nicht erstaunlich, dass ein so gut beleumundetes Produkt wie die private Rente, von dem wir viele Jahre lang fast nur Gutes in den Medien lesen und hören konnten, offenbar solche miesen Werbemethoden braucht, um sich zu verkaufen – von den vielen Milliarden Euro direkten und indirekten Staatszuschüssen ganz zu schweigen?[8]

1 *Finanztest Spezial,* 12/2007, zum Folgenden besonders S. 32–36.

2 Ebenda, S. 36.

3 Walter Krämer: *So lügt man mit Statistik,* S. 15. Siehe auch das Kapitel »Der Sack der Rosstäuscher«, S. 178.

4 Da die Anbieter ihre Gesamtkosten und den Zeitpunkt des Abzugs nicht angeben, lässt sich leider keine genauere Auskunft geben.

5 Die Rechnung beruht auf dem Preisindex für die Lebenshaltung, früheres Bundesgebiet (bis 1995) und dem Verbraucherpreisindex Deutschland (ab 1996). Zwar sind auch die späteren Prämienzahlungen weniger als 100 Euro wert. Aber am Anfang nur ganz gering, und erst die letzte der 420 Monatsraten hat den gleichen Wertverlust wie die 270 000 Euro.

6 *Finanztest* 10/2009, S. 24.

7 Albrecht Müller: *Die Reformlüge. 40 Denkfehler, Mythen und Legenden, mit denen Politik und Wirtschaft Deutschland ruinieren.* München

2004, S. 126–140. Der Dokumentarfilm *Rentenangst* des Saarländischen Rundfunks lief im März 2008 in der ARD. Ausschnitte waren 2010 bei youtube.de zu sehen (darunter eine Passage über Reinhold Beckmanns Rolle als Werbeträger der Versicherung WWK und die Art, wie er in seiner Fernsehshow »Beckmann« Propaganda für die private Rente gemacht hat; diese Passage wurde von der ARD nicht ausgestrahlt).

8 Direkte Zuschüsse und Steuerminderungen für Riester- und Rürup-Rente, öffentliche Ausgaben für die massive Bewerbung und Schulung. Selbst die gesetzliche Rentenversicherung wurde verpflichtet, ihren Versicherten die private schmackhaft zu machen und entsprechende Werbekurse an Volkshochschulen anzubieten!

Kapitel 13

Die bösen Armen

Im 18. und 19. Jahrhundert galt Armut in vielen Ländern als eine Art Verbrechen. Wer arm war, war nicht nur selber schuld an seinem Schicksal, sondern versündigte sich auch an der Gesellschaft. Deshalb sperrte man vor allem in England und in Norddeutschland Bettler, Landstreicher, Prostituierte, Alkoholiker und Waisenkinder in sogenannte Arbeitshäuser, in denen sie bei äußerst mangelhafter Ernährung zur Zwangsarbeit gezwungen wurden. Charles Dickens beschrieb in seinem Roman *Oliver Twist* eindrucksvoll die Qualen und die Erniedrigung eines aufgeweckten Jungen, der unter solchen Umständen aufwachsen musste, weil seine mittellose Mutter bei seiner Geburt gestorben war.

Der Angriff auf Hartz-IV-Empfänger

Die materielle Lage der meisten Menschen, die in Deutschland und Europa heutzutage als Arme eingestuft werden,[1] ist kaum mit der Lage der Armen im 19. Jahrhundert zu vergleichen. Immer wieder aber behaupten Politiker, Professoren und Journalisten, dass Arme (zum Beispiel Hartz-IV-Empfänger) zu viel Geld vom Staat bekämen und deshalb keinen Antrieb mehr hätten, sich eine Arbeitsstelle zu suchen; oder dass dies auf jeden Fall eintreten würde, sollten die Hartz-IV-Sätze auch nur um einen Euro steigen.[2] Als ein Urteil des Bundesverfassungsgerichts 2010 die Bundesregierung zwang, die Hartz-IV-Sätze neu zu berechnen, kam schnell die nächste Unterstellung auf den Tisch, gekleidet in die Frage: Wie verhindern wir, dass Hartz-IV-Empfänger die 5 oder 10 Euro mehr, die sie bekommen sollen, für Alkohol und Zigaretten ausgeben? In all diesen Sichtweisen erscheinen die Armen weiterhin als fremde, andersartige Menschen, denen man vor allem Bosheit, Faulheit und Liederlichkeit zutraut.

Im Januar 2010 forderte der hessische Ministerpräsident Roland Koch (CDU), Hartz-IV-Empfänger müssten »härter angepackt werden«, und forderte einen Arbeitszwang.[3] Im Februar 2010 behauptete Außenminister Guido Westerwelle (FDP), Hartz-IV-Empfänger bekämen zu viel Geld, denn: »Wer kellnert, verheiratet ist und zwei Kinder hat, bekommt im Schnitt 109 Euro weniger im Monat, als wenn er oder sie Hartz IV bezöge.«[4] Er sprach in diesem Zusammenhang gar von »spätrömischer Dekadenz« und schob seine schon häufig wiederholte Parole nach: »Wer arbeitet, muss mehr haben als der, der nicht arbeitet.«

Es könnte ja sein, dass Westerwelle zumindest mit seiner Rechnung recht hatte. Wäre das dann nicht ein erschreckender Hinweis darauf, dass viele Kellnerinnen und Kellner in Deutschland viel zu wenig verdienen? Denn die Hartz-IV-Sätze richten sich im Prinzip nach Mindeststandards, die u. a. das Bundesverfassungsgericht für ein menschenwürdiges Leben in einer freiheitlichen Gesellschaft wie der deutschen definiert hat. Menschen, die eine so nützliche Arbeit verrichten wie Kellner, werden also offenbar in Deutschland nicht menschenwürdig bezahlt.[5] Dagegen könnten Regierung und Bundestag etwas unternehmen und zum Beispiel menschenwürdige *Mindestlöhne* für das Gastgewerbe gesetzlich vorschreiben. Mindestlöhne, die deutlich über dem Hartz-IV-Niveau liegen und auf diese Weise den Lohnabstand, der Westerwelle so wichtig erscheint, gewährleisten. Doch seltsamerweise ist Westerwelles Partei, die FDP, eine der schärfsten Gegnerinnen von Mindestlöhnen.

Hier sind gleich zwei unserer zuvor untersuchten Verzerrungsmethoden im Spiel: die Methode Yang ohne Yin (siehe gleichnamiges Kapitel) und eine Verwechslung von Ursache und Wirkung (wie im Kapitel »Auf der Suche nach dem Warum« ausgeführt). Westerwelle betrachtet den Abstand zwischen Hartz IV und Niedriglöhnen nur unter dem Aspekt, dass Hartz-IV-Empfänger angeblich zu viel Geld bekommen, und missachtet das Yin: Höhere Löhne etwa für Kellner würden den Lohnabstand ebenfalls gewährleisten und wären ohne Zweifel ein guter Anreiz für viele Menschen, sich ernsthaft um einen Job zu bemühen.

Eine mutmaßliche Verwechslung von Ursache und Wirkung liegt darin, dass Westerwelle glauben machen will, das Niveau des Arbeitslosengelds II sei schneller gestiegen als das Niveau der Löhne und habe die Untergrenze der Löhne deshalb eingeholt. In Wirklichkeit war es aber umgekehrt: Der Anteil der Beschäftigten, der zu Niedriglöhnen arbeiten muss, ist in den 1990er- und 2000er-Jahren deutlich gestiegen, und das Niveau der Niedriglöhne ist in Deutschland in den letzten Jahren gesunken, sodass die unteren Lohngruppen teilweise unter das fast stagnierende Hartz-IV-Niveau geraten sind.[6] Offenbar gibt es vor allem bei deutschen Unternehmern eine Tendenz, die Löhne möglichst auf Hartz-IV-Niveau oder sogar noch darunter zu drücken. Würde der Bundestag aber Westerwelle folgen und das Hartz-IV-Niveau weiter absenken – ein Weg, den das Bundesverfassungsgericht zum Glück weitgehend versperrt hat –, dann würden die unteren Lohngruppen diesem Weg in den Keller der Armut vermutlich rasch folgen, und dann hätte Westerwelle schnell wieder das gleiche Problem mit dem fehlenden Lohnabstand – nur auf noch niedrigerem Niveau.

Westerwelles Wirtshausrechnung stimmte zudem auch deshalb nicht, weil er bewusst einige Sozialleistungen, die Vollzeitbeschäftigten mit Niedriglöhnen zugutekommen, ignoriert hatte – angeblich, weil diese von vielen Berechtigten gar nicht in Anspruch genommen würden. Ulrich Schneider, Hauptgeschäftsführer des Deutschen Paritätischen Wohlfahrtsverbands, rechnete im März 2010 an 196 Beispielen vor, dass Arbeiter und Angestellte mit Niedriglöhnen einschließlich Wohngeld und Kinderzuschlägen durchweg mehr im Portemonnaie haben als Hartz-IV-Empfänger mit gleichem Familienstand. Dazu kommt noch die Möglichkeit, Löhne, die dank der rücksichtslosen Lohnpolitik vieler deutscher Unternehmen unter der Armutsgrenze liegen, vom Staat »aufstocken« zu lassen.[7]

Zwei große Artikel in der Frankfurter Allgemeinen Sonntagszeitung vom 24.1.2010, aus der Feder von Rainer Hank und Georg Meck, rückten eine der großen Teilgruppen der Hartz-IV-Empfänger ins Zentrum ihres Angriffs: *allein erziehende Mütter*. Darin kamen u.a. der Sozialphilosoph Wolfgang Kersting, der Chef des Münchener Ifo-Instituts, Hans-Werner Sinn, und der Kieler Wirtschaftswissenschaftler Klaus Schrader zu Wort.[8] Zentrale Aussage: Der deutsche Staat »alimentiere« arbeitslose allein erziehende Mütter so stark, dass es sich für sie weder lohne, einen Arbeitsplatz zu suchen, noch einen Mann. Sinn bezeichnete die Unterstützung allein erziehender Mütter als »Trennungsprämie«. Kersting verstieg sich sogar zu der These, der Sozialstaat gleiche »immer mehr einem totalitären Regime, das die Familien zerschlägt« – eine groteske Bewertung, weil Kersting eine vom Staat, also vom demokratisch gewählten Gesetzgeber geschaffene zusätzliche Möglichkeit der Lebensplanung, die es früher für Frauen nicht gab, gleichsetzt mit Unterdrückung, mit gewaltsamer Unterbindung von Lebenswegen.

Im Zentrum der Argumentation der Frankfurter Allgemeinen Sonntagszeitung stand eine Zahl: Der Staat unterstützt allein erziehende Mütter angeblich mit 445 000 Euro pro Person. So stand es groß auf der Titelseite. Im Kleingedruckten hieß es dazu: »Dabei alimentiert der Steuerzahler nach Beispielrechnungen von Ökonomen aus Gießen eine allein erziehende Mutter mit zwei Kindern, die nie arbeitet, bis zu ihrem fünfzigsten Lebensjahr mit rund 445 000 Euro.« Eine glatte Lüge, wie wir durch Nachfrage bei der dort »zitierten« Gießener Familienforscherin und Soziologin Uta Meier-Gräwe herausgefunden haben. In Wirklichkeit bezieht sich Meier-Gräwes Beispielrechnung nicht auf allein erziehende Mütter, sondern auf das Lebensschicksal von *Kindern* allein erziehender Mütter. Die Forscherin wollte herausfinden, welche Kosten der Gesellschaft entstehen, wenn ein solches Kind, genauer: ein Mädchen, vom Staat schlecht gefördert wird und deshalb in seinem weiteren Lebensweg in jeder Beziehung scheitert: kein Schulabschluss, keine Berufsausbildung, keine Ehe, frühe chronische Krankheit (Diabetes), psychische Erkrankung, uneheliches Kind. Wenn das alles zusammenkommt, dann belastet dieses Schicksal den Staat von der Geburt an gerechnet bis zum 50. Lebensjahr mit insgesamt 445 000 Euro – so weit Meier-Gräwes Modellrechnung, die wir hier nicht nachprüfen können. Diesen Extremfall eines durchgängig unglücklichen

Lebens haben die Autoren des Artikels Hank und Meck herangezogen, um den glücklichen allein erziehenden Müttern, die sie auf dem großen Foto zum Artikel zeigten (mit der süffisanten Bildunterschrift: »Sittenlose Weiber? Natürlich nicht: Allein erziehend sein ist eine Erfolgsstory«) eine konkrete Schuldsumme anlasten zu können. Die Frankfurter Allgemeine Sonntagszeitung suggeriert: Jede dieser »Erfolgsstorys« kostet die brav arbeitenden Nachbarn der (vielleicht ja doch sittenlosen) Damen insgesamt 445 000 Euro an Steuergeldern. Das ist die Lüge dieser Zeitung.

Uta Meier-Gräwe wollte mit ihren Beispielrechnungen belegen, dass es sich für den Staat und die Gesellschaft auch ökonomisch betrachtet lohnt, die Kinder allein erziehender Mütter frühzeitig und über Jahre hinweg in Kindertagesstätten zu fördern und später, wenn sie selbst Kinder bekommen, mit Elterngeld und wiederum mit Krippenplätzen zu unterstützen. Wenn ein auf diese Weise unterstütztes Mädchen einen Beruf erlernt und berufstätig wird, bekommt der Staat seine »Investition« bis zum fünfzigsten Lebensjahr nach Angaben Meier-Gräwes fast dreifach zurück.

Was ist das Gemeinsame an den drei Attacken, die Koch, Westerwelle und die Frankfurter Allgemeine Sonntagszeitung geritten haben? Alle drei versuchen, eine Stimmung zu erzeugen, in der man sagt: In unserem Land gibt es einen Haufen Leute, denen es viel zu gut geht, die auf der faulen Haut liegen, weil sie auf Kosten hart arbeitender Steuerzahler ein prima Leben führen können. Die Arbeitsmarktexperten vom Deutschen Institut für Wirtschaftsforschung (DIW) kommen zu einer gegenteiligen Einschätzung. Danach steht außer Frage, dass rund 90 Prozent der Hartz-IV-Empfänger eine Arbeitsstelle annehmen würden, wenn ihnen eine angeboten würde.[9]

Vor allem beim Artikel der Frankfurter Allgemeinen Sonntagszeitung wird deutlich: Diese Attacke zielt politisch weniger auf die betroffenen Armen ab (hier allein erziehende Mütter) als auf diejenigen, die sich für die Interessen der Armen einsetzen: Gewerkschafter, Sozialpolitiker, Sozialverbände, Verfassungsrichter, vielleicht sogar jene Beamten in den Arbeitsagenturen und Sozialverwaltungen, die für Antragsteller manchmal ein freundliches Wort finden. Böswillige Verzerrungen und Verleumdungen wie die oben beschriebenen haben die Tendenz, alle diejenigen ins Unrecht zu setzen, die soziale Menschenrechte verteidigen und das Prinzip der Solidarität der Wohlhabenderen mit den Ärmeren für einen unverzichtbaren Bestandteil der Demokratie halten.

Doch es gibt noch ein zweites mutmaßliches Motiv. Denn während die Einkommen in den unteren Lohngruppen tendenziell sinken und die der mittleren stagnieren,[10] während Renten und Sozialleistungen gekürzt werden, während der Staat – in Deutschland, Österreich und der Schweiz – Arbeitsplätze abbaut und öffentliche Dienstleistungen einstellt, steigen die Spitzeneinkommen schon seit vielen Jahren kontinuierlich stark an. Ein Maß dafür ist die Entwicklung der Markteinkommen. Dazu zählen nur Löhne und Gehälter, Einkommen aus Unternehmertätigkeit und Vermögen, aber keine Renten, Pensionen und Sozialleistungen. Das DIW fasste 2007 seine einschlägige Studie wie folgt zusammen: »Zunehmende Ungleichheit der Markteinkommen: Reale Zuwächse nur für Reiche«.[11] Wenn sich Erkenntnisse dieser Art herumsprechen, entsteht aus Sicht der Reichen und ihrer politischen und publizistischen Interessenvertreter eine Gefahr: Arbeiter, Angestellte und Selbstständige mit durchschnittlichen Einkommen könnten einen Zusammenhang zwischen der Stagnation ihrer

Einkommen und dem beschleunigten Reicherwerden der Reichen herstellen. Da ist es doch viel besser, man lenkt den Ärger der Durchschnittsverdiener und den Zorn, den ihre Angst vor dem sozialen Abstieg gebiert, auf andere: den »bösen Staat« und die »bösen Armen«.

Hinter dem Thema Hartz IV lauert das Thema *Niedriglöhne* in Deutschland; denn sie sind es, mit denen die Hartz-IV-Sätze meist verglichen werden. Der Niedriglohnsektor war ein Lieblingsprojekt des früheren Bundeskanzlers Gerhard Schröder (SPD) und wurde bereits ab 1999 massiv ausgeweitet. Dabei wurden und werden meist folgende drei Gründe für Niedriglöhne genannt:

- Niedriglöhne seien eine Chance für Langzeitarbeitslose, wieder »in Lohn und Brot« zu kommen.[12]
- Niedriglöhne erhöhten die Flexibilität des Arbeitsmarkts und der deutschen Unternehmen.
- Niedriglöhne seien nötig, damit deutsche Exportprodukte auf dem Weltmarkt konkurrenzfähig bleiben können.[13]

Das Thema ist sehr komplex, darum verweisen wir auf einschlägige Literatur.[14] Wir stellen hier nur im Sinne unseres kritischen Ansatzes sechs Fragen zu den drei Argumenten.

1. Wie verträgt sich die hohe Zahl der Aufstocker mit Schröders Ziel, Arbeitslose in Jobs zu bringen und von staatlichen Transferleistungen unabhängig zu machen? Über 1,3 Millionen Menschen[15] bekommen so wenig Lohn, dass sie, um leben zu können, mit Arbeitslosengeld II aufstocken müssen. Sie stellen knapp ein Viertel der erwerbsfähigen Leistungsempfänger und einen Kostenfaktor von rund 9,3 Milliarden Euro jährlich (Stand 2009). Diese Menschen sind also trotz Job immer noch von Transferleistungen abhängig.

2. Wie vereinbaren CDU und FDP die Tatsache, dass der Staat seit Einführung von Hartz IV über 50 Milliarden Euro für besagte Aufstocker ausgegeben hat, mit ihren beiden Zielen, Arbeitsplätze zu schaffen und Subventionen abzubauen? Denn dieses Geld subventioniert unseres Erachtens Unternehmen, die, statt ordentliche Arbeitsplätze für sozialversicherungspflichtige Beschäftigte zu schaffen, zu prekären Bedingungen Billig-Arbeitskräfte einstellen.
3. Wie kommt es, dass fast 80 Prozent der Niedriglöhner eine abgeschlossene Berufsausbildung oder einen Hochschulabschluss haben?[16] Bedeutet das nicht, dass die meisten Langzeitarbeitslosen ohne Berufsausbildung nach wie vor schlechte Chancen auf dem Arbeitsmarkt haben? Könnte es sein, dass viele Niedriglöhner[17] gar keine ehemaligen Langzeitarbeitslosen sind, sondern ehemalige Durchschnittsverdiener? Also keine sozialen Aufsteiger, sondern soziale Absteiger?
4. Wenn es doch um den Export gehen soll – wie kommt es dann, dass ein großer Teil der Niedriglohnjobs in Dienstleistungsunternehmen eingeführt wurde, zum Beispiel in Gaststätten, Reinigungs- oder Friseurbetrieben, in denen überhaupt keine Exportprodukte erzeugt werden? Und warum zahlen gerade stark exportorientierte Unternehmen etwa in Autoindustrie, Maschinenbau und Chemieindustrie nach wie vor überdurchschnittlich hohe Löhne? Könnte es sein, dass die hohen Löhne für viele Exporte gar kein Hindernis sind?
5. Könnte es sein, dass stagnierende oder gar sinkende Löhne nicht nur die Flexibilität der Unternehmen vergrößern, sondern auch ihre Gewinne und damit die Einkommen der Reichen? Das wäre ein Aspekt, den gewiefte Yang-ohne-

Yin-Prediger wie Schröder oder Westerwelle vermutlich noch nie öffentlich in den Mund genommen haben.

6. Der Sozialphilosoph Friedhelm Hengsbach wies im Juli 2010 darauf hin, dass die Parole von den Verhältnissen, über die »wir« (gemeint sind die ärmeren 70 Prozent der Bevölkerung) angeblich gelebt haben, falsch sei: Denn die deutschen Konzerne (oder vielmehr ihre Arbeiter und Angestellten) erwirtschaften Jahr für Jahr einen fetten Leistungsbilanzüberschuss. Das heißt, sie produzieren viel mehr Güter und Dienstleistungen für den Export ins Ausland, als deutsche Konsumenten umgekehrt dort einkaufen.[18]

Der G20-Gipfel im September 2009 in Pittsburgh (USA) diskutierte über diese Ungleichgewichte im Welthandel, und die Regierung Obama drängte die deutsche Regierung ausdrücklich, auf höhere Tarifabschlüsse (also höhere Bruttolöhne) und Mindestlöhne hinzuwirken, um die Binnennachfrage anzukurbeln.[19]

Könnte es sein, dass es einfach eine gute Idee ist, wenn die Löhne steigen?

1 In der EU gilt eine Definition, nach der die Armutsgrenze bei 60 Prozent des bedarfsgewichteten mittleren Nettohaushaltseinkommens liegt (nach dem Median). Das bedeutet: Das Familieneinkommen nach Abzug von Steuern und Sozialabgaben und unter Einschluss von Transferleistungen wird nach einem bestimmten Schlüssel durch die Zahl der Familienmitglieder geteilt. Haushalte, die dann weniger als 60 Prozent des Durchschnittshaushalts zur Verfügung haben, gelten als arm. Dierk Hirschel: »Armut und Reichtum«, in: *Schwarzbuch Deutschland*, Reinbek 2009, S. 50.

2 So äußerte sich zum Beispiel der CSU-Sozialpolitiker Max Straubinger im August 2010, *Neue Westfälische*, 3.8.2010.

3 bild.de, 16.1.2010.

4 Zitiert nach *Süddeutsche Zeitung*, 15.3.2010 (»Der Minister und die Kellnerin«).

5 Nach Angaben des Instituts für Arbeit und Qualifikation an der Universität Duisburg/Essen arbeiteten 2008 63 Prozent der Beschäftigten im deutschen Gastgewerbe zu Niedriglöhnen von unter 9,06 Euro pro Stunde. Diese Grenze stützt sich auf eine Definition der OECD, nach denen Löhne, die weniger als zwei Drittel des durchschnittlichen Stundenlohns betragen, als Niedriglöhne gelten. Diese Schwelle lag 2008 in Deutschland bei 9,06 Euro pro Stunde (in den alten Bundesländern 9,50 Euro, in den neuen Bundesländern 6,87 Euro). Stefan Sauer: »Normal bezahlte Arbeit für viele unerreichbar«, in: *Kölner Stadt-Anzeiger*, 1.3.2010.

6 1999 bis 2008 stieg der Anteil der »atypisch Beschäftigten« (befristet Angestellte, Teilzeitkräfte, Mini-Jobber und Zeitarbeiter) von rund 16 auf 22 Prozent der Beschäftigten. Fast die Hälfte der Betroffenen hatte 2006 einen Bruttolohn unter der Niedriglohngrenze (Statistisches Bundesamt 2009, laut *Neue Westfälische*, 22.8.2009). – Das Institut für Arbeit und Qualifikation (IAQ Duisburg/Essen) hat festgestellt: »Das Lohnspektrum in Deutschland franst zunehmend nach unten aus.« Viele Menschen in Deutschland erhalten extrem niedrige Einkommen, die in anderen europäischen Ländern nicht erlaubt wären. Die Zahl der Beschäftigten mit Mini-Einkommen hat sich innerhalb von 10 Jahren mehr als verdoppelt. *Berliner Zeitung*, berlinonline.de 27.7.2010 (Mini-Löhne für Millionen; Suche: IAQ).

7 *Ver.di Publik* 13.3.2010; *Süddeutsche Zeitung*, 15.3.2010; Alexander Recht: »Westerwelles falsche Rechnung« (mit Beispielrechnungen ohne und mit Aufstockung). Fachbeitrag auf www.axel-troost.de, 25.2.2010 (http://bit.ly/westerwelles).

8 »Ohne Partner und ohne Arbeit«, in: *Frankfurter Allgemeine Sonntagszeitung*, 24.1.2010, Titelseite. »Die Hätschelkinder der Nation«, S. 29.

9 Karl Brenke: »Fünf Jahre Hartz IV – Das Problem ist nicht die Arbeitsmoral«, in: DIW-Wochenbericht 6/2010, S. 3.

10 Zwischen 2004 und 2008 stagnierten trotz Wirtschaftsaufschwung die durchschnittlichen Bruttostundenlöhne in Deutschland; nach Angaben des DIW-Arbeitsmarktexperten Karl Brenke. Eva Roth/ Markus Sievers: »Niedriglohnsektor – Der Volltreffer von Schröder«, in: *Frankfurter Rundschau*: fr-online.de 8.2.2010.

11 DIW-Wochenbericht 13/2007. Dazu auch Dierk Hirschel: »Armut und Reichtum«, a.a.O., S. 46f. Wir geben allerdings bei allen Zahlen, die dabei genannt werden, zu bedenken, dass Staat und Wissenschaft über die Einkommen der Reichen nur wenig Handfestes wissen. – Über »Reichtum als öffentliches Geheimnis« schrieb Werner Rügemer: »arm und reich«, in: Bibliothek dialektischer Grundbegriffe, Bd. 3, Bielefeld 2002, S. 16-22.

12 So Bundeskanzler Gerhard Schröder im Februar 1999. Nach E. Roth, M. Sievers: »Niedriglohnsektor«, a.a.O.

13 Schröder lobte sein Werk im Januar 2005 beim Weltwirtschaftsforum in Davos: »Wir haben einen der besten Niedriglohnsektoren aufgebaut, den es in Europa gibt.« Zitiert ebenda.

14 Zum Beispiel Gabriele Gillen: »Niedriglöhne«, in: *Schwarzbuch Deutschland*, S. 460–468.

15 Stand September 2009, nach Stefan Sauer: »Normal bezahlte Arbeit…«, in: *Kölner Stadt-Anzeiger*, 1.3.2010.

16 Studie des IAQ Duisburg/Essen, lt. *Berliner Zeitung*, berlinonline.de 27.7.2010 (Mini-Löhne für Millionen; Suche: IAQ).

17 Wir sprechen hier nicht von den Aufstockern, die wir in Frage 1 und 2 erwähnt haben, sondern von allen Beschäftigten, die nach der OECD-Definition in Anm. 5 weniger als 9,50 Euro (Westdeutschland) beziehungsweise 6,87 Euro (Ostdeutschland) verdienen und meist Zeitverträge haben, in Teilzeit arbeiten oder bei Zeitarbeitsfirmen.

18 Friedhelm Hengsbach: »Sparen, falsch gemacht«. sueddeutsche.de, 6.7.2010 – Zu den deutschen Exporten nach Spanien, Portugal und Griechenland, die jetzt krisenbedingt schrumpfen: *Manager Magazin*, 30.4.2010 (http://bit.ly/exporte2010) und Dow Jones Deutschland, 5.5.2010 (http://bit.ly/exporte-gr).

19 Claudia Schmucker: »Nach dem Gipfel ist vor dem Gipfel«. IP (internationalepolitik.de), 5.10.2009 (http://bit.ly/pittsburgh2009).

Exkurs: Gespräche über den Kult der Zahl

In diesem Kapitel wechselt die Perspektive: »Ich« ist hier der Historiker und Politologe Jens Jürgen Korff. Als solcher stelle ich einigen Zeitgenossen ein paar Fragen über die Rolle, die Zahlen in ihrem Denken spielen. Auch historische und fiktive Personen kommen zu Wort. Ich möchte herausfinden, ob es so etwas gibt wie einen Kult der Zahl. Sind Zahlen etwas Heiliges?

JENS *Gerd, du bist Mathematiker. Statistik ist ein Teilgebiet der Mathematik. Was bedeutet die Mathematik für dich? Was ist ihr Wesenskern?*

GERD Mathematik ist vor allem eine Hilfswissenschaft, die wir brauchen, um

- messbare Aspekte unserer physischen Umwelt festzuhalten und auszuwerten,
- natürliche Prozesse wissenschaftlich zu beschreiben,
- technische Geräte und Prozesse zu planen,
- den Warenaustausch (Handel) zu organisieren,
- knappe Ressourcen zu verwalten und
- uns über wirtschaftliche Zusammenhänge klarzuwerden.

Auch wenn wir bestimmte Zustände in Politik und Gesellschaft untersuchen und beschreiben wollen, kommen wir ohne Hilfsmittel wie Addition und Prozentrechnung, aber auch Komplizierteres nicht aus.

Jens *Warum glauben wir an Zahlen? Diese Frage habe ich im Juli 2009 im Internetforum wer-weiss-was.de gestellt. Eine Antwort des Teilnehmers »Scrabz« passt hierhin.*

Scrabz Meines Erachtens müssen hauptsächlich Wissenschaftler mit Zahlen umgehen, und Dinge, die sie bearbeiten, statistisch untermauern. Dazu müssen sie, wenn sie etwas Ernstzunehmendes veröffentlichen wollen, ihre Zahlen und ihre Statistik mit angeben. Inklusive Fehlerrahmen, Hintergrundannahmen, Null-Hypothese und Selbstkritik.

Die Menschen neigen dazu, aus einer zu geringen Stichprobenmenge Aussagen abzuleiten. Unser Gefühl sagt uns oft schon nach sehr wenigen untersuchten Fällen, dass wir eine bestimmte Aussage treffen können oder nicht. Statistik versucht … genauer zu sagen, ob man anhand eines bestimmten Datensatzes eine bestimmte Aussage machen kann. In streng wissenschaftlichen Arbeiten braucht man also Statistik, das heißt Zahlen, um zu belegen, dass man die behauptete Aussage machen darf. Oder auch nur, um zu belegen, dass man mit einer Aussage nicht ganz falsch liegt.

Jens *Gibt es auch Phänomene, bei denen sich die Zahlen nicht mit einer Rolle als bloße Werkzeuge zufriedengeben; bei denen sie sich in den Vordergrund drängen und zum Selbstzweck werden?*

Gerd Ja, aber es sind nicht die Zahlen selbst, die das tun, sondern Menschen, denen bestimmte Zahlen vielleicht zu sehr zu Kopf gestiegen sind. Ich denke etwa an die Lottozahlen: Jeden Samstagabend starren Millionen von Menschen auf ihren Fernseher, der in diesen Minuten nichts anderes zeigt als einen Haufen Kugeln, auf denen Zahlen stehen.

Oder die Börse: Tausende bestens bezahlter Fachleute starren den ganzen Tag auf Bildschirme, die Zahlenkolonnen zeigen, greifen zum Telefon und brüllen stundenlang Zahlenwerte hinein.

Oder die »Zahl des Tages«, die in Tageszeitungen und auf Infoscreens in U-Bahn-Stationen präsentiert wird. Was da gezeigt wird, ist manchmal völlig abstrus und sinnfrei, etwa: »Anzahl der Regenwürmer, die man auf dem Äquator hintereinander aufreihen muss, um einmal die Erde zu umrunden: 205 Millionen« – »Anzahl der Mohnbagels, die man mit der Jahres-Mohnernte Argentiniens bestreuen könnte: 357 Millionen«.[1]

JENS *Doch da höre ich eine Fanfare: Ein König bittet ums Wort. Der König sitzt mit seinem Hofstaat beim Essen; alle schweigen, bis der König seinen Hofgelehrten Leander anspricht:*

»KÖNIG Aber was ist denn das heute? Warum wird denn kein vernünftiges Tischgespräch geführt? Mir schmeckt kein Bissen, wenn nicht der Geist auch einige Nahrung hat. – Hofgelehrter, seid Ihr denn heut auf den Kopf gefallen? (…) Wie weit ist die Sonne von der Erde?

LEANDER Zweimal hunderttausend, fünfundsiebenzig und eine Viertel Meile, fünfzehn auf einen Grad gerechnet.

KÖNIG Und der Umkreis, den die Planeten so insgesamt durchlaufen?

LEANDER Wenn man rechnet, was jeder Einzelne laufen muss, so kommen in der Total-Summa etwas mehr als tausend Millionen Meilen heraus.

KÖNIG Tausend Millionen! (…) Ich mag auf der Welt nichts lieber hören als so große Nummern – Millionen, Trillionen – da hat man doch dran zu denken. – Es ist doch meiner Seel ein bisschen viel, so tausend Millionen.

LEANDER Der menschliche Geist wächst mit den Zahlen.«

Das war ein Auszug aus der vierten Szene des zweiten Akts vom »Kindermärchen in drei Akten« *Der gestiefelte Kater* von Ludwig Tieck aus dem Jahr 1797, einem Meisterwerk der romantischen Ironie.

JENS *Wächst der menschliche Geist mit den Zahlen? Zu dieser kühnen Hypothese Leanders meldet sich Susanne zu Wort, eine befreundete Psychologin.*

SUSANNE Menschen, die große Zahlen im Munde führen, haben vielleicht den Eindruck, dadurch selber groß zu werden. Es gibt ein bekanntes Kinderlied: »Weißt du, wie viel Sternlein stehen an dem blauen Himmelszelt? Gott, der Herr, hat sie gezählet…« Vielleicht ist es tatsächlich so: Nur Gott vermag solche Summen genau zu kennen.

JENS Und wenn ein Professor, ein Vorstandsvorsitzender, ein Staatssekretär exakte Zahlen dieser Art in die Welt setzt…

SUSANNE Dann maßt er sich vielleicht in diesem Moment eine fast göttliche Allwissenheit an.

JENS Und das blinde Vertrauen, das viele Menschen ihm dann schenken?

SUSANNE Könnte etwas mit ihrem Glauben an Gott oder an Ersatzgötter zu tun haben. Wir *möchten* doch so gerne, dass jemand weiß und verkündet, wie viel die Mafia verdient hat und wo all die gestohlenen Fahrräder geblieben sind. Nur ein Störenfried wagt es in solchen Momenten zu fragen: Woher wollen *Sie* das wissen?

JENS *Wie verträgt sich das mit dem Anspruch, dass Zahlen etwas streng Rationales und Emotionsfreies seien? Dazu zwei Stimmen aus dem Jenseits.*

LEONARDO DA VINCI Keine menschliche Untersuchung kann wahre Wissenschaft genannt werden, wenn sie nicht durch die mathematischen Demonstrationen gegeben ist.

JOHANNES KEPLER: Wahres Erkennen ist nur dort, wo Quanta erkannt werden.[2]

JENS *Quanta – Herr Kepler, der berühmte Astronom, meint Zahlenwerte. Haben die beiden recht? Ich frage Frank, einen Kollegen, der sich gut mit der Geschichte der Philosophie auskennt. Welche Bedeutung haben Zahlen und Mathematik im philosophischen Denken?*

FRANK Die Mathematik hat die Philosophie stark beeinflusst, weil viele Philosophen wie Pythagoras, Descartes oder Leibniz auch Mathematiker waren. Hans-Jürgen Störig sagt in seiner *Kleinen Weltgeschichte der Philosophie*: Pythagoras sieht in den Zahlen das eigentliche Geheimnis und die Bausteine der Welt. Jede der Grundzahlen von 1 bis 10 hat ihre besondere Kraft und Bedeutung, allen voran die vollkommene und umfassende Zehn. Die Harmonie der Welt beruht darauf, dass alles in ihr nach Zahlenverhältnissen geordnet ist. Er zieht eine Parallele zur Musik und folgert, dass alle bewegten Körper ein Geräusch verursachen, das von der Größe und Schnelligkeit der Bewegung abhängt. Planeten erzeugen sogenannte Sphärenklänge.

JENS *Das ist interessant: Zahlen symbolisieren eine Harmonie der Welt, also eine Art Paradies. Auch die Sphärenklänge passen dazu. Ich unterbreche kurz die Philosophiegeschichte und schalte in die erwähnte Internetdiskussion zur Frage: Warum glauben wir an Zahlen?*

PETER Im täglichen Leben sind Zahlen etwas Verlässliches. Bei den Grundrechenarten gibt es immer nur *eine* richtige Lösung. Im Gegensatz dazu ist es bei den meisten Entscheidungen, die man täglich treffen muss, anders. Hier gibt es mehrere mögliche Lösungen, und welche die Richtige ist, weiß man selbst im Nachhinein nicht immer. Dass es dann bei quadratischen Gleichungen schon zwei Lösungen gibt, wissen die meisten nicht (mehr) ...

Auch im Rechtssystem haben durchnummerierte Gesetzesartikel eine gewisse Sicherheit gebracht ...

JENS *Die eindeutige Lösung mathematischer Aufgaben – auch da begegnet uns wieder ein Stück verloren gegangenes Paradies. Andererseits – könnte das Gefühl der Sicherheit, das Zahlen vermitteln, auch etwas mit der Zeit und dem Geld zu tun haben? Es sprechen Sonja aus dem Internet und die Psychologin Susanne.*

SONJA Jeder Tag hat seine Stunden, Minuten, Sekunden. Jeder Monat seine Tage, festgelegt, zuverlässig auf Jahre hinaus. Wir wissen genau, an welchem Tag unser Gehalt auf unser Konto eingeht, an welchem Tag wir unsere Miete überweisen müssen, wann welche Rechnung fällig ist. Und da sind wir tatsächlich beim Geld.

SUSANNE Auf jedem Geldschein ist eine Zahl abgedruckt. Geld löst, wie wir alle wissen, starke Emotionen aus, bis hin zu jenem Glaubenssatz: Geld regiert die Welt; in dem das Geld an die Stelle Gottes tritt.

JENS *Es gab eine Zeit, in der das Erscheinen von Milliarden und Billionen keineswegs solch erhabene Gefühle ausgelöst hat wie bei jenem König, sondern Entsetzen und Verstörung. Das war die Zeit der Hyperinflation 1923, auf deren Höhepunkt das Geld, das die Arbeiter nachmittags als Lohn ausbezahlt bekamen, schon am nächsten Morgen nichts mehr wert war.*

Zahlen stehen aber üblicherweise für das Rationale, für die Ver-

nunft. Wie ging es in dieser Hinsicht weiter in der Geschichte der Philosophie?

FRANK Es kam das Zeitalter des Barock, in dem, so Störig, die Vernunft ihren Siegeszug antrat. Dabei bildete die Mathematik das Ideal aller Erkenntnis, weil sie jenseits nationaler und individueller Besonderheiten stand und im Prinzip jedem zugänglich und einsichtig war.

JENS Jedem einsichtig? Na, wenn da mal nicht der Wunsch der Vater des Gedankens war…

FRANK So sahen das jedenfalls René Descartes, Gottfried Wilhelm Leibniz und Blaise Pascal. Wir sprechen von der Zeit um 1650. Bachs Musik war ebenso stark von Mathematik beeinflusst wie die damalige Erkenntnistheorie. Was können wir wissen? Descartes ging es darum, so Störig, »die Philosophie zu einer Art Universalmathematik zu machen, zu einer Wissenschaft, in der alles im Wege strenger Deduktion aus einfachsten Grundbegriffen gewonnen wird«. Er fragt sich: Was kann ich sicher wissen? Wie Augustinus ist Descartes sicher, dass er zweifelt: Cogito ergo sum – Ich denke, also bin ich. Alles, was ebenso klar ist, dessen kann er gewiss sein. Er kommt dann auf Gott, der ihm ebenso klar ist; das Thema überspringen wir hier mal. Durch reine Deduktion baut er seine Philosophie auf Grundbegriffen auf, die aber strittig bleiben. So sagt er, dass alle Naturerscheinungen sich mit den Begriffen Ausdehnung und Bewegung erklären lassen.

Leibniz wand dagegen ein, dass Bewegung nichts weiter als Veränderung in den Nachbarschaftsverhältnissen der Körper untereinander ist. Wie kann ich Bewegung objektiv feststellen? Bewegung ist etwas rein Relatives und kommt auf den Standpunkt des Betrachters an. Bewegung kann man, so Leibniz, nicht von Kraft trennen. Außerdem kritisiert er

Descartes' rein geometrische Auffassung der ausgedehnten Substanz auch unter dem Aspekt der Kontinuität und Teilbarkeit. Der mathematische Raum ist ein Kontinuum und unendlich teilbar.

Die philosophischen Grundbegriffe Raum und Zeit wurden auch mithilfe mathematischer Erkenntnisse näher beleuchtet. Wenn sich etwas im Raum und in der Zeit befindet, ist es quantitativ messbar beziehungsweise durch Tastsinn erfahrbar, damit auch wieder messbar.

JENS *Moment! Demnach wäre die Tatsache, dass etwas gemessen wurde (und demzufolge Eigenschaften in Zahlenform besitzt), ein sicheres Anzeichen dafür, dass es existiert.*

FRANK In Raum und Zeit, ja, also im praktischen Leben.

JENS Gilt dieser Umkehrschluss wirklich? Was ist denn, wenn wir aus Versehen etwas anderes gemessen haben als das, was wir messen wollten? Ich erinnere mich ans Mikroskopieren von Zellpräparaten im Biologiestudium. Da konnte es vorkommen, dass wir eine vermeintliche Gewebestruktur abzeichneten, die in Wirklichkeit bloß ein Artefakt war, eine beim Präparieren entstandene Zerstörung. Hier mischt sich ein Teilnehmer der Internetdiskussion ein.

WERNER Die Problematik liegt meines Erachtens darin, wie wir auswählen, was wir überhaupt messen und was wir unterschlagen. Hier fließen jede Menge Wertvorstellungen, Denkgewohnheiten und Traditionen ein, die teilweise kulturbedingt sind und daher von niemandem in unserer Gesellschaft hinterfragt werden. So manipulieren wir uns unbewusst und ungewollt selbst.

JENS *Oh, ich kenne durchaus Leute, die berufsmäßig genau solche Wertvorstellungen, Denkgewohnheiten und Traditionen hinterfragen. Das sind zum Beispiel Historiker, Soziologinnen, Politologen, Literaturwissenschaftlerinnen. Ach, wie weit könnten wir sein, wenn Ingenieure und Historiker einander zuhörten! Doch als ein Kulturhistoriker 2006 die Frechheit besaß, die Entwicklung einer modernen physikalischen Theorie vor dem Hintergrund des Weltbilds der beteiligten Physiker zu untersuchen, sagte eines der Untersuchungsobjekte sinngemäß dazu:*

PHYSIKER Das ist nun einmal keine Wissenschaft, wie wir sie verstehen.

JENS Und der Anglist Dietrich Schwanitz stellte 1999 einen Katalog all dessen zusammen, was ein gebildeter Mensch wissen muss. Darin gab es auch ein Kapitel: »Was man nicht wissen sollte«.

SCHWANITZ Die naturwissenschaftlichen Kenntnisse werden zwar in der Schule gelehrt; sie tragen auch einiges zum Verständnis der Natur, aber wenig zum Verständnis der Kultur bei. Deshalb gilt man nach wie vor als unmöglich, wenn man nicht weiß, wer Rembrandt war. Wenn man aber keinen Schimmer hat, worum es im zweiten thermodynamischen Hauptsatz geht … dann wird niemand daraus auf mangelnde Bildung schließen.[3]

JENS *So weit der Blick in die Schützengräben zwischen Geistes- und Naturwissenschaften, den unsäglichen Kampf der zwei Kulturen.[4] Frank – wie geht denn die Philosophie damit um, dass die Physik in den Zeiten der Teilchenbeschleuniger und der Chaostheorie deutlich an Schärfe und geordneter Harmonie eingebüßt hat?*

FRANK Das Ideal, dass alles mathematisch berechenbar sei, wird immer wieder durch neuere Erkenntnisse der Mathematik und Physik zerstört. Jahrhundertelang galt das Atom als kleinstes Teil, als unteilbar, und nun haben wir es auf einmal gespalten und kennen noch kleinere Teile. Jahrhundertelang orientierten wir uns an Körpern, deren Ort im Raum wir zum Zeitpunkt X messen und angeben konnten. Jetzt müssen wir mit Elektronen und anderen Teilchen leben, von denen wir nach Heisenberg nicht sagen können, wann sie sich wo befinden.

So ist es auch in der Philosophie: Alte Erkenntnisse werden entweder durch neuere ersetzt oder bestätigt, manchmal auch nur weitergeführt. Das Zahlensystem von Pythagoras wurde immerhin durch physikalische Erkenntnisse Jahrhunderte später bestätigt. Menschen suchen nach Bestätigung ihrer Denkweise und greifen zu Begriffen, die unscharf sind. Darum hat die Mathematik als scharf abgrenzende Wissenschaft einen so großen Einfluss gehabt.

In den Naturwissenschaften gilt eine Theorie so lange als unbewiesen, aber grundsätzlich wahr, bis ein Gegenbeweis gefunden wurde. Diejenigen, die Zahlen als so wichtig erachten, vergessen oft die anderen Bereiche des Wissens, die zahlenmäßig nicht fassbar sind. Auch eine mathematische Theorie gilt nur so lange, wie man nicht auf logische Widersprüche stößt. Ob alles so ist, wie es uns erscheint, kann ohnehin angezweifelt werden.

GERD Mathematische Theorien können als in sich geschlossene Systeme sogar für immer gelten. Sie erklären dann vielleicht immer weniger, aber auf einem kleinen Gebiet gelten sie immer weiter.

JENS *Zeigt sich an dieser Stelle nicht, dass der Geist vieler Menschen anscheinend nicht reif genug ist, um sich im Ungefähren, in unscharfen und unsicheren Verhältnissen einrichten und orientieren zu können? Kann es sein, dass wir diese Fähigkeit erst noch erlernen müssen? An dieser Stelle schließt sich der Bogen zu Pythagoras' Zahlenharmonie: die Mathematik als eine Art verlorenes Paradies der Ordnung, zu dem wir ständig zurückstreben.*

Der britische Historiker Quentin Skinner, der im Januar 2009 den Bielefelder Wissenschaftspreis erhielt, antwortete bei der Gelegenheit fast auf diese Frage.

SKINNER Für Thomas Hobbes[5] zählt in der Rechtfertigung von Staat, Gesetz und Politik nur die Kraft des auf Vernunft gegründeten, sachlichen Arguments, während noch in der Renaissance Rhetorik – schillernd zwischen Überzeugungs- und Überredungskunst – die Sprache der politischen Auseinandersetzung bestimmen sollte.

Dass mit schieren Vernunftargumenten Politik zu rechtfertigen wäre, wie wir mit Hobbes gern glauben wollen, halte ich für eine Selbsttäuschung. Wenn wir uns darüber klar werden, hat das wahrscheinlich heilsame Folgen in der Politik. Wenn wir nur erkennen wollten, wie sehr unsere vorgeblich rationalen politischen Argumente und Schlussfolgerungen auch von manipulativen Techniken, also rhetorisch, bestimmt werden, würden wir uns damit selbst eine dringend notwendige Lektion in größerer moralischer und politischer Toleranz geben.[6]

JENS *Um aus den Wolken der Philosophie wieder auf den Boden ökonomisch wirksamer Tatsachen zu kommen, gebe ich dem amerikanischen Internetforscher Jakob Nielsen das Wort, der seit Jahrzehnten die Benutzerfreundlichkeit (»Usability«) von Websites erforscht.*

NIELSEN Die Ergebnisse qualitativer Benutzertests, mit denen man feststellen kann, wie benutzerfreundlich eine Website ist, werden leider von vielen Managern nicht akzeptiert, solange man sie nicht in Zahlenwerten ausdrückt. Usability-

Experten wissen aus jahrelanger Erfahrung, dass ein solcher Test mit fünf repräsentativen Teilnehmern genügt, um die wichtigsten Schwachstellen einer Benutzeroberfläche aufzudecken. Es kommt allerdings darauf an, dass die Teilnehmer wirkliche potenzielle Benutzer der Website sind, also zum Beispiel Kunden eines Online-Shops (und keine Webdesigner); dass man ihnen realistische, aus dem Computeralltag gegriffene Aufgaben gibt, sie beim Lösen dieser Aufgaben nicht beeinflusst und sie nur dazu bringt, laut zu denken, während sie sich durch die Webseiten und Menüs hindurchkämpfen.[7]

SUSANNE In Deutschland ist es wahrscheinlich noch schlimmer. Was nicht auf Zahlen beruht, was in Excel keine Balken- oder Kuchendiagramme erzeugt, gilt bei vielen deutschen Ingenieuren, Managern und Politikern von vornherein als subjektives, esoterisches, also irrelevantes Gelaber. Deshalb bevorzugen sie zum Beispiel Online-Umfragen und teure Befragungen von Fokusgruppen über ihre Website, obwohl man empirisch ermittelt hat, dass solche nachträglich vorgenommenen Umfragen in der Regel keine verwertbaren Hinweise auf konkrete Benutzerprobleme einbringen.[8]

JENS *Zahlreiche Aussagen, die wir im Alltag treffen, sind eindeutig und überprüfbar, obwohl sie keine Zahlen enthalten: Paris ist die Hauptstadt von Frankreich. Angela Merkel ist Bundeskanzlerin. Eine Amsel singt auf dem Dachfirst. Diese Suppe schmeckt salzig. Du siehst traurig aus. Über den Witz haben wir Tränen gelacht. – Solche Aussagen über einzelne Personen, Orte, Arten, Ereignisse und so weiter sind oft überhaupt nicht quantitativ fassbar, können aber höchst relevant sein. Wenn Kepler mit seinen »Quanta« immer noch recht hätte – hieße das nicht, dass solche Feststellungen keinen wissenschaftlichen Wert haben, weil sie in keiner Weise verallgemeinert werden können? Es antworten aus dem Jenseits: der Biologe Ernst Mayr und der Philosoph Karl Popper.*

MAYR Die Wissenschaftsphilosophie ignoriert leider immer noch weitgehend die Biologie, da sie von der in Physik und Chemie vorherrschenden Idee der Naturgesetze bestimmt ist. Das Naturbild vieler Philosophen beruht irrigerweise auf der Annahme vorhersagbarer Gesetzmäßigkeiten. Belebte Systeme aber weisen nach dem Prinzip der Emergenz Eigenschaften auf, die über die Eigenschaften ihrer physikalischen und chemischen Komponenten hinausgehen. Sie müssen auf jeder Ebene ihrer Organisation neu untersucht und verstanden werden.

Die darwinsche Revolution war die umwälzendste aller intellektuellen Revolutionen in der Geschichte der Menschheit. Denn die durch Zufall und Selektion entstandenen Formen des Lebens sind nicht durch Gesetze zu erklären. Ein historischer Prozess hat lauter Spezialfälle hervorgebracht. Deshalb herrschen in der Biologie keine Gesetze, sondern allenfalls Konzepte oder Ideen. Für die Biologie sind Konzepte wie etwa Konkurrenz, gemeinsame Abstammung, Territorialität oder Altruismus ebenso wichtig wie Gesetze für die Physik. Die Rekonstruktion historischer Prozesse erfordert langfristige Beobachtung und entzieht sich vielfach dem Experiment.[9]

POPPER Das ist sehr interessant, Kollege Mayr, was Sie da über die irrige Annahme von Gesetzmäßigkeiten sagen! Auch in meinen Werken habe ich mich immer wieder gegen die Annahme gewandt, es gebe einen gesetzmäßigen Ablauf der menschlichen Geschichte. Dass das schon für die Naturgeschichte nicht stimmt, ist eine grandiose Parallele zu meiner Theorie.

Was nun die Frage nach den Zahlen betrifft: Das geeignete

Kriterium, mit dem man die Rationalität einer Theorie überprüfen kann, ist nicht ihre empirische Verifizierbarkeit – also auch nicht die Fülle der vorgelegten empirischen Daten –, sondern, im Gegenteil, ihre Falsifizierbarkeit. Ein empirisch-wissenschaftliches System muss an der Erfahrung scheitern können. Es kommt darauf an, schlechte Theorien zu widerlegen und auszusieben. Gute Theorien sind solche, die diesen Prozess jahrelang überlebt haben. Auch sie können eines Tages ungültig werden, wenn sie falsifiziert werden und eine neue Theorie an ihre Stelle tritt, die auch die Fälle abdeckt, in denen die alte versagt hat. So nähern wir unsere Theorien an die Wahrheit an.

Übrigens muss sich ein Denker allen Problemen des menschlichen Lebens annehmen und zu ihrer praktischen Lösung beitragen; und das, ohne sich dabei über die Erfahrungswelt der sogenannten einfachen Menschen zu erheben. Ich verlange von Philosophie und Wissenschaft klares Denken und eine verständliche Sprache.[10]

JENS *Welch ein Wohlklang in den Ohren eines Texters! Zahlen haben etwas mit Ordnung zu tun, also mit Kontrolle, mit Macht. Was sagt die Psychologin dazu?*

SUSANNE Was wir gezählt und vermessen haben, das haben wir schon so gut wie gebändigt; so jedenfalls bilden es sich wohl viele ein.

JENS Volkszählungen waren schon zur Zeit der Geburt des Jesus von Nazareth ein Symbol kaiserlicher Macht über das Volk, das sich durchzählen lassen sollte wie die Schafe in einer Herde. 1987 stieß eine Volkszählung in Westdeutschland auf großen Widerstand der damaligen Protestbewegung, und auch ich habe mich damals dem Zählappell entzogen.

SUSANNE Auch heute stoßen Versuche, jedem Bürger eine durchlaufende Nummer zu verpassen, auf den Widerstand von Datenschützern. Schon die Tatsache, durchnummeriert worden zu sein, löst das ungute Gefühl aus, von einem »Großen Bruder« auf Schritt und Tritt überwacht, kontrolliert und ferngesteuert zu werden.[11]

JENS Zahlen scheinen also nicht nur lichte, aufklärerische Seiten zu haben, sondern auch eine Schattenseite. Gibt es so etwas wie einen Terror der Zahlen?

SUSANNE Manche empfinden es jedenfalls so. Denken wir nur an all die Zahlen, mit denen wir Tag für Tag gequält werden: 5-stellige Postleitzahlen, 6-stellige Postfachnummern, 8-stellige Bankleitzahlen, 10-stellige Kontonummern, 11-stellige Steuernummern, 16-stellige Bahncard-Nummern, 16-stellige Kreditkartennummern, 20-stellige Versicherungsnummern, und jetzt auch noch 22-stellige internationale Kontonummern! Alle diese Nummern müssen wir irgendwo aufbewahren, mitführen, abschreiben, in Formulare eintragen … Unvorstellbar, wie viel Zeit wir auf diese Weise sinn- und freudlos vergeuden!

JENS Und die meisten dieser langen Nummern sind überflüssig! Ich habe einmal eine Versicherung gefragt, welchen Sinn die 20-stellige Versicherungsnummer hat. Die Antwort:

VERSICHERUNG Die ist dadurch zustande gekommen, dass Ihre Versicherung X von der Versicherung Y aufgekauft wurde. Da hat man an die Vertragsnummern der Versicherung X einfach neue Ziffern angehängt, die in das System der Versicherung Y hineinpassen.

JENS Und warum muten Sie Ihren Kunden zu, diese Zahl abzuschreiben und anzugeben? Im Zeitalter der Datenbanken reicht es doch völlig aus, einen Kunden über seinen Namen,

Wohnort und sein Geburtsdatum zu identifizieren. Die Datenbank gibt doch dann an, welche Versicherung der Kunde hat.

Versicherung Das kann ich Ihnen auch nicht sagen. Sie sind jedenfalls der Erste, der sich darüber beschwert.

Jens Versprechen Sie mir wenigstens, dem Nächsten, der sich darüber beschwert, nicht mehr zu sagen, dass er der Erste sei?

Versicherung: – – –

Jens Ähnliches erleben wir gerade bei den deutschen Banken. Die brauchen angeblich für den Zahlungsverkehr und jedes Konto jetzt eine 22-stellige IBAN, eine internationale Kontonummer. Die besteht in Deutschland aus dem Kürzel DE, der 8-stelligen deutschen Bankleitzahl, der Kontonummer und einigen zusätzlichen Nullen. Da die deutsche Bankleitzahl trotz ihrer 8 Stellen international nicht kompatibel ist, muss man zusätzlich einen internationalen Bankencode (BIC) aus 8 Buchstaben angeben. Die Banken brauchen also 8 Buchstaben plus 8 Ziffern, um eine von rund 1000 deutschen Banken zu identifizieren (wofür eigentlich 4 Ziffern oder 3 Buchstaben völlig ausreichen würden).

Lassen wir zum Schluss noch zwei Zahlenfetischisten zu Wort kommen, bei denen uns richtig schlecht werden kann. Der niedersächsische Masthähnchen-Unternehmer Franz-Josef Rothkötter begrüßt Besucher zu einer Betriebsführung …

Rothkötter Ich darf Ihnen zunächst den Betriebsablauf von der rechnerischen Seite beschreiben: Bei zwei Schlachtlinien mit einer Kapazität von je 3,33 Hähnchen pro Sekunde macht das 23 976 Stück pro Stunde, 384 000 Stück am Tag oder genau 119,808 Millionen Stück im Jahr. In Kilogramm umgerechnet ist das ein Viertel der deutschen Hähnchenproduktion, 200 000 Tonnen Fleisch pro Jahr – und das alles aus diesem einen Betrieb hier in Haren an der Ems. Aber Größe allein ist kein Wert an sich. Es geht mir vielmehr um ein gutes Endprodukt und um Effizienz.[12]

JENS *Der eine sieht Tiere nur als Millionen Stück und Tonnen Fleisch pro Jahr, ein anderer sieht aus der Türkei zugewanderte Arbeiter, Einzelhändler und deren Familien nur als volkswirtschaftliche Nutzen- und Belastungsfaktoren. Dabei ignoriert er nicht nur den sozialen Nutzen eines Gemüseladens für die Lebensqualität im Viertel, sondern auch die Menschenrechte, die …*

SARRAZIN Lassen Sie mich bitte ausreden! Menschenrechte, so etwas ist doch ökonomisch-statistisch gar nicht fassbar. In solchen grundsätzlichen politischen Fragen ist nichts alberner als der Hinweis, dieses oder jenes sei rechtlich nicht möglich. Wir müssen doch wegkommen von dieser Sozialromantik und die harten Fakten sehen: Welchen Nutzen haben diese Gruppen für Deutschland? Wenn ich Statistiken lese, dann sehe ich keine Menschen. Lassen Sie mich das bitte in einem größeren Zusammenhang darstellen …[13]

JENS Nein danke! Zum Glück können wir den Schreihals hier einfach ausblenden. Was sagt die Psychologin dazu?

SUSANNE Zahlen sind ein vortreffliches Instrument, um sich existenzielle Fragen wie »Was tust du hier eigentlich?« oder »Was bedeutet das für meine Mitmenschen?« vom Leib zu halten.

Jens *Im Kontrast dazu steht der deutsch-mexikanische Schriftsteller B. Traven. Der beschrieb 1927 in seinem Roman* Der Schatz der Sierra Madre *eine Begegnung in der Wildnis. Eine Gruppe Indianer besuchte drei weiße Goldgräber, die ihr Gebiet durchreisten.*[14]

Traven »Sie kommen gewiss von weit her«, sagte endlich einer der Indianer, »und Sie wollen gewiss noch weit reisen? Sie sind wohl sicher sehr kluge Männer?«

Curtin sagte: »Wir können Bücher lesen, und wir können Briefe schreiben, und wir können mit Zahlen rechnen.«

»Mit Zahlen?«, fragte einer. »Zahlen? Das kennen wir nicht.«

»Zehn ist eine Zahl«, erklärte Curtin, »und Fünf ist eine Zahl.«

»Oh«, meinte nun einer der Besucher, »das ist nur halb. Zehn ist nichts, und fünf ist nichts. Sie meinen zehn Finger oder fünf Bohnen oder drei Hühner, nicht wahr?«

»So ist es«, mischte sich Howard ein.

Die Indianer lachten, weil sie es verstanden hatten, und einer sagte: »Zehn kann man nicht sagen. Man muss immer sagen, was zehn? Zehn Vögel oder zehn Bäume oder zehn Männer. Wenn man zehn oder drei oder fünf sagt, ohne dass man auch sagt, was man meint, so ist das ein Loch, und das ist leer.«

Dann lachten sie wieder.

Gerd Das war ja ein bunter Chor von Stimmen – fast wie in meiner Stammkneipe. Und nu? Was fangen wir jetzt mit alledem an?

Jens Ich schlage vor, wir probieren es einfach mal aus.

Gerd Was?

Jens Wie das ist, mit ungenauen Zahlen und unscharfen Bildern in eine ungewisse Zukunft hineinzuleben. Vielleicht ist es ja gar nicht so schlimm?

Gerd Gut, das machen wir!

1 Eine davon wurde am 18.7.2009 auf einem Infoscreen in der Bielefelder Stadtbahn angezeigt, die andere ist frei erfunden.

2 Beide zitiert nach Egon Friedell: *Kulturgeschichte der Neuzeit*. München 1927, S. 394. Leonardo äußerte sich um 1500, Kepler um 1615.

3 Dietrich Schwanitz: *Bildung. Alles, was man wissen muss*. München 2002, S. 617f. – Schwanitz vertritt in seinem Buch keinen philosophischen Anspruch. Sein Maßstab dafür, was man angeblich wissen müsse, ist das unverbindlich-»gebildete« Gespräch unter »kultivierten« Westeuropäern.

4 Den Begriff prägte Charles Percy Snow 1959.

5 Thomas Hobbes (1588–1679), britischer Mathematiker, Philosoph und Politologe. Skinner spielt auf sein Werk *Leviathan* (1651) an.

6 Frei zitiert nach *Neue Westfälische*, 31.1.2009.

7 Frei zusammengefasst nach Jakob Nielsen's Alertbox, 14.9.2009: Discount Usability: 20 Years; ebenda, 19.3.2000: Why You Only Need to Test with 5 Users (useit.com/alertbox).

8 Der Grund ist: Die meisten Leute erinnern sich später nicht mehr daran, an welcher konkreten Hürde sie gescheitert waren. Deshalb können sie das in einer Umfrage nicht sagen. Dazu Jakob Nielsen's Alertbox, 26.7.2010: Interviewing Users (useit.com/alertbox).

9 Sinngemäß zusammengefasst nach Ernst Mayr: *Das ist Biologie*. Heidelberg/Berlin 1998. Rezension in: *Die Zeit*, 16.7.1998.

10 Zusammengefasst nach Richard Herzinger: »Die Offene Gesellschaft und ihre Feinde«, in: *Die Zeit* 31/2002; wikipedia.de: Karl Popper (2010); wikipedia.de: Falsifikationismus (2010).

11 Das Bild vom »Großen Bruder« stammt aus George Orwells Science-Fiction-Roman *1984*. Dort allerdings sind vor allem Sprache und Bilder die Medien der Macht.

12 Zusammengefasst nach sueddeutsche.de, 14.8.2010.

13 Sinngemäß zitiert nach Berichten über Fernsehdebatten mit Thilo Sarrazin im August und September 2010. Den dritten Satz Sarrazins (»In solchen ...«) zitiert Hendrik Cremer: »Zu den Äußerungen von Thilo Sarrazin ...« Deutsches Institut für Menschenrechte, 27.8.2010. Den vorletzten Satz (»Wenn ich Statistiken ...«) zitiert Thorsten Denkler: »Die Welt ist rund, und du bist trotzdem ein Arschloch«, sueddeutsche.de, 30.8.2010. – Sarrazins Buch »Deutschland schafft sich ab« kam zu spät, um es hier noch fundiert kritisieren zu können. Wir holen das auf der Website www.luegen-mit-zahlen.de nach. Versprochen!

14 B. Traven: *Der Schatz der Sierra Madre*, Kapitel 17. München 1992, S. 130.

Kapitel 14

Die Dummen und die Bösen

In diesem Kapitel versuchen wir, den Motiven der Statistiktäuscher auf den Grund zu gehen. Ein deutsches Sprichwort behauptet: Der Ehrliche ist (immer) der Dumme. Fernsehmoderator Ulrich Wickert griff es 1994 als Titel für eines seiner moralisierenden Bücher auf. So gesehen sind die Dummen die Opfer und die Bösen die Täter. Dieses Weltbild erscheint uns jedoch zu einfach. Schon im Kapitel »Yang ohne Yin« haben wir erwähnt, dass fast alle Menschen in bestimmten Situationen zur Schönfärberei neigen. Es geht uns hier um »Dumme«, die durchaus selbst Täter sind und keineswegs so unschuldig, wie sie sich selbst gerne sehen; und zuweilen geht es uns auch um »Böse«, die uneigennützige, in unserem Sinne eigentlich gute Ziele verfolgen, dabei aber zu kritikwürdigen Mitteln greifen. Die meisten »Bösen« aber, deren Sagen und Tun wir hier untersuchen, haben nach unserer Einschätzung hauptsächlich ihren Wunsch nach Reichtum, Ruhm und Macht im Auge (siehe die Kapitel »Die konstruierte Explosion«, »Stiftung Warentest im Renditerausch« und »Die bösen Armen«), während die »Dummen« meist zu faul, zu bequem oder auch zu obrigkeitshörig sind, um das, was sie nachplappern, zuvor kritisch zu überprüfen.

Der Statistiker Dieter Hochstädter schrieb in seinem Lehrbuch *Statistische Methodenlehre*: »Nicht die Statistik ist schlecht, sondern die Kenntnis ihrer Methoden ist oft mangelhaft und ihre Anwendung und Interpretation durch Gruppeninteressen beeinflusst.«[1] Auch Hochstädter teilt seine Pappenheimer also im Grunde in Böse (die Statistiken in den Dienst ihrer Gruppeninteressen stellen) und Dumme ein (die die richtigen Methoden nicht kennen oder nicht anwenden wollen). Wir wollen es hier noch etwas genauer fassen und bilden vier Gruppen:

Kritikwürdig sind die Dummen und Ignoranten, die da meinen: »2 mal 2 = 5? Passt schon. Und wenn's nicht passt: Ich will's nicht wissen; die andern wollen's auch nicht wissen; das merkt doch keiner.«

Kritikwürdig sind die geistig Trägen, die da meinen: »Alle sagen, dass 2 mal 2 = 5 ist, also wird es stimmen.« Oder: »Herr Direktor hat gesagt, dass 2 mal 2 = 5 ist, also stimmt es.«

Kritikwürdig sind die eigennützigen Lügner, die da meinen: »Ha! Wenn ich die Leute glauben machen kann, dass 2 mal 2 = 5 ist, bringt mir das jährlich 1 Million zusätzlich ein.«

Kritikwürdig sind die uneigennützigen Lügner, die da meinen: »Wenn die Leute glauben, dass 2 mal 2 = 5 ist, bringt das jedem Arbeitslosen/Flüchtling/Aids-Kranken jährlich 100 Euro ein. Hauptsache, es nutzt den Richtigen.« Oder: »Wenn die Leute glauben, dass 2 mal 2 = 5 ist, schadet das den Banken/Multis/Managern. Hauptsache, es trifft die Richtigen. Der Zweck heiligt die Mittel.«[2]

Fünfzehn Beispiele aus der Praxis

Fünfzehn Beispiele, die Ihnen bereits zum Teil bekannt sind, versuchen wir im Folgenden, einer der genannten Gruppen zuzuordnen. Oft sind die Übergänge allerdings fließend.

1. Eisen im Spinat

Jahrzehntelang wurden Babys und Kleinkinder in Deutschland und der Schweiz (vielleicht auch anderswo?) qualvoll mit Spinat zwangsernährt, weil Eltern und Großeltern glaubten, dass Spinat besonders viel Eisen enthalte, und dass die Babys dieses Eisen fürs Wachstum bräuchten. Die Kinder sträubten sich meist mit Händen und Füßen, und sie hatten recht: In Wirklichkeit enthalten 100 Gramm Spinat nicht 35, sondern nur 3,5 Milligramm Eisen – so viel wie andere Gemüsesorten auch. »Wie war das denn bei dir?«, fragen wir einander. Ja, Gerd (Jahrgang 1953) musste wohl noch kräftig gegen die grüne Flut anpusten. Jens dagegen (Jahrgang 1960) blieb offenbar verschont und mochte später sogar Spinat. Gerd hat dann irgendwann das pampige Trauma überwunden.

Quelle des Spinat-Irrtums war ein Schweizer Wissenschaftler, der sich in seiner Veröffentlichung 1890 beim Setzen des Kommas vertan hatte. Ein klarer Fall von Dummheit beziehungsweise Unwissenheit, gepaart mit geistiger Trägheit: Ein Wissenschaftler hat einen Fehler gemacht; so etwas kann vorkommen. Andere Wissenschaftler haben es versäumt, die Sache zu kontrollieren – obwohl das sehr nahe gelegen hätte: Denn warum sollte ausgerechnet Spinat zehn Mal so viel Eisen enthalten wie andere Gemüse? Solche Unregelmäßigkeiten schreien eigentlich nach einer Überprüfung (die es ja dann auch gab, aber erst vierzig Jahre später).

Schließlich die geistige Trägheit vieler Eltern, die sich weigerten, die neuen Meldungen über den wirklichen Eisengehalt des Spinats zur Kenntnis zu nehmen, und lieber an einem Glauben festhielten, den schon die Großeltern gepredigt hatten. Insgeheim war vielleicht auch eine Art Rachebedürfnis im Spiel, also eine Prise Bosheit: »Was mir nicht geschadet hat, wird meinem Kind auch nicht schaden.« (Psychologische Übersetzung: »Worunter ich gelitten habe, darunter soll mein Kind auch leiden.«)

2. Das geschrumpfte Kuchenstück

Fast alle Volkswirtschaftler sind sich einig, dass das deutsche Bruttoinlandsprodukt tendenziell immer weiter anwächst.[3] Der Kuchen der Produkte und Dienstleistungen, die wir erzeugen, wird also größer.

Alle Bevölkerungsexperten sind sich einig, dass die Bevölkerungszahl in Deutschland tendenziell abnimmt.

Ein immer größerer Kuchen wird also auf immer weniger Esser verteilt. Was folgt daraus für die Größe des Kuchenstücks, das auf jeden Einzelnen von uns entfällt? Simsalabim! Es schrumpft. Behaupten zumindest die meisten Wirtschaftsprofessoren, Wirtschaftsredakteure, Wirtschaftspolitiker und Unternehmer. »Wir haben über unsere Verhältnisse gelebt!« – »Der Gürtel wird jetzt enger geschnallt!« – »Ihr müsst jetzt länger arbeiten und weniger Geld verdienen!« So hören wir sie bei jeder Gelegenheit schreien.

Übertragen Sie das einmal auf Ihre nächste große Geburtstagsparty! Sie backen einen Kuchen mehr als sonst, laden weniger Leute ein als sonst, und deshalb bekommt jeder jetzt ein kleineres Stück. Wenn ein Gast nach einem zweiten Stück verlangt, sagen Sie: Hast du es noch nicht gehört? Wir alle müssen den Gürtel enger schnallen. Fragt sich nur, was Sie nachher mit den Unmengen Kuchen machen, die übrig geblieben sind.

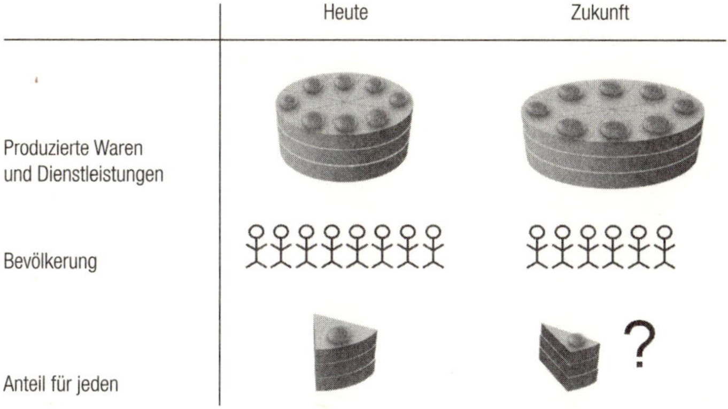

Wenn der Kuchen gröfser wird und die Zahl der Esser abnimmt, dürfen die Gürtel weiter geschnallt werden.

Was steckt hinter diesem Unfug? Zum einen eine Missachtung der Volkswirtschaft. Dass Kostensparen *betriebs*wirtschaftlich gesehen, also für den Gewinn des einzelnen Unternehmens – zumindest kurzfristig – positiv ist, dieser Grundsatz wird blind auf die gesamte Volkswirtschaft übertragen – also ein klarer Fall von Dummheit und Ignoranz im Sinne Hochstädters: Anwendung einer falschen Methode.[4] Dass sich nur wenige über eine solche Unlogik wundern, verweist auf eine weit verbreitete geistige Trägheit in volkswirtschaftlichen Fragen. Manch einer wundert sich vielleicht im Stillen, traut sich aber nicht, etwas zu sagen; denkt sich: Mein kleiner Kopf ist wohl nicht in der Lage, diese großen Dinge zu beurteilen …

Aber zum andern steckt vermutlich, etwa bei Unternehmerlobbyisten, auch eine böse Absicht dahinter. Denn in der Volkswirtschaft wird der übrig gebliebene Kuchen weder weggeworfen noch an die Armen verschenkt – sondern den verspeisen einige wenige Reiche, oder sie verzocken ihn an der Börse, oder sie spenden einen Teil davon für mildtätige Zwecke und lassen sich dafür noch Denkmäler setzen und im Fernsehen beklatschen.

3. Zeitsprünge mit nominalen Beträgen

Den weit verbreiteten Fehler, heutige Geldbeträge einfach in eine ferne Zukunft hineinzuversetzen, als ob es keine Inflationsraten gäbe, ist ein alter Bekannter: Sie kennen ihn bereits aus den Kapiteln »Absolut Spitze oder relativ egal?« und »Stiftung Warentest im Renditerausch«. Wenn Anlageberater oder Versicherungsmakler Ihnen sagen: »So haben Sie in 30 Jahren mit einem Schlag 50 000 Euro zur Verfügung«, dann ist es an der Zeit zu fragen: Nominal oder real? Wurde der Wertverlust durch die zu erwartenden Inflationsraten abgezogen (das wäre real) oder nicht (das ist nominal)? Anders als viele privaten Vermittler gibt Ihnen die gesetzliche Rentenversicherung in ihren Rentenvorausberechnungen immer auch Hinweise darauf, wie Sie den späteren realen Wert Ihrer Rente abschätzen können. Wenn Leute, die auf Ihre monatlichen Versicherungsbeiträge versessen sind, das nicht tun und versuchen, Sie mit großen nominalen Beträgen zu locken, die eine ferne Zukunft angeblich für Sie bereithält, dann ist das eine eigennützige Lüge. Andererseits ist, etwa bei Journalisten, auch viel geistige Trägheit im Spiel – man kennt es kaum anders, also bezweifelt man es nicht … Wenn ausgewiesene Finanztester das machen, wie wir im Kapitel »Stiftung Warentest im Renditerausch« aufgezeigt haben, dann tippen wir doch eher auf eine (für die Versicherungswirtschaft) nützliche Lüge als auf geistige Trägheit.

Den gleichen Fehler kennen viele Jugendliche, Studentinnen und Studenten aber auch aus dem familiären Streitgespräch, etwa wenn der Vater seinem Sohn die Unterstützung kürzen will mit der Begründung: »Als ich so alt war wie du, bin ich mit 700 DM, also 350 Euro, im Monat ausgekommen.«[5] Wir raten den betroffenen Söhnen und Töchtern: Eignet euch die Methode der Zinseszinsrechnung an; dann braucht ihr noch eine durchschnittliche jährliche Inflationsrate – sie betrug in Westdeutschland 1980 bis 2008 knapp 2,3 Prozent[6] –, dann könnt ihr sauber ausrechnen, wie viel die 700 DM aus der Studentenzeit des Vaters heute real (also bei heutigen Mieten und Preisen) wert wären.

4. Gefälschte Rentenprognosen

In den Kapiteln »Die Magie der Prognose« und »Stiftung Warentest im Renditerausch« haben wir bereits ein erstes Licht auf die Schar der Dunkelmänner geworfen (Frauen haben wir dort bislang nicht entdeckt), die sich im Umfeld des Themas Rente tummeln. Wenn Finanztester der *Stiftung Warentest* die aus der Vergangenheit bekannten Renditen einiger Geldanlagen einfach in die Zukunft hinein fortschreiben, als ob sie wüssten, welche Anlagen in Zukunft besonders renditeträchtig sein werden, dann kann man das vielleicht mit einer weit verbreiteten Dummheit erklären, die Menschen im Anblick der Börse überfällt.[7] Jeder einzelne Fehler in dem untersuchten Beitrag könnte, für sich genommen, auf Dummheit oder geistiger Trägheit beruhen. Ein Kellner mag sich aus Dummheit mehrmals hintereinander verrechnen. Wenn aber alle seine Rechenfehler zu Ungunsten der Gäste ausfallen, dann muss man wohl doch eher von Bosheit ausgehen.[8]

Wie auf Seite 141 ausführlich beschrieben, haben der Sozialwissenschaftler *Meinhard Miegel* und die Bild-Zeitung 2006 mit einem Prognose-Automaten im Internet versucht, die gesetzliche Rentenversicherung in Misskredit zu bringen, um das Geschäft privater Rentenversicherer anzukurbeln. Der Automat tat so, als wüssten Miegel und Bild heute schon, wie viel Geld die Menschen in den nächsten gut hundert Jahren verdienen, wie viel davon in die Rentenkassen fließt, wie lange sie arbeiten, wie lange sie leben werden und so weiter. Wer steckt hinter diesem Spiel mit offensichtlich gezinkten Karten?

Die viel zitierten »Renten-Experten« Miegel, Bert Rürup und Bernd Raffelhüschen sowie der Volkswirtschaftler Hans-Werner Sinn traten 2006 auf einem Forum der Heidelberger MLP AG auf, die vor allem Akademiker mit privaten Rentenversicherungen und Vermögensanlagen versorgt. Dort diskutierten die vier mit den anwesenden MLP-Kunden darüber, welche Konsequenzen der Umbau des Sozialsystems für ihre persönliche Lebenssituation haben wird.[9] Die Allianz AG motivierte ihren Außendienst im August 2005 mit der Information, dass die Bild-Zeitung ihre Argumentation bei den Kunden redaktionell unterstützen werde.[10] Gleichzeitig propagierten bild.de, T-Online und die Allianz AG gemeinsam auf allen Kanälen eine sogenannte »Volks-Rente«, das heißt eine private Riester-Rente als Alternative zur gesetzlichen Rente.[11]

Miegel war 1997 bis 2006 wissenschaftlicher Berater des Deutschen Instituts für Altersvorsorge, hinter dem wiederum die Deutsche Bank steckt, und sitzt seit 2003 im Konzernbeirat des Kölner Versicherungskonzerns AXA.[12] Sein Freund *Bert*

Rürup wurde 2009 nach seinem politischen Einsatz für die private Altersvorsorge Chefökonom des umstrittenen Hannoveraner Finanzdienstleisters AWD und gründete Ende 2009 gemeinsam mit dem AWD-Gründer Carsten Maschmeyer die Beratungsfirma MaschmeyerRürup AG. Maschmeyer hatte Rürups politische Vorarbeit im Juni 2005 in der netzeitung begeistert gefeiert: Nach der Verlagerung von der staatlichen zur privaten Altersvorsorge stehe die Finanzdienstleistungsbranche »vor dem größten Boom, den sie je erlebt hat… Sie ist ein Wachstumsmarkt über Jahrzehnte… Es ist jedoch so, als wenn wir auf einer Ölquelle sitzen. Sie ist angebohrt, sie ist riesig groß, und sie wird sprudeln.«[13] Was da sprudelt, wohlgemerkt, sind die monatlichen Beiträge, die Millionen von Kunden in private Rentenversicherungen und Vermögensanlagen einzahlen.

Bernd Raffelhüschen ist ein viel beschäftigter Mann. Neben seiner wissenschaftlichen Tätigkeit an der Universität Freiburg, seiner »unabhängigen« Beratertätigkeit für diverse Regierungen sowie die EU-Kommission ist er Aufsichtsratsmitglied der ERGO-Versicherungsgruppe, wissenschaftlicher Berater der Victoria-Versicherung und einer der eifrigsten Vortragsreisenden der erwähnten Heidelberger MLP AG.[14] Raffelhüschen verplapperte sich am 16. März 2006 in einer *Monitor*-Sendung. Zuvor hatten die meisten Medien berichtet, nach Meinung von Experten (nämlich Raffelhüschens) werde es bei der gesetzlichen Rente in Zukunft nur noch Nullrunden geben. Der Zitierte gab zu, dass das eine Falschmeldung war, weil die Medien eine wichtige Bedingung dieser Prognose verschwiegen hatten, und zwar die, dass es auch keine wesentlichen Lohnerhöhungen mehr geben werde. Raffelhüschen kommentierte die Falschmeldung wie folgt: »… die

Kampagne hat natürlich eine gewisse Aufmerksamkeit für private Altersvorsorge … geweckt und genau das ist das, was wir brauchen.« Als WDR-Reporter Kim Otto sinngemäß nachfragte, ob Raffelhüschen mit diesem »wir« die Versicherungen gemeint habe, die ihn neben seinem Professorengehalt finanzieren, kam der sonst so mediengewohnte Wuschelkopf übel ins Stottern.[15]

Alle diese Herren sind also leicht als eigennützige Lügner zu entlarven. Die Krönung der Kampagne blieb allerdings einem Mann vorbehalten, den offenbar andere Motive antreiben: *Hans-Werner Sinn*, Leiter des Münchener Ifo-Instituts, forderte im Mai 2008 allen Ernstes eine gesetzliche Pflicht zum Abschluss von privaten Riester-Rentenverträgen. Der Staat sollte nach Meinung des »liberalen Ökonomen« Sinn also den Versicherungskonzernen bislang unwillige Nichtkunden zwangsweise als Kunden zuführen.[16]

5. Verlogene Momentaufnahmen

»Was kümmert uns die Vergangenheit? Wenden wir uns lieber der Zukunft zu!« Wer so denkt, fällt leicht auf Lügner herein, die dadurch ein falsches Bild von der Wirklichkeit erzeugen, dass sie die Vorgeschichte (und manchmal auch die überraschende Nachgeschichte) einer bestimmten Situation verschweigen. Die britische Tageszeitung The Guardian warb Mitte der 1990er-Jahre mit einem preisgekrönten Fernsehspot für ihre (angeblich) soliden Recherchen. Man sah in einer kurzen Szene, wie ein junger Mann auf einem Bürgersteig plötzlich heftig eine alte Frau anrempelte – und dachte sich: alles klar, ein Rowdy oder ein Handtaschenräuber. Doch der Guardian wollte es genauer wissen. Ergebnis: Die gleiche Szene wiederholt sich, dauert jetzt aber zwei Sekunden länger: ein abstürzendes Vordach kracht knapp hinter den beiden zu Boden. Der junge Mann hatte der alten Frau das Leben gerettet, indem er sie aus der Gefahrenzone gestoßen hatte.

2010 veröffentlichte der amerikanische Konservative Andrew Breitbart im Internet ein Video, in dem die afroamerikanische Ministerialbeamtin Shirley Sherrod zugab, dass sie sich einmal geweigert habe, einem armen weißen Farmer zu helfen. Sofort brach eine Kampagne los, und man zwang die vermeintlich antiweiße »Rassistin« zum Rücktritt. Erst später wurde die ganze Passage ihrer Rede bekannt: Die Beamtin hatte nachdenklich und selbstkritisch darüber gesprochen, welche inneren Schwierigkeiten sie 1986 zunächst gehabt hatte, einem weißen Farmer zu helfen. Sie hatte dann aber ihre spontane Reaktion, die dem tief sitzenden Schwarz-Weiß-Denken verhaftet war, überdacht. Dabei war ihr schnell klargeworden, dass sie armen Menschen unabhängig von ihrer Hautfarbe helfen musste; und sie hatte ihren Fehler selber, aus eigener Einsicht, korrigiert.[17] Wer wie Breitbart aus einer längeren Äußerung, in der jemand seine eigene Entwicklung schildert, nur den schlechten Teil der Entwicklung herausstellt, um die Person bloßzustellen, begeht eine schwere Verleumdung mit eindeutiger politischer Absicht. Die Methode ist deshalb besonders infam, weil Breitbart ausgerechnet eine Selbstkritik von Sherrod ausgenutzt hat, um ihre Äußerung ins Gegenteil zu verfälschen.

Solche individuellen Entwicklungsgeschichten sind schwer auf gesellschaftliche Entwicklungen zu übertragen. Dennoch sehen wir eine Parallele, wenn Demografie-Experten wie Herwig Birg und Journalisten wie Frank Schirrmacher, wie im

Kapitel »Die Magie der Prognose« gezeigt, eine Entwicklung unserer Zeit in die Zukunft hinein verlängern und eine Katastrophe prophezeien für den Fall, dass der Altenquotient (die Anzahl älterer Menschen im Verhältnis zu 100 Menschen im erwerbsfähigen Alter) in Deutschland bis 2050 von derzeit 34 auf 65 steigen sollte. Denn sie verschweigen, dass der Altenquotient von 1950 bis heute sich ebenfalls verdoppelt hat (von 17 auf 34), ohne eine Katastrophe auszulösen. Ohne historische Vergleiche sind solche umfassenden gesellschaftlichen Entwicklungen und ihre Konsequenzen unseres Erachtens nicht realistisch einzuschätzen.

6. Seniorenrepublik Brandenburg

»Im Osten droht extreme Alterung – Studie: 2050 in Brandenburg 90 Prozent Rentner« – so oder ähnlich titelte auch die angeblich seriöse deutsche Presse im Juli 2009, darunter die Frankfurter Allgemeine Zeitung.[18] Stellen Sie sich das bitte plastisch vor: Auf einem ganz normalen Marktplatz, einer normalen Einkaufsstraße sind samstags 100 Menschen unterwegs; davon sind 90 Rentner, 2 Kinder und 8 jüngere Erwachsene. Auf einen jüngeren Erwachsenen kommen über 11 Rentner. Und so ist das überall in Brandenburg, nicht nur in den Seniorenheimen. Wer erzieht dann noch Kinder, backt Brötchen, hält Häuser instand, erledigt die Verwaltung? So eine Gesellschaft kann es niemals geben! Diese Vorstellung ist so grotesk, dass wir von einem Fall hochgradiger Dummheit ausgehen und gar keine bösen Absichten mehr unterstellen.

Wie kam es zu dieser Horrormeldung? Der »Sachverständigenrat zur Begutachtung der Entwicklung im Gesundheitswesen« hatte im Rahmen einer Langzeitprognose (siehe dazu das Kapitel »Die Magie der Prognose«) für Brandenburg im Jahr 2050 einen Altenquotienten von 90 angenommen. Das bedeutet: Auf 100 Menschen im erwerbsfähigen Alter kommen 90 Senioren. Selbst unter der unrealistischen Annahme, dass es 2050 in Brandenburg kein einziges Kind mehr gibt, wäre der Anteil der Senioren an der Bevölkerung dann 90 von 190, also 47 Prozent. Das wäre nicht schön, aber ewig weit von den behaupteten 90 Prozent entfernt!

In den uns vorliegenden Artikeln waren jeweils »Fachleute« der Redaktionen für die Meldung verantwortlich. Aber selbst, wenn sie die Meldung von irgendjemandem abgeschrieben haben, was können wir denen in Zukunft noch glauben? Dass sie geistige Opfer ihrer eigenen Negativberichterstattung sind, gerne. Und dass sie kein Gefühl für Zahlen und Größenverhältnisse haben, da sind wir uns sicher.

7. Der geschönte Cholesterinsenker

Mitte der 1990er-Jahre steuerte in den USA die Angst vor den Wirkungen der Fettleibigkeit auf ihren Höhepunkt zu. Der Cholesterinwert galt als die größte Gefahr. Und da es leichter ist, Tabletten zu schlucken, als Ernährungsgewohnheiten zu ändern, hatte die Pharmaindustrie eine neue Marktlücke – natürlich nur zum Wohl der Menschen. Cholesterinsenker wurden verbessert, getestet und werbewirksam auf den Markt gebracht. Mit einer Grafik warben die Hersteller für Cholesterinsenker, die mit dem Cholesterinspiegel auch das Herzinfarktrisiko absenken sollen:

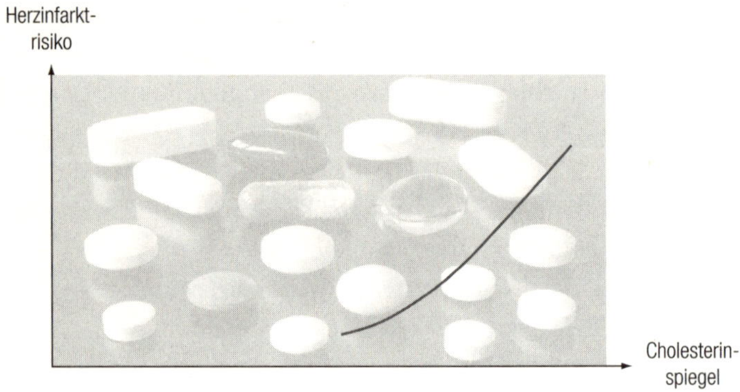

Werbung für Cholesterinsenker aus den 1990er-Jahren (vereinfacht nachgebildet)

Das war angeblich das eindeutige Ergebnis von 22 unabhängigen Studien. Wer sollte da noch misstrauisch sein? Das Geschäft lief.

Hagen Kühn, ein befreundeter Berliner Gesundheitswissenschaftler, war der Mann, der misstrauisch blieb.

Er besorgte sich die 22 Studien und schaute genauer hin.

Ja, die oben dargestellte Kurve konnte man tatsächlich aus den Daten ableiten. Aber sie verschwieg zwei wichtige Teile der Wahrheit:

a) Der Zusammenhang zwischen Cholesterin und Herzinfarkt lässt sich auch für kleinere Cholesterinwerte darstellen; aber da sieht die Sache ganz anders aus: Werden niedrige Cholesterinwerte durch Cholesterinsenker noch weiter abgesenkt, steigt die Herzinfarktgefahr wieder. Vollständig hat die Kurve eher die Gestalt eines U:

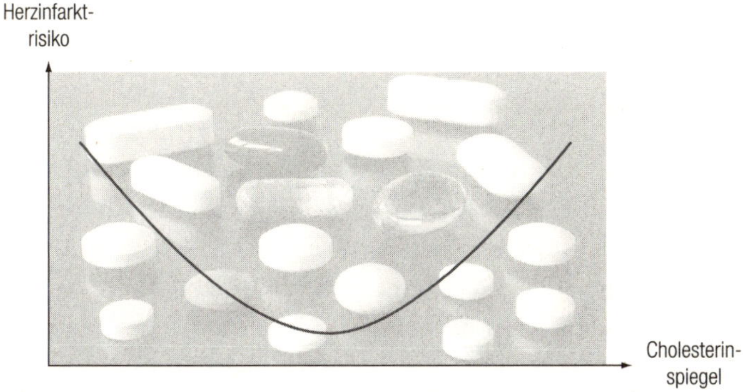

Die vollständige Kurve: Auch niedrige Cholesterinwerte bilden eine Gefahr.

b) Im Vergleich zwischen Versuchs- und Kontrollgruppe – die einen hatten Cholesterinsenker, die anderen Placebos eingenommen – ergab sich zwar, dass die Patienten mit Cholesterinsenker weniger oft an Herzinfarkt starben. Doch insgesamt starben sie sogar öfter als die Mitglieder der Kontrollgruppe – etwa durch Selbstmorde oder Autounfälle.

Zur Förderung des Absatzes hatte man also wesentliche Informationen verschwiegen, die in manchen Fällen tödlich gewesen sein können. Hier waren eindeutig eigennützige Lügner am Werk.

8. Der frisierte Kraftstoffverbrauch

Deutsche Autohersteller haben Schwierigkeiten mit der EU-Vorgabe, dass Neuwagen im Schnitt nur noch 130 Gramm Kohlendioxid pro Kilometer ausstoßen sollen. Und Schwierigkeiten mit Kunden, die beim Kauf auf den Kraftstoffverbrauch achten. Doch es hilft ihnen ein seit 1996 in der EU übliches Testverfahren, das den Kraftstoffverbrauch eines Autos durch unrealistische technische Bedingungen nach unten drückt: Die Motoren laufen auf dem Prüfstand bei idealen Temperaturen, bei ausgeschalteten Stromverbrauchern und bei gleichmäßiger Geschwindigkeit. Als Gewicht des Autos gilt stets das kleinstmögliche ohne jegliche Extras. Unter solchen Bedingungen verbraucht ein VW Tiguan mit 1,4-TSI-Motor nur 8,3 Liter Super pro 100 Kilometer. Automarktexperte Ferdinand Dudenhöffer und die Ökowissenschaftlerin Eva Maria John vom Ökoglobe-Institut (Duisburg/Essen) schickten das gleiche Auto unter realistischen Bedingungen, die eine wirkliche Fahrt simulieren, auf den Prüfstand und ermittelten so einen Verbrauch von 13,4 Litern, also fast 60 Prozent mehr als von VW angegeben. Im Durchschnitt der Autotypen lag der Mehrverbrauch bei 27 Prozent über der Herstellerangabe.[19]

Das Spielchen, mit dem die Firma Porsche es schaffen will, dass einer ihrer fetten Schein-Geländewagen in eine »klimafreundlichere« Klasse eingestuft wird als der Kleinwagen Smart, haben wir auf Seite 169f. dargelegt. Wer von dem Dogma nicht lassen kann, dass der jeweils neueste Wagentyp auch stets der schwerste, stärkste und schnellste sein muss, wird sich in Zeiten des Klimawandels und schrumpfender Ölreserven noch viele raffinierte Lügen einfallen lassen müssen.

9. Melkkühe der Nation? Natürlich die Autofahrer!

Schon seit vielen Jahren verbreitet der ADAC die Ansicht, dass jeder Autofahrer mit seinen Steuern mehr in den Staat »einzahle«, als er von dort in Form von Straßen und so weiter zurückbekomme. Eine vom ADAC finanzierte Studie des Deutschen Instituts für Wirtschaftsforschung (DIW) kam Anfang 2010 zu dem Ergebnis, für jeden Euro an Infrastrukturkosten, den die Autofahrer verursachten, flössen 4,20 Euro an Abgaben an den Staat zurück.[20]

Das DIW hatte in seiner Rechnung aber die sogenannten externen Kosten des Autoverkehrs nicht berücksichtigt: etwa Umwelt- und Klimafolgen des Autoverkehrs, Staukosten, die Folgekosten von Unfällen und Lärmbelastung. Das stellte der Bund für Umwelt und Naturschutz (BUND) fest; das gab aber auch das DIW selber zu, mit der Begründung, der externe Nutzen des Autoverkehrs (also der Effekt, dass Menschen und Güter per Auto oder Lkw mehr oder weniger schnell den Ort wechseln) werde ja auch nicht berücksichtigt. Da ist zwar etwas dran, und beides, externe Kosten wie externer Nutzen, sind Größen, die man schwer abgrenzen und kaum vollständig erfassen kann. Aber zumindest, was das Verhältnis zwischen Autofahrer und Staat betrifft, müssen in einer seriösen Rechnung Schäden, die direkt auf den Autoverkehr zurückgehen und die vom Staat getragen werden, natürlich auftauchen.

10. Die Lebensverlängerer

Private Lebens- und Rentenversicherungen haben es schwer. Da ihre Klientel eher besser betucht ist, und da Gutverdiener im Durchschnitt länger leben als der Rest der Bevölkerung, können sie nicht die amtlichen Sterbetafeln für ihre Kalkulationen benutzen, sondern müssen eigene Sterbetafeln entwickeln.

Was das ARD-Wirtschaftsmagazin *Plusminus* im Oktober 2008 dazu ermittelt hat, mutet allerdings sonderbar an. Die damaligen Sterbetafeln des Statistischen Bundesamts ergaben für einen 35-jährigen Mann ein durchschnittliches Sterbealter von 82 Jahren. Die privaten Rentenversicherer kommen auf 92 Jahre. Die Folge in einem durchgerechneten Modellfall: Die eingezahlten Beiträge reichen nur für 205 Euro Rente pro Monat, statt 270 Euro bei der Lebenserwartung der Normalbürger. Umgekehrt bei Risiko-Lebensversicherungen: Hier verkürzen die Versicherungen in ihren Sterbetafeln die Lebenserwartung (die des 35-jährigen Mannes zum Beispiel auf 73 Jahre) mit der Folge, dass der Versicherte eine höhere Prämie zahlen muss. Wir haben die Fakten von *Plusminus* nicht im Einzelnen nachgeprüft, wissen aber aus der Praxis, dass die Richtung des Beitrags stimmt. Lebenserwartungen werden also je nach Bedarf groß oder klein gerechnet.

Der Kölner Demograf Eckart Bomsdorf drängelte sich im Juni 2010 mit der Prognose in die Öffentlichkeit: »Jedes vierte Mädchen, das heute geboren wird, wird 100 Jahre alt.«[21] In Wirklichkeit kann niemand wissen, wie alt ein neugeborenes Kind werden wird. Wie alt Menschen werden, weiß man immer erst dann, wenn sie gestorben sind. Solche Prognosen beruhen auf den Daten von gerade Gestorben; also von Leuten, die meist 70, 80 oder 90 Jahre alt sind und um 1940, 1930 oder 1920 geboren wurden. Bomsdorf gab gegenüber der Presse deswegen zu, dass niemand mit hundertprozentiger Sicherheit sagen könne, ob Neugeborene wirklich so alt würden.

Seriös wäre gewesen zuzugeben, dass das auch niemand mit siebzigprozentiger Sicherheit voraussagen kann, da wir nun einmal nicht wissen, was besagtes neugeborenes Mädchen in seinem Leben erleben wird. Bomsdorfs wackelige Hochrechnungen unterstellen ein anhaltend starkes Wachstum der Lebenserwartung und übersehen, dass diese Entwicklung schon heute an diverse Grenzen stößt:

- Es gibt keine wesentlichen Verbesserungen der Ernährung mehr, stattdessen sogar Verschlechterungen;
- Bewegungsarmut und Übergewicht, gepaart mit Diabetes und Herzkreislaufproblemen;
- problematische Umwelteinflüsse;
- Mehrfacherkrankungen (Multimorbidität) im Alter;
- Stagnation oder sogar Verlust sozialer Standards in vielen Bevölkerungsgruppen.[22]

Doch um solche Details des wirklichen Lebens ging es Bomsdorf vielleicht gar nicht so sehr. »Diese Zahlen verdeutlichen, dass die höhere Lebenserwartung zu einer großen Belastung der Sozialsysteme führen wird (…), Beitragserhöhungen sind langfristig unvermeidbar«, so wurde er zitiert.[23] Der Zeitungsartikel fasst zusammen: »Langfristig hält Bomsdorf ein höheres Renteneintrittsalter als 67 für erforderlich.« Sollten seine wackeligen Vorhersagen bis zum Jahr 2110 wohl wieder einmal das bekannte Lied des Sozialabbaus begleiten?

11. Potemkinsche Dörfer in der Bildungspolitik

Der russische Militärreformer Graf Grigori Potemkin hat einer Legende zufolge 1787 bei einer Inspektionsreise der Zarin Katharina II. auf der Krim entlang der Wegstrecke Dörfer aus bemalten Kulissen zum Schein errichten lassen, um eine rege Besiedlung und ackerbauliche Tätigkeit in der Gegend vorzutäuschen. So entstand der Begriff »potemkinsche Dörfer« für die Vorspiegelung falscher Tatsachen.

Ende 2009 hatten die Finanzminister der deutschen Bundesländer ein Problem: Deutschland will im Rahmen der Lissabon-Strategie (Aufbau einer Wissensgesellschaft) bis 2015 mindestens 10 Prozent seines Bruttoinlandsprodukts für Bildung und Forschung ausgeben. Wie soll das aber finanziert werden, ohne deutsche Unternehmer oder Reiche dafür zur Kasse zu bitten oder die Mehrwertsteuer erneut anzuheben? Sie ahnen es schon: *Kreative Buchhaltung* ist gefragt. Entsprechende Forderungen und Vorschläge trieben selbst Bayerns Kultusminister Ludwig Spaenle (CSU) die Zornesröte ins Gesicht: »Ich war platt, als ich die neuen Berechnungen der Finanzminister zu den Bildungsausgaben sah.«[24] Zwei Beispiele: Fiktive Sozialausgaben für ehemalige Beamte aus dem Bildungsbereich sollen in Zukunft neu als Bildungsausgaben zählen. Auch sogenannte kalkulatorische Überlassungskosten für Schul- und Hochschulgrundstücke in Höhe von mindestens 10 Milliarden Euro sollen plötzlich mitgerechnet werden. Ein hoher Beamter eines Kultusministeriums kommentierte das sarkastisch: »Wenn die Finanzminister weiter so rechnen, werden wir beim dritten Bildungsgipfel am 10. Juni 2010 gar noch Geld für Bildung und Forschung wieder abgeben müssen – weil das Zehn-Prozent-Ziel schon übererfüllt ist –, wenn auch nur in der Statistik.«

Die Forscherin Cornelia Heintze hat noch weitere Vorschläge dieser Art bei deutschen Finanzministern, Bildungsplanern und dem Statistischen Bundesamt entdeckt:[25] Sie überlegen, auch die Lebenshaltungskosten der Schüler, den abgesenkten Mehrwertsteuersatz auf Bücher (als Steuersubvention) sowie den Umsatz von privaten Fahrschulen, Musik- und Tanzschulen mitzurechnen. Und ein Teil dieser Überlegungen stand Mitte 2010 vor der Umsetzung!

Wie passen diese Manipulationen in unser Bewertungsschema? Da die Finanzminister keine Nutznießer ihrer Schaurechnungen sind, müssen wir vielleicht von Notlügen sprechen. Nutznießer sind die heiligen deutschen Steuerzahler – oder auch Steuernichtzahler wie Vermögensbesitzer, die von einer Vermögensteuer verschont bleiben, mit der man wirkliche und wirksame Erhöhungen der Bildungsausgaben finanzieren könnte.

12. Die schwarz-roten Zahlen der Deutschen Bahn

Ein ähnlicher Coup ist der Deutschen Bahn im Verlauf der 1990er-Jahre gelungen: Sie hat es geschafft, das, was man früher die »roten Zahlen« der Bahn genannt hat, in Gewinne zu verwandeln. Wie konnte das geschehen? In jener grauen Vorzeit, als die Bahn noch eine Behörde war und man in Klein- und Vorstadtbahnhöfen seinen Fahrschein bei einem Mitarbeiter kaufte, der hinter einem Schalter saß, kostete das Betreiben eines Nahverkehrszugs deutlich mehr, als durch den Verkauf der Fahrscheine wieder hereinkam. Deshalb schrieb die Bahn rote Zahlen, und der Staat finanzierte das Defizit; denn die Transportleistung der Bahn galt als gesellschaftlich unverzichtbare Aufgabe. Seit 1994 ist die Bahn eine Aktiengesellschaft, also eine Art Privatunternehmen, und deshalb ist alles anders: Der Nahverkehrszug heißt jetzt Regionalexpress, und der Betrieb eines Regionalexpresses kostet (trotz des dramatischen Personalabbaus bei der Bahn) immer noch deutlich mehr, als durch den Verkauf der Fahrscheine wieder hereinkommt. Diese Kosten übernimmt nach wie vor der Staat; genauer gesagt sind es die Bundesländer. Die Bahn aber schreibt Gewinne, weil jetzt die Bundesländer als Kunden der Bahn auftreten und die Regionalverkehrsleistungen bei der Bahn bestellen und bezahlen. Merke: Es wird nicht immer alles dadurch besser, dass man zum Kunden erklärt wird.

Immerhin deutet diese Kreativität auf eine gewisse Geschäftstüchtigkeit der Deutschen Bahn AG hin, und auch auf dem internationalen Parkett gebärdet sie sich schon seit Jahren wie ein richtiger Konzern. Wenn es aber darum geht, ihre Aktien an der Börse zu veräußern, wie es die Bundesregierung seit 2007 vorhat, dann tut der Bahnvorstand plötzlich Dinge, für die andere Manager sofort entlassen werden müssten: Sie rechnet den Realwert ihrer gesamten Anlagen und Immobilien, den einige Experten auf 100 bis 180 Milliarden Euro einschätzen, auf rund ein Zehntel dieser Summe klein.[26]

An dieser Stelle vermuten wir eine bösartig-destruktive Einstellung der verantwortlichen Minister gegenüber dem ihnen anvertrauten Volksvermögen, zum Wohl der zukünftigen Aktionäre; vielleicht gepaart mit einer guten Portion Dummheit, die mit Dogmen wie dem der Privatisierungspolitik einherzugehen pflegt.

13. Politische Zahlen

Als ich beim Statistischen Bundesamt tätig war, hatte ich auch einmal die damalige Bundestagspräsidentin Rita Süssmuth am Apparat. Sie wünschte sich von uns »Zahlen für die Ausbildung von Mädchen in traditionellen Männerberufen«. Ich fragte zurück: »Meinen Sie vielleicht Zahlen *über* die Ausbildung von Mädchen in solchen Berufen?« Nein, sagte sie, hörbar lächelnd; sie wollte auf jeden Fall Zahlen *für* die Ausbildung von Mädchen, also Zahlen, die sie bei Firmenbesuchen einsetzen konnte, um für die Einstellung von Mädchen als Auszubildende zu werben. Das Charmante an dieser Begegnung mit unserem Fall »Schummeln für eine gute Sache« war die durchaus selbstkritische Offenheit, mit der das geschah. Frau Süssmuth wusste, dass sie der »Wahrheit« auf die Sprünge half, Zahlen aus dem Zusammenhang riss und instrumentalisierte, um ihr politisches Ziel, eine stärkere qualifizierte Berufstätigkeit von Frauen, zu unterstützen – und sie stand dazu.

Einen ähnlichen, allerdings weniger charmanten Fall haben wir auf Seite 78 erwähnt: Es ging um jenen Experten vom Institut für Arbeitsmarkt- und Berufsforschung, der zugab, die angemessene Grafik zum Anteil der Jugendlichen an der Gesamtbevölkerung deshalb nicht verwendet zu haben, weil dessen Rückgang nicht dramatisch genug wirke. Wobei wir hier keine gute Sache erkennen können, die eine Schummelei vielleicht rechtfertigen könnte.

In diese Reihe gehört auch der auf Seite 17 erwähnte Ministerpräsident »Yang«, der »vergessen« hatte, von seinen 2200 neu eingestellten Lehrern die im gleichen Zeitraum ausgeschiedenen Lehrer abzuziehen (wobei eine negative Zahl entstanden wäre). Oder jener Kölner CDU-Politiker, der um 1992 unbedingt Angst vor Asylbewerbern schüren wollte und zu diesem Zweck aus einer bundesweiten Asylbewerbertabelle ausgerechnet die Nationalitäten herausgriff, die besonders stark zugenommen hatten. Als ich ihn in der Diskussion darauf hinwies, dass die Gesamtzahl der Asylbewerber in Wirklichkeit zurückgegangen war und dass ich ihm gerne die entsprechenden Zahlen überlassen könne, sagte er nur: »Nein danke, ich habe hier schon die Zahlen, die ich brauche.«

14. Die Reichrechner

Es war einmal ein bitter armes Land. Alle Menschen lebten in schrecklicher Not, und am schlimmsten hatte es die Reichen des Landes getroffen. Eine Gruppe aber gab es in dem Land, die lebte in Saus und Braus: Das waren die Armen. Für Arbeitslose, Hartz-IV-Empfänger und allein erziehende Mütter war jenes Land das reinste Schlaraffenland. Die lagen den ganzen Tag auf der faulen Haut und ließen sich die gebratenen Tauben ins Maul stopfen…

Dieses Märchen wird uns in Deutschland, Österreich, der Schweiz, aber auch in Großbritannien und den USA immer wieder gerne erzählt. Vier der Märchenonkel haben wir Ihnen im Kapitel »Die bösen Armen« vorgestellt: Roland Koch (CDU), Guido Westerwelle (FDP) sowie Rainer Hank und Georg Meck von der Frankfurter Allgemeinen Sonntagszeitung. Wenn sie mit Zahlen »belegen« wollen, dass Hartz-IV-Empfänger mehr Geld im Portemonnaie hätten als »normale« Arbeiter und Angestellte, greifen sie zu allerlei Tricks:

- Sie unterschlagen die Tatsache, dass man einen höheren Lohnabstand zwischen Hartz-IV-Leistungen und unteren Lohngruppen auch durch Lohnerhöhungen oder durch Mindestlöhne herstellen könnte.
- Sie vertauschen Ursache und Wirkung, wenn sie suggerieren, die Hartz-IV-Sätze seien über das Niveau der unteren

Lohngruppen gestiegen. In Wirklichkeit war es umgekehrt: Viele Niedriglöhne sind unter das fast stagnierende Hartz-IV-Niveau gesunken.

- Sie verschweigen in ihrer Rechnung Sozialleistungen, die Beschäftigten mit geringen Löhnen zustehen.
- Sie erzeugen künstlich riesige Geldsummen, indem sie monatliche Leistungen über Jahrzehnte hinweg aufaddieren, auch wenn der Rechnung überhaupt keine realistische Modellbiografie zugrunde liegt.
- Sie greifen eine Modell-Kostenrechnung, die sich auf ein fiktives Kind einer allein erziehenden Mutter bezieht, das in einem fünfzigjährigen Leben in jeder Beziehung gescheitert ist, aus dem Zusammenhang und behaupten: So viel kostet eine »normale« allein erziehende Mutter den Steuerzahler.

Diese Fälschungen haben nach unserer Einschätzung den Zweck, Menschen ins Unrecht zu setzen, die das Prinzip der Solidarität in der Gesellschaft verteidigen, soziale Spannungen zwischen unterschiedlichen benachteiligten Gruppen zu verschärfen und vom rasant wachsenden Reichtum einer kleinen gesellschaftlichen Elite abzulenken. Deshalb stufen wir sie als bösartige und eigennützige Lügen ein.

15. Nur eine tote Statistik ist eine gute Statistik

Bevor Sie auf die Idee kommen, Statistiker generell für Pferdediebe zu halten, wollen wir auf Probleme eingehen, die dadurch entstehen, dass es *keine* Statistiken (mehr) gibt. In der Zeit um das Jahr 2005 wurde es in Deutschland und der Schweiz Mode, Bürokratie abzubauen, und als Bürokratie galten plötzlich auch gewisse statistische Meldepflichten der Unternehmen. 2005 stellte das deutsche Statistische Bundesamt unter anderem mehrere Statistiken im Umweltbereich ein.[27] Nicht mehr zentral erfasst werden seitdem

- die Verwertung von Kunststoffen, Altglas, Altpapier und Bauschutt
- Wasserversorgung und Abwasserbeseitigung in der Landwirtschaft
- die Trinkwasserbeschaffenheit
- Luftverunreinigungen
- die Zusammensetzung betrieblicher Investitionen für den Umweltschutz.

Zum letzten Punkt: Die Bundesregierung weiß seither nicht mehr, in welchen Bereichen des Umweltschutzes es ausreichende Investitionen von Unternehmen gibt und in welchen Bereichen nicht – wo also ersatzweise der Staat tätig werden muss. Solche Beschlüsse zeugen von akuter Dummheit, die sich voraussichtlich potenziert. Während alle Welt über die Wissensgesellschaft schwadroniert, wächst die Inkompetenz des Staates in der Zukunft schon allein durch fehlende statistische Daten.

Zuweilen lässt der gesellschaftliche Wandel ganze Bereiche der Volkswirtschaft entstehen, die bislang nur grob und sporadisch statistisch erfasst werden. Das betrifft zum Beispiel den Handel und das weite Feld der Dienstleistungsbranchen, auf denen über 70 Prozent der deutschen Arbeitsplätze angesiedelt sind und über 70 Prozent der Wertschöpfung erzielt wird (beides mit steigender Tendenz).[28]

Trotz der überragenden volkswirtschaftlichen Bedeutung dieser Branchen existieren keine oder fast keine Daten über

Umsätze und Beschäftigtenzahlen auf regionaler Ebene (also unterhalb der Länderebene). Selbst auf Bundesebene wird kaum erfasst, was deutsche Dienstleistungsunternehmen eigentlich produzieren und wen sie beliefern. Ganz anders in der Industrie: Dort gibt es schon seit langer Zeit umfangreiche Statistiken – auch über die regionale Größenordnung der Branchen oder über typische Produkte.[29]

Eine Folge davon ist, dass Medien und Industrie- und Handelskammern oft ein verzerrtes Bild von der Wirtschaftsstruktur ihrer Region entwerfen, wenn sie zum Beispiel Daten über die Größenverhältnisse verschiedener Branchen veröffentlichen. Solche Vergleiche neigen dazu, Wirtschaft mit Industrie gleichzusetzen und den größeren Teil der Wirtschaft auszublenden. Ein Beispiel:

Im Juni 2010 meldete die Neue Westfälische, im IHK-Bezirk Bielefeld habe die Nahrungsmittelindustrie erstmals die Maschinenbauindustrie überholt und sei jetzt Umsatzträger Nummer eins. Der gesamte Dienstleistungssektor kommt in dem Artikel und der zitierten Rangfolge nicht vor, obwohl in der Einleitung ausdrücklich vom gesamten IHK-Bezirk gesprochen wird und nicht etwa nur vom verarbeitenden Gewerbe. Wie groß ist der Umsatz des Einzelhandels, der Medienbranche oder der Gesundheitswirtschaft im Kammerbezirk? Die Ostwestfalen erfahren es nicht.[30]

Diese Art von Verwirrung herrscht zuweilen auch auf Bundesebene. So meldete die Agentur Reuters im November 2009: »Industrie als Wachstumstreiber«. Als Beleg diente die Tatsache, dass die deutsche Industrie im September 2009 ihre Produktion gegenüber dem Vormonat um 2,7 Prozent »und damit fast dreimal so stark wie erwartet« gesteigert habe. Sind die Dienstleistungssektoren weniger schnell gewachsen? Darüber erfahren wir in der Meldung nichts. Die Meldung setzt das, was sie in ihrer Überschrift behauptet, einfach voraus.

1 Dieter Hochstädter: *Statistische Methodenlehre. Ein Lehrbuch für Wirtschafts- und Sozialwissenschaftler*. Frankfurt a.M., 8. Auflage 1996, S. 2.

2 Hier haben wir uns an die Seligpreisungen in der Bergpredigt des Jesus von Nazareth angelehnt, nach dem Neuen Testament (Matthäus 5, 3–12).

3 Andersdenkende werden als Wachstums- und Fortschrittskritiker sogar diffamiert.

4 Mehr dazu als Erstinformation in Wikipedia: Volkswirtschaftliche Gesamtrechnung.

5 Richtig ist: 700 DM waren am 1.1.2002 357,90 Euro wert. Es lohnt sich bei regelmäßigen Beträgen dieser Größenordnung also bereits, den üblichen Rundungsfehler (2 DM = 1 Euro) zu korrigieren.

6 Preissteigerungen in Deutschland 1951 bis 2009. Quelle: Statistisches Bundesamt, Lange Reihen. Um es etwas einfacher zu machen: Für den genannten Zeitraum 1980 bis 2008 ergibt sich insgesamt eine Inflationsrate von 86,6 Prozent. Aber wie rechnet man daraus jetzt aus, wie viel Kaufkraft die 357,90 Euro des Jahres 1980 in Preisen von 2008 haben? Ja, ohne Fleiß kein Preis! Und dann können Sie noch darüber diskutieren, wie Sie den realen Zuwachs des Bruttoinlandsprodukts in dieser Zeit zwischen Vater und Sohn aufteilen.

7 Der ungarisch-französische Börsenjournalist André Kostolany soll einmal gesagt haben: »Hausse heißt, es gibt mehr Idioten als Aktien, Baisse heißt, es gibt mehr Aktien als Idioten.«

8 So auch Darrell Huff: *Wie lügt man mit Statistik*, a.a.O., S. 37 u. 56.

9 Pressemitteilung des »BürgerKonvents«, zitiert nach nachdenkseiten.de/?= 1437 (24.6.2006).

10 nachdenkseiten.de/?p=2040, 23.1.2007.

11 Albrecht Müller: *Machtwahn: Wie eine mittelmäßige Führungselite uns zugrunde richtet*. München 2007, S. 128f.

12 iwg-bonn.de (2010); dia-vorsorge.de/institut.htm (2010).

13 netzeitung.de, 8.6.2005: »Private Altersvorsorge ist für AWD ...«; dazu auch Wikipedia: Bert Rürup (2010, mit weiteren Quellenangaben); nachdenkseiten.de/?p=4408 (15.12.2009).

14 Wikipedia: Bernd Raffelhüschen (2010); Albrecht Müller: *Machtwahn ...*, a.a.O., S. 265 f.

15 nachdenkseiten.de/?p=1079 (19.3.2006).

16 *Ruhr-Nachrichten*, 8.5.2008; nachdenkseiten.de/?p=3211. Sinns Begründung, Leute, die nur in die gesetzliche Rentenversicherung einzahlen, seien »Trittbrettfahrer«, widerlegt Winfried Schmähl: »Altersvorsorge«, in: *Schwarzbuch Deutschland*, Reinbek 2009, S. 36 f.

17 Dietmar Ostermann: »Obama und der Rassen-Kampf«, in: *Neue Westfälische*, 24.7.2010.

18 *Frankfurter Allgemeine Zeitung*, 1.7.2009.

19 *Kölner Stadt-Anzeiger*, 19.9.2009.

20 *Kölner Stadt-Anzeiger*, 22.1.2010.

21 So zum Beispiel bei *Focus online*, 21.6.2010.

22 Mit dem sozialen Stand steigt oder sinkt nach bisheriger Erfahrung die Lebenserwartung.

23 *Kölner Stadt-Anzeiger*, 22.6.2010.

24 Karl-Heinz Reith: »Unsichtbare Kultusminister beim Bildungsgipfel«, dpa-Dossier, 25.1.2010.

25 Cornelia Heintze: *Statistische Erfassung der öffentlichen Bildungsfinanzierung: Deutschland im internationalen Vergleich*. Studie im Auftrag der Max-Trager-Stiftung, Leipzig 2010. Heintze vergleicht dort den deutschen Schein mit der harten Wirklichkeit, wie sie sich im internationalen Vergleich nach OECD-Kriterien darstellt.

26 Volker Bräutigam: »Bahnprivatisierung«, in: *Schwarzbuch Deutschland*, S. 93.

27 http://bit.ly/buerokratieabbau (führt auf www.destatis.de).

28 Statistisches Bundesamt: Beschäftigungsstatistik 31.12.2009 (http://bit.ly/beschaeftigte); Bruttowertschöpfung nach Wirtschaftsbereichen (2009, http://bit.ly/wertschoepfung). Beide Links führen auf www.destatis.de

29 Nach Auskunft von Michael Wollgramm und Heidrun Putscher (beide Statistisches Bundesamt), Oktober 2010, gibt es weder für Groß-

und Einzelhandel noch für Dienstleistungsbranchen wie Verkehr, Nachrichtenwesen, Informationstechnik oder Immobilienwirtschaft Strukturdaten unterhalb der Länderebene. Für die Dienstleistungsbranchen gibt es erst seit 2001 länderspezifische Daten. 2004 gab es einen einzelnen Versuch, in der Informationstechnikbranche über eine freiwillige Stichprobe zu erfassen, was IT-Betriebe erzeugen und welche Art von Betrieben sie beliefern. Siehe dazu: Projektbericht Dienstleistungen nach Arten 2004 (http://bit.ly/projektbericht2004).

30 *Neue Westfälische*, 10.11.2009, 23.6.2010.

Kapitel 15

Resigniert wird nicht

Wenn Sie bis zu dieser Stelle vorgedrungen sind, haben Sie schon so viel Lug und Trug kennengelernt, dass Sie vielleicht resigniert sagen möchten: »Traue keiner Statistik, die du nicht selbst gefälscht hast!« Diese schwarze Sicht teilen wir nicht, und wir möchten auch Sie davor warnen. Aus zwei Gründen: Sie kommen um Statistiken nicht herum, wenn Sie vernünftige Entscheidungen treffen wollen. Zugleich kennen wir viele Fälle, in denen die Nutzer einer Statistik den Betrug rechtzeitig aufdecken, manchen Euro retten und Unheil abwenden konnten. Vier Beispiele für ebenso nützliche wie unvermeidliche Statistiken:

- Fast jede größere Investitionsentscheidung eines Unternehmens beruht auf Statistiken. Zum Beispiel in der Werbung: Ohne Statistiken über Einschalt- oder Leserquoten bestimmter Sendungen, Zeitschriften, Internetauftritte in bestimmten Zielgruppen können Sie die Wirkung von Werbemaßnahmen nicht vernünftig abschätzen.
- Die Textilindustrie untersucht etwa alle 20 Jahre die Körpergrößen in der Bevölkerung statistisch, damit Kleidungsstücke und deren Nutzer so einigermaßen gut zusammenpassen.
- Fast alle Studierenden möchten nach einer Klausur eine Statistik der Klausurergebnisse sehen, um sich selbst besser einschätzen zu können.

- Vor einer Bewerbung ist es ratsam, eine Gehaltsstatistik zu studieren, um ein realistisches und dennoch ergiebiges Wunschgehalt angeben zu können.

Wenn Sie vor wichtigen Entscheidungen die folgenden fünfzehn Regeln berücksichtigen, werden Sie auch zu den Gewinnern zählen. Nicht immer, aber immer öfter![1]

Checkliste: So prüfen Sie Statistiken

1. Ruhe bewahren und nichts überstürzen.
2. Daten aus ähnlichen Situationen besorgen und vergleichen.
3. Details zu den Daten anfordern.
4. Prüfen: Ist die vorgelegte Zahl überhaupt ermittelbar?
5. Prüfen: Wie sicher kann eine Prognose sein?
6. Überschlagsrechnung durchführen (Beispiel Rosenmontagszug).
7. Prüfen: Was genau wurde untersucht oder belegt?
8. Doppelte Vorsicht bei besonders großen Geschäften!
9. Prüfen: Ist die Quelle seriös?
10. Grafiken prüfen: Thema, Achsen, optische Effekte, Flächen, 3D-Effekte, Sehhilfen.
11. Die Daten hinter den Grafiken anfordern und prüfen.
12. Querdenken statt stromlinienförmig.
13. Trauen Sie sich, selber nachzurechnen!
14. Am Ende Mut zur Entscheidung haben.
15. Die fünf größten Fehler vermeiden.

1. Ruhe bewahren und nichts überstürzen

Wichtige Entscheidungen sind oft teuer oder können schwerwiegende Folgen haben. Da können zwei Tage Recherche eine sehr lohnende Investition sein. Wenn es um Millionensummen geht, kann es sich auch lohnen, 5000 Euro für einen versierten Statistiker zu investieren, der die vorgelegten Statistiken auf Plausibilität hin prüft. Das gilt erst recht, wenn Ihnen Daten in Form von Grafiken vorgelegt werden. Wie leicht man mit Grafiken täuschen kann, haben Sie im Kapitel »Ein Bild lügt schneller als tausend Zahlen« erfahren. Die Regeln 10 und 11 dieser Checkliste befassen sich ausdrücklich mit der Überprüfung von Grafiken.

2. Daten aus ähnlichen Situationen besorgen und vergleichen

Selten ist eine Situation unvergleichbar. Suchen Sie also nach vergleichbaren Situationen und schauen Sie sich dort die Daten an. Das können ähnliche Betriebe oder Branchen, Werte aus anderen Jahren, aus Nachbarländern oder Nachbarkommunen sein. Beim Eisengehalt des Spinats (siehe Seite 241) wären das die Eisengehalte anderer Gemüsesorten gewesen.

Wenn die Vergleichsdaten nicht in die gleiche Richtung wie die zu beurteilenden Daten gehen, lassen Sie sich am besten die Gründe für die Unterschiede erklären. Schon bei dieser Frage sind viele Schummler ins Stottern geraten. Wenn Sie keine befriedigende Antwort bekommen, ist größte Skepsis angeraten.

3. Details zu den Daten anfordern

Sie glauben gar nicht, wie oft die eigentlich nur aus Neugier gestellte Frage nach Details dazu führt, den Verantwortlichen für die Zahlen ins Schwimmen zu bringen. Das können zum Beispiel Detaildaten sein, die man braucht, um die zu prüfende Zahl ermitteln zu können (siehe Regel 4). Kann der Verantwortliche keine nennen, wissen Sie gleich: Da hat mal wieder einer nur grob geschätzt (und die Ziffer hinter dem Komma frei erfunden). Werden Detaildaten nachgeliefert, sagen diese oft mehr aus als die kurze Zusammenfassung. Hat beispielsweise ein mittelständisches Unternehmen 10 Millionen Euro Gewinn gemacht, sieht das recht beachtlich aus. Sehen Sie aber an den Details, dass die Finanzabteilung der Firma 20 Millionen Euro Überschuss vorlegt, blicken Sie auf die Gesamtfirma vielleicht schon skeptischer. Und wenn Sie, nach Regel 2 vorgehend, in den Vorjahren große Verluste der Finanzabteilung entdecken, lassen Sie die Finger davon.

Im Kapitel »Wunder der Statistik« haben Sie gelesen, wie man durch Versetzen eines Mitarbeiters in eine andere Abteilung die durchschnittliche Leistung aller Abteilungen einer Organisation verbessern kann, ohne dass im Detail wirklich etwas besser geworden ist. Auch solche Effekte enttarnen Sie leicht, wenn Sie die Detaildaten prüfen.

4. Prüfen: Ist die vorgelegte Zahl überhaupt ermittelbar?

Oft wird mit vermeintlichen Fakten Sicherheit vorgegaukelt, obwohl die Zahlen bestenfalls grobe Schätzungen sind. Auf Seite 178 f. haben wir das Beispiel Schwarzarbeit genannt.

Wenn Ihnen jemand weismachen will, die Verluste für Staat und Sozialversicherungen durch Schwarzarbeit würden dieses Jahr um 1,4 Prozent steigen, protestieren Sie sofort. Schwarzarbeit ist per Definition nicht messbar, sondern nur grob zu schätzen. Der Schätzfehler liegt wahrscheinlich weit über 10 Prozent.

Kann man die Zahl jetzt schon kennen? Auch diese Frage müsste Ihr »Vertrauensmann« mit Nein beantworten, denn das Jahr, von dem er spricht, ist noch gar nicht zu Ende. Ähnliche Fälle sind die Zahl der Schwarzfahrer, der unentgeltlich geleisteten Überstunden, der illegal in Deutschland lebenden Ausländer oder der prügelnden Ehemänner. Niemand kennt diese Zahlen. Wer sie dennoch »exakt« nennt, lügt.

Leider sind auch amtliche Daten oft viel ungenauer als vermutet. So ist zum Beispiel die Anzahl der Deutschen beziehungsweise der in Deutschland lebenden Menschen höchstens bei einer Volkszählung annähernd ermittelbar und wird zurzeit wahrscheinlich sogar um mehr als eine Million überschätzt. Das Bruttoinlandsprodukt für 2009 wurde bereits am 13.1.2010 bekanntgegeben, als das Statistische Bundesamt erst Werte maximal bis Oktober 2009 zur Verfügung hatte. Den Insidern war klar: Diese Zahl kann es als gesicherte Zahl noch gar nicht geben. Vor wichtigen Entscheidungen müssen Sie also selbst bei amtlichen Daten Vorsicht walten lassen.

5. Prüfen: Wie sicher kann eine Prognose sein?

Je länger der Prognosehorizont, desto unsicherer ist die Schätzung; denn Menschen können nun einmal weder fliegen noch in die Zukunft sehen. Diese Selbstverständlichkeit kann man nicht oft genug wiederholen. Der zweite ausschlaggebende Faktor ist die Schwankungsbreite: Je stärker ein Wert in der Vergangenheit geschwankt hat, desto unsicherer ist eine Prognose dieses Wertes.

Unser Drang nach Sicherheit lässt uns oft Daten als Fakten betrachten, die maximal grob geschätzt sind. Darauf sind wir im Kapitel »Die Magie der Prognose« ausführlich eingegangen. Im Kapitel »Stiftung Warentest im Renditerausch« finden Sie unsere Beispielrechnung, wie bei einer Rentenprognose plausible Änderungen in den angenommenen Zinsraten die für das Jahr x + 35 versprochene Rendite auf ein Neuntel zusammenschnurren lassen kann.

6. Überschlagsrechnung durchführen

Oft hilft eine grobe Überschlagsrechnung, um zu ermitteln, ob eine Zahl, die man Ihnen angegeben hat, plausibel ist. Im Beispiel »Eisengehalt des Spinats« (siehe Seite 241) hätte ein Vergleich mit dem Eisengehalt anderer Gemüsesorten die Plausibilität der falschen Zahl wahrscheinlich früh infrage gestellt.

Mit unserem zweiten Beispiel müssen wir jetzt leider einigen Kölner Lokalpatrioten und sogar dem von mir heiß geliebten Festkomitee Kölner Karneval von 1823 e.V. ein bisschen wehtun. Der *weltberühmte Kölner Rosenmontagszug* ist natürlich das herrlichste, großartigste und gewaltigste »Kamelle-Ereignis« der Welt. Da beißt die Maus keinen Faden ab, soweit sind wir mit dem Festkomitee einer Meinung. Wenn dieses aber behauptet, dass der Rosenmontagszug 1 Million Menschen an den Zugweg gelockt habe, dann verzieht sich plötzlich der Kölschdunst aus unseren Gehirnwindungen, und wir werden kritisch. Denn normalerweise brauchen 1 Million Menschen für ihren Aufenthalt das gesamte Kölner Stadtgebiet. Wie könnte man diese Zahl überprüfen?

Ein Leserbriefschreiber des Kölner Stadt-Anzeigers hat dafür 2005 folgende Überschlagsrechnung aufgestellt: Der Zugweg ist etwa 6,5 Kilometer lang. Angenommen, alle Zuschauer am Rande sind Schmalhanse, die nur staunen wollen und ganz darauf verzichten, nach Kamelle, Pralinen und Strüßjer zu schnappen – solche Leute gibt es in Köln nicht, wagt Jens zu bemerken –, dann finden auf jeder Seite zwei Personen pro Meter Zuschauerreihe Platz. Das ergibt, selbst wenn wir Baustellen, Einsturzlöcher und Ähnliches ignorieren, maximal 13 000 Personen pro komplette Zuschauerreihe (nämlich 2 pro Meter × 6500 Meter). Um 1 Million Zuschauer unterzubringen, braucht das Festkomitee 77 Reihen dieser Art, also über den gesamten Zugweg 38 dicht gedrängte Zuschauerreihen auf beiden Seiten.

Jeder, der schon zwei oder drei Mal dabei war, weiß, dass auf dem größten Teil der Strecke nur 5 bis 10 Reihen pro Seite Platz haben, und dass die meisten Zuschauer sehr wohl nach den Pralinen schnappen, dazu noch schunkeln, Kölsch süffeln oder gar schwanken wie das Wirtschaftswachstum, also mehr Platz brauchen als einen halben Meter. Wenn wir in der korrigierten Rechnung einmal sehr optimistisch von 10 Reihen pro Seite ausgehen und von 60 Zentimetern pro Pappnase, dann kommen wir auf knapp 220 000 Zuschauer.

Und bevor mir jetzt fundamentalistische Karnevalisten meinen Schreibtisch unter einer Tonne Rosenmontagsmüll begraben, verspreche ich hoch und heilig dem Festkomitee: In der nächsten Auflage dieses Buches wird diese Plausibilitätsprüfung für Düsseldorf gemacht.

Übrigens benutzen die kassenärztlichen Vereinigungen diese Methode, um die Leistungsabrechnungen der Ärzte routinemäßig zu überprüfen. Sie multiplizieren die Zahl der abgerechneten Leistungen mit der ihnen bekannten durchschnittlichen Zeit, die eine Einzelleistung in Anspruch nimmt. Bei dem einen oder anderen schwarzen Schaf unter weißem Kittel soll dabei herausgekommen sein, dass er im Abrechnungsmonat an 23 Stunden pro Tag Patienten behandelt haben wollte, auch an den Sonntagen.

7. Prüfen: Was genau wurde untersucht oder belegt?

Hier geht es um die zuweilen etwas heikle Frage der Definitionen, die wir auf Seite 165f. angeschnitten haben. Ein Beispiel: In Diskussionen über die Bedeutung des Mittelstands für den Arbeitsmarkt führten Verbandsvertreter früher gerne Zahlen aus der offiziellen Arbeitsstättenzählung an, die belegen sollten, dass die große Mehrzahl der Arbeitsplätze in kleinen und mittleren Betrieben angesiedelt sei. Vorsicht Falle! Als Arbeitsstätte galt damals jede selbstständige örtliche Einheit, also auch jede Filiale. Riesige Handelskonzerne wie Aldi, Tengelmann oder Schlecker zerfallen bei Arbeitsstättenzählungen in Hunderte von »Kleinbetrieben«. Die angeführten Zahlen decken also nicht die Behauptung der Verbandsvertreter, dass kleine und mittelgroße Unternehmer über die große Mehrzahl der Arbeitsplätze entscheiden.

8. Doppelte Vorsicht bei besonders großen Geschäften

Je weitreichender und teurer die Folgen einer Entscheidung, umso größer ist auch die Fälschungsgefahr! Für Geschäfte in Milliardenhöhe muss man ja nicht unbedingt über Leichen gehen. Aber ein paar »unabhängige« Institute beauftragen, ein paar bekannte Experten auf seine Seite ziehen, ein paar Artikel und Fernsehbeiträge lancieren, lohnt sich dafür allemal. Und plötzlich hört man die Botschaft aus vielen unterschiedlichen Quellen; Politiker aus verschiedenen Lagern, Journalisten unterschiedlicher Couleur wiederholen sie im Fernsehen und anderswo, um sich mit »seriösem« Hintergrundwissen wichtigzutun. Der Volksmund sagt treffend: »Einer tausendfach wiederholten Lüge glaubt man leichter als einer zum ersten Mal gehörten Wahrheit.« Wie gut das bei der Propaganda für die private Rente funktioniert hat, haben Sie im Kapitel »Stiftung Warentest im Renditerausch« und auf Seite 245 f. gesehen. Dabei ging und geht es um ein Geschäft von mehreren Milliarden Euro pro Jahr.

9. Prüfen: Ist die Quelle seriös?

Das heißt vor allem: Ist der Auftraggeber oder Entwickler einer Studie Nutznießer von bestimmten Ergebnissen der Studie? Das ist zum Beispiel dann der Fall, wenn BMW, Lufthansa, MAN und Deutsche Bahn zusammen mit dem Bundesforschungsministerium die Entwicklung der Mobilität bis zum Jahr 2025 prognostizieren.[2] Firmen, die mit wachsender Mobilität Geld verdienen, werden kaum Gründe für die Annahme finden, dass der heutige Auto-, Lkw-, Flug- und Bahnverkehr eigentlich völlig ausreicht, und dass man mit besserer Organisation jede Menge Verkehr vermeiden könnte.

Für den Umgang mit solchen Studien empfehlen wir als Faustregel: Nehmen Sie deren prognostizierte Untergrenze als Obergrenze an. Wenn Sie in besagter Studie wider Erwarten doch Gründe finden, die gegen eine Ausweitung der Mobilität sprechen, dann dürften das sehr relevante Gründe sein, über die Sie weiterrecherchieren sollten.

Im Übrigen gelten für diesen Punkt ganz ähnliche Grundsätze wie für eine seriöse journalistische Recherche[3] und eine solide historische Quellenkritik[4].

10. Grafiken prüfen: Thema, Achsen, optische Effekte, Flächen, 3D-Effekte, Sehhilfen

Im Kapitel »Ein Bild lügt schneller als tausend Zahlen« haben Sie gelesen, wie verführerisch verzerrte Darstellungen sein können, wenn sie uns als attraktive Grafik präsentiert werden. In den Zeiten von PowerPoint und Excel brauchen Sie eine Menge kritischen Verstand, um in diesem Sog festen Boden unter den Füßen zu behalten. Wir bieten Ihnen hier ein Geländer mit sieben Haltegriffen:

- Wenn das Thema der Grafik wichtig ist, lassen Sie sich genug Zeit bei der Betrachtung.
- Behandelt die Grafik wirklich die Größe, die Sie interessiert, oder nur etwas Ähnliches? Etwa so: Überschrift: »Preise im Sinkflug«. Die Grafik dazu zeigt aber sinkende Inflationsraten. Das ist nicht dasselbe, weil auch eine niedrige Inflationsrate die Preise steigen lässt.

- Betrachten Sie die Achsen: a) Sind beide Achsen vollständig? Dabei soll die y-Achse bis auf begründete Ausnahmen mit 0 beginnen. Die x-Achse soll bei Zeitreihen mit dem Startpunkt Ihres Interesses (oder auch früher) beginnen. – b) Ist die Skala auf der x-Achse und die auf der y-Achse (jeweils für sich) gleichmäßig aufgeteilt? – c) Gibt es eine Ursache-Wirkungs-Beziehung zwischen den aufgezeichneten Größen? Wenn ja, steht die Ursache wirklich auf der x-Achse? Siehe das Kapitel »Auf der Suche nach dem Warum«.
- Dienen die optischen Effekte der Grafik nur der Auflockerung? Achten Sie auf die verzerrende Wirkung unterschiedlicher Farben, von Längs- und Querstreifen.
- Beachten Flächen- und Körperdarstellungen die Proportionen? Sind zum Beispiel die Seiten der Schatztruhe A doppelt so lang wie die der Truhe B, ergibt das zweidimensional betrachtet einen vierfachen und räumlich betrachtet sogar einen achtfachen Inhalt.
- Vorsicht bei 3D-Darstellungen: Jeder neue Blickwinkel erzeugt einen anderen Eindruck. Ein Gebirge von weit oben betrachtet wirkt flach, ein kleiner Hügel von schräg unten betrachtet wirkt groß. Dreidimensionale Bilder sind abwechslungsreicher, aber fast beliebig manipulierbar.
- Vorsicht bei Sehhilfen! Das sind Linien, die nicht direkt aus den Daten stammen: etwa Verbindungen zwischen zwei Datenpunkten oder eine Fortsetzung der Linie über den letzten Wert hinaus. Sind diese Sehhilfen wirklich begründbar? Angesetzte Pfeilspitzen und unterschiedliche Strichstärken sind meist manipulativ.

11. Die Daten hinter den Grafiken anfordern und prüfen

Das ist leider meist nötig, weil es keine sinnvolle Regel für das Verhältnis beider Achsen gibt, wenn diese unvergleichbare Größen betreffen (zum Beispiel Jahre auf der x- und Euro auf der y-Achse).

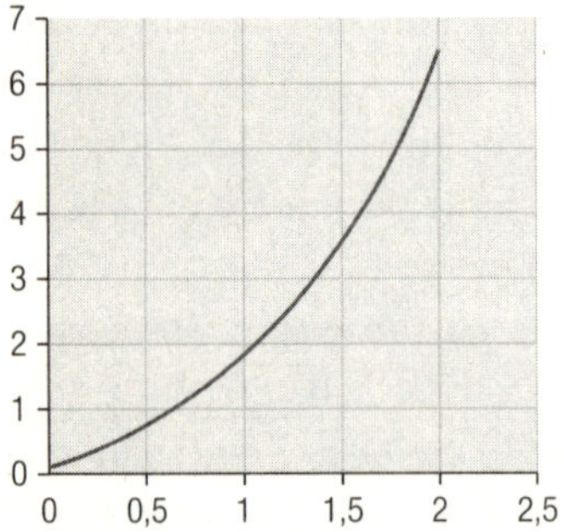

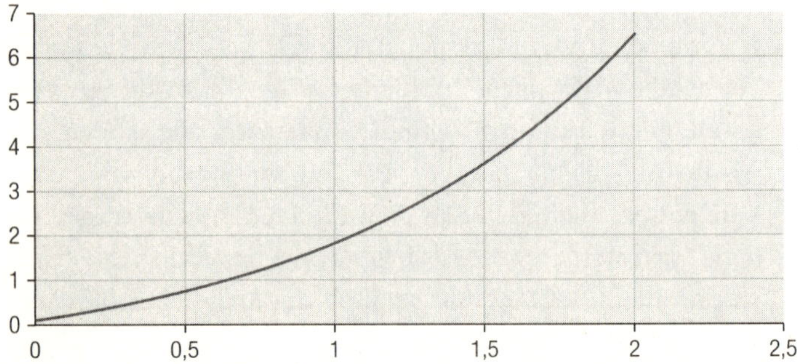

Das Größenverhältnis zwischen x- und y-Achse ist oft völlig willkürlich.

Beide Grafiken beschreiben die gleichen Daten, haben die gleiche Skalierung auf den Achsen und geben doch verschiedene Eindrücke über die Wachstumsgeschwindigkeit wieder.

Auch die Wahl des höchsten Wertes auf der y-Achse unterliegt kaum einer Regel, sodass folgende Darstellungen des gleichen Sachverhalts erlaubt sind:

Anteil der Gesundheitsausgaben am Bruttoinlandsprodukt 1976 bis 2004 (Angaben in Prozent)

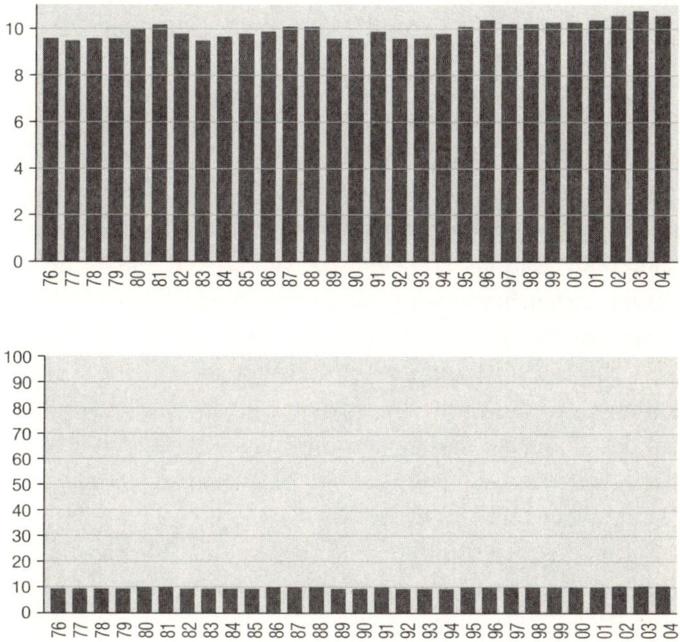

Datenquelle: Statistisches Bundesamt, Gesundheitsberichterstattung des Bundes

Wie hoch soll der höchste Balken sein? Da ist vieles möglich.

Während in der oberen Grafik die Unterschiede zwischen den Balkenhöhen im Vordergrund stehen, verschwinden diese Feinheiten unten fast vollständig. Die Balken (und die von ihnen symbolisierten Kosten) wirken in der oberen Grafik wuchtig, in der unteren eher marginal.

Es gibt noch einen dritten Grund, warum es wichtig ist, die Daten zur Verfügung zu haben: Wenn Sie mit anderen über die Zahlenverhältnisse sprechen wollen, brauchen Sie konkrete Zahlen, die man aussprechen kann. Eine Grafik zeigt aber oft nur einige ausgewählte Werte als Zahlen an.

12. Querdenken statt stromlinienförmig

Hier nur ein Beispiel als Anregung: Der neue Leiter einer Klinik war misstrauisch, weil alle Mitarbeiter und Patienten in den Befragungen immer nur Positives zu vermelden hatten. Hatten die Stationsärzte etwas zu verbergen? Hatten die Patienten vielleicht aus Dankbarkeit für ihre Heilung Probleme verschwiegen oder verdrängt? Der Klinikleiter kam auf die Idee, die Taxifahrer zu befragen, die vor der Tür standen. Sie konnten recht ungefiltert wiedergeben, was so mancher Patient oder Besucher in seinem spontanen Ärger bei ihnen abgeladen hatte. So bekam er wichtige Hinweise, an welchen Stellen er tiefer nachbohren musste.

Wenn Sie nur stromlinienförmig prüfen, bleiben Sie im Fahrwasser der anderen und werden dort kaum Neues entdecken. Weder Wahrheiten noch Fälschungen.

13. Trauen Sie sich, selber nachzurechnen!

Autoritäten werden Ihnen Rückhalt bieten; zum Beispiel Arthur Schopenhauer: »Natürlicher Verstand kann fast jeden Grad von Bildung ersetzen, aber keine Bildung den natürlichen Verstand.«

Oder Bertolt Brecht (»Lob des Lernens«):

»Scheue dich nicht zu fragen, Genosse!
Lass dir nichts einreden
Sieh selber nach!
Was du nicht selber weißt
Weißt du nicht.
Prüfe die Rechnung
Du musst sie bezahlen.
Lege den Finger auf jeden Posten
Frage: wie kommt er hierher?
Du musst die Führung übernehmen.«

Mit dieser Haltung können Sie sogar »ewige« Wahrheiten ins Wanken bringen. Schon dass Sie dieses Buch in der Hand haben, ist wahrscheinlich nicht die Frucht eines BWL-Diploms[5], sondern das Resultat Ihrer Fähigkeit zum Querdenken.

Um Ihre Synapsen im Training zu halten, haben wir für Sie im Kapitel »Übung macht den Meister« einige Aufgaben zusammengestellt. Wenn Sie auch nur in drei der Fälle den Irrtum durchschauen, sind Sie schon viel weiter als die meisten Wichtigtuer.

14. Am Ende den Mut zur Entscheidung haben

Auch die Skepsis kann man übertreiben, denn endgültige Sicherheit gibt es nicht; ein Restrisiko bleibt immer. Entscheiden Sie nach sorgfältiger Prüfung. Aber planen Sie so flexibel, dass Irrtümer korrigierbar und unvorhergesehene Entwicklungen beherrschbar bleiben. Vergessen Sie bei länger wirksamen Entscheidungen nicht die regelmäßige Kontrolle, sonst verschlafen Sie den Umbruch und den Zeitpunkt zur Nachjustierung oder Revision.

15. Die fünf größten Fehler vermeiden

- Ich habe keine Zeit.
- Das sagen alle, also muss es wohl stimmen.
- Ich kann das ohnehin nicht überprüfen.
- Da steht 2,6 – also haben die das gemessen.
- Wenn das immer so weitergeht, dann haben wir im Jahr 2100 … [90 Prozent Greise, Muslime, Analphabeten, Wüste, was auch immer].

1 Natürlich passen nicht alle Regeln zu jedem Anwendungsfall. Trotzdem sollten Sie alle bei wichtigen Entscheidungen prüfen.

2 Das ist tatsächlich der Fall: *Rheinische Post, Online,* 29.1.2007 (Klaus Peter Kühn), aber auch *Kölner Stadt-Anzeiger*, 14.2.2002, über eine gemeinsame Studie bis zum Jahr 2020.

3 Siehe dazu Walther von La Roche: *Einführung in den praktischen Journalismus.* Berlin, 18. Auflage 2008.

4 Siehe Klaus Arnold: »Der wissenschaftliche Umgang mit Quellen«, in: *Geschichte. Ein Grundkurs*, hg. v. Hans-Jürgen Goertz, Reinbek, 2. Auflage 2001, S. 42–58.

5 Betriebswirtschaftslehre ist ein beliebtes Feindbild für Mathematiker.

Kapitel 16

Übung macht den Meister

Damit Sie das Kennengelernte auch anwenden können, bedarf es einer gewissen Übung. Dazu können Sie regelmäßig die Tageszeitung lesen, Politikern aufs Maul schauen oder sich als Start mit unseren *Aufgaben* beschäftigen. Anders als bei den bekannten Aufgaben aus Schule und Hochschule gibt es hier meist keine eindeutig richtige Lösung. Es gilt, zusätzliche Blickwinkel einzunehmen und nachzudenken, welcher von diesen welchen Interessen entspricht.

Am Ende des Kapitels machen wir in diesem eingeschränkten Sinn »Lösungsvorschläge« zu jeder Aufgabe. Bitte widerstehen Sie der Versuchung, zu früh nachzusehen; denn dann würde so manch interessanter Gedanke gar nicht erst aufkommen. Wenn Ihnen weitere Aspekte zu den Aufgaben einfallen, teilen Sie uns das bitte auf www.luegen-mit-zahlen.de mit. Wir sind gespannt.

Aufgaben und Lösungsvorschläge

Aufgabe 1: Staatsverschuldung

Kommentieren Sie die folgende Grafik zur Staatsverschuldung in Deutschland.

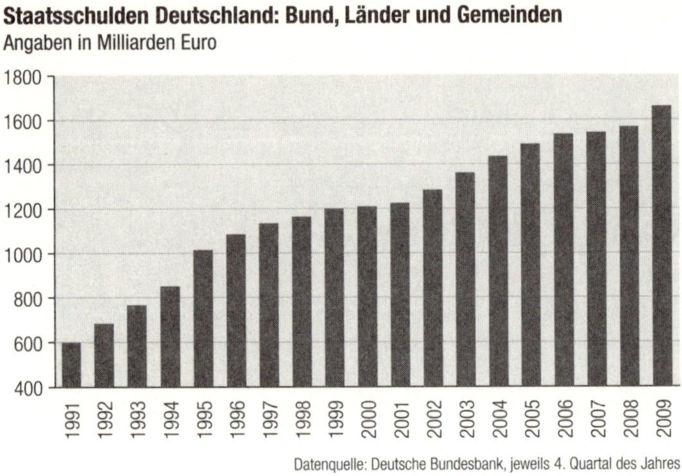

Immer erschreckend: die Entwicklung der Staatsverschuldung. Dabei werden aber ganz wichtige und eigentlich klare Aspekte ausgeblendet.

Tipp: Denken Sie bitte auch an den oft übersehenen Yin-Aspekt.

Aufgabe 2: Medaillenspiegel

Im Sommer 2010 erfreuten uns viele Leichtathleten bei der Europameisterschaft mit ihrer lockeren Art und den guten Leistungen. Wie üblich erschien der Medaillenspiegel, hier in verkürzter Version:

Leichtathletik-Europameisterschaft 2010

Medaillenspiegel (Endstand nach 47 Entscheidungen)

	Land	Gold	Silber	Bronze
1	Russland	10	6	8
2	Frankreich	8	6	4
3	Großbritannien	6	7	6
4	Deutschland	4	6	6
5	Türkei	3	1	0
6	Spanien	2	3	3
7	Ukraine	2	3	1
8	Polen	2	2	5
9	Weißrussland	2	1	1
10	Kroatien	2	0	0

Medaillenspiegel zur Leichtathletik-Europameisterschaft 2010

Scheinbar objektiv liegt die Reihenfolge der Staaten fest. Klar, Russland hat am meisten geholt, und die Deutschen sind deutlich schwächer als die Briten, aber auch viel besser als die Türken, Spanier und die restlichen Länder. Trotzdem weist die Tabelle Merkwürdigkeiten auf. Welche, und wie könnte man das ändern?

Aufgabe 3: Arbeitnehmerfreundliche Unternehmen

Erstellen Sie für die Gewerkschaften eine Rangfolge der arbeitnehmerfreundlichsten Unternehmen. Welche Fakten sollten dazu pro Unternehmen erfasst werden? Sind diese Daten für die Gewerkschaften verfügbar? Wie kann anschließend daraus eine sinnvolle Rangfolge erstellt werden?

Ein Tipp: In der Praxis gibt es auch unlösbare Aufgaben. Versuchen Sie, sich einer Lösung zu nähern.

Aufgabe 4: Kindergeld

Kommentieren Sie die optischen Tricks der Grafik einer Broschüre des Presse- und Informationsamtes der Bundesregierung mit dem Titel »Antworten zur agenda 2010« (November 2003).[1]

So stellte die Bundesregierung 2003 die Steigerung des Kindergeldes dar.

Aufgabe 5: Krankenkassen

Im Kapitel »Yang ohne Yin« haben wir auf S. 19 anhand einer Grafik der Dienstleistungsgewerkschaft ver.di auf die häufig vergessene zweite Seite der Finanzierung der Krankenkassen hingewiesen, die in dieser Grafik ausnahmsweise zu sehen ist. Fallen Ihnen in der Grafik andere Tücken auf?

Aufgabe 6: Erschossene Kinder

»In jedem Jahr seit 1950 hat sich die Zahl der erschossenen amerikanischen Kinder verdoppelt.« So stand es in einem wissenschaftlichen Artikel aus dem Jahr 1995, der seitdem häufiger zitiert wurde. Wie lautet Ihre Meinung dazu?[2]

Aufgabe 7: Marktanteil beim Fernsehen

»Marktanteil von 60 Prozent für die Fernsehserie ›Lügen mit Zahlen‹ mit den beliebten Moderatoren Gerd Bosbach und Jens Jürgen Korff.« Der Verlag ist über diese Zeitungsmeldung begeistert, wir stoßen mit Sekt an, Freunde gratulieren. Was müssten wir prüfen, um berechtigt feiern zu können?

Aufgabe 8: Durchfallquote

Ärger an der Fachhochschule: »Dieses Semester sind doppelt so viele durchgefallen wie im letzten!«, wirft mir die Fachschaft öffentlich vor.

Konstruieren Sie ein Zahlenbeispiel, in dem diese Warnung klar berechtigt ist, und eines, bei dem dieser Vorwurf eher Panikmache bedeutet.

Aufgabe 9: Nettovermögen

Ein renommiertes Wirtschaftsforschungsinstitut bringt zum mittleren Nettovermögen von Personen ab 17 Jahren in Deutschland für das Jahr 2007 einmal die Zahl 88 000 Euro und ein anderes Mal die Zahl 15 300 Euro. Beiden Betrachtungen liegt dieselbe statistische Erhebung zugrunde, es sind keine Fehler begangen worden.[3]

Wie können so unterschiedliche Aussagen zustande kommen?

Zur Veranschaulichung können Sie ein Beispiel mit fünf Werten konstruieren, deren Mittelwerte (gerundet) 15 000 und 90 000 Euro betragen.

Aufgabe 10: Schwarzfahrer

Zufrieden lehnt sich Stadtrat D. C. in seinen Sessel zurück: Seine Anfrage an die örtlichen Verkehrsbetriebe hat zu einer Studie geführt. Ergebnis: Durch sechsmonatige intensive Fahrkartenkontrollen ist die Anzahl der Schwarzfahrer auf die Hälfte gesunken. Die Beschwerden einiger Bürger über die fast bedrohlich massiven Kontrollen waren zwar verständlich, aber dank dem gesunkenen Schwarzfahreranteil kann die Stadt die Zuschüsse an die Verkehrsbetriebe deutlich reduzieren und dieses Geld in anderen sozialen Bereichen nutzen.

Erfreut berichtet D. C. Ihnen beim abendlichen Doppelkopf von seinem Erfolg. Was antworten Sie ihm?

Aufgabe 11: Jugendliche Straftäter

Bewerten Sie die Schlussfolgerung eines deutschen Kriminologen: »Je jünger Täter eingesperrt werden, desto höher ist die Rückfallquote. Deshalb bin ich gegen Verurteilungen von unter Vierzehnjährigen.«

Aufgabe 12: Raucher und Nichtraucher

»Raucher leben länger als Nichtraucher – es sei denn, sie sind jünger oder älter als 65 Jahre.«

So beschreiben Beck-Bornholt und Dubben süffisant die Daten einer Raucherstudie.[4]

Bevor Sie an dieser Aussage verzweifeln, schauen Sie sich bitte die Zahlen der Studie an.

Altersgruppe	**55 bis 64 Jahre**		**65 bis 74 Jahre**	
	Raucher	Nichtraucher	Raucher	Nichtraucher
Anzahl	115	121	36	129
davon lebten 20 Jahre später noch	64	81	7	28

Berechnen Sie für jede Altersgruppe die Überlebenswahrscheinlichkeiten von Rauchern und Nichtrauchern.

Bilden Sie eine Gesamtgruppe aller 55- bis 74-Jährigen, und berechnen Sie auch dort die Überlebenswahrscheinlichkeiten von Rauchern und Nichtrauchern.

Jetzt können Sie den Widerspruch in dem einleitenden Satz von Beck-Bornholt und Dubben nachvollziehen. Schauen Sie sich bitte die Ausgangszahlen genauer an. War das eine zufällige Ausnahme, oder gibt es dort sogar eine innere Logik?

Und wenn Sie erfolgreich bis hierhin gekommen sind: Herzlichen Glückwunsch, Sie haben die schwerste Aufgabe gemeistert!

Ideen zu Aufgabe 1 (Staatsverschuldung)

- Wahrscheinlich haben Sie sofort erkannt, dass die y-Achse erst bei 400 beginnt, wodurch das Wachstum viel steiler erscheint (siehe S. 33).
- Sind die Werte nominal oder real? Das heißt: Hat man die Preissteigerungen abgezogen (siehe S. 204)?
- Warum setzt man die Staatsverschuldung nicht in Relation zum (real) gestiegenen Bruttoinlandsprodukt, um die seit 1991 gestiegene Leistungsfähigkeit der Volkswirtschaft zu berücksichtigen?
- Wurden Sondereffekte durch Wiedervereinigung und Finanzkrise berücksichtigt?
- Wir haben allerdings einen unseres Erachtens ganz wichtigen Aspekt im Auge:
  Wo es *Schuldner* gibt, da sind auch *Gläubiger* (siehe das Kapitel »Yang ohne Yin«). Und wenn wir Zinsen auf die Schulden zahlen, streicht die jemand ein. Unser Leid ist also des andern Freud.

Eine passende Frage nach dem Yin der Staatsverschuldung könnte also lauten: Wie haben sich die Geldvermögen in Deutschland entwickelt?

Schauen wir ebenfalls bei der Deutschen Bundesbank nach:

Nettogeldvermögen der privaten Haushalte in Deutschland
(Angaben in Milliarden Euro)

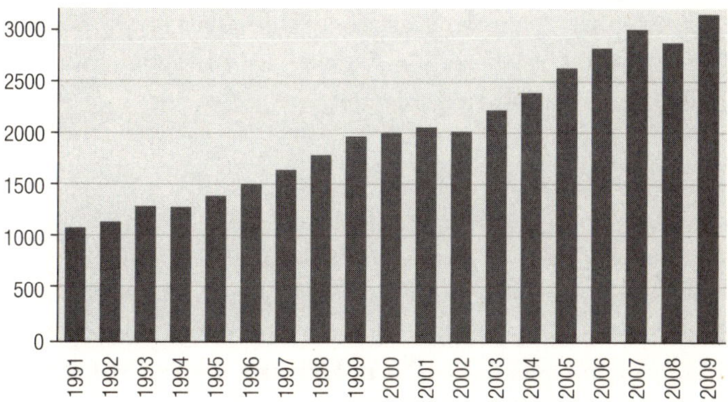

Datenquelle: Deutsche Bundesbank, Stand jeweils Jahresende

Das Netto-Geldvermögen der Deutschen (einiger Deutschen?) wächst rasant und ist zurzeit fast doppelt so hoch wie die gesamten Staatsschulden.

Die Netto-Geldvermögen in Deutschland – überwiegend Einlagen bei Banken, Versicherungen und in Wertpapieren, abzüglich der Schulden – zeigen also, wenn wir die y-Achsen korrekt vergleichen, eine parallele Entwicklung zu den Staatsschulden auf und sind zurzeit knapp doppelt so hoch.

Damit erscheint der beliebte Begriff der *Generationengerechtigkeit* in einem neuen Licht: Die Steuerzahler werden die Schulden und Zinsen *bedienen*, die Gläubiger werden sich bedienen lassen. Die Frage ist also eher: Gehöre ich mehr zu den braven Steuerzahlern oder eher zu der Gruppe der Geldbesitzer. Die wirklich relevante Spaltung in der Gesellschaft verläuft also nach wie vor zwischen Arm und Reich und nicht zwischen den Generationen.

Auch ein Lösungsansatz steckt in der Betrachtung: eine Besteuerung von Zinseinkommen entsprechend dem Einkommensteuersatz, statt der Zinsabschlagssteuer von 25 Prozent (Stand 2010). Aber dieser Yin-Aspekt wird aus der öffentlichen Diskussion bewusst ausgeblendet.

Ideen zu Aufgabe 2 (Medaillenspiegel)

Hier handelt es sich um eine Rangfolge der Länder (siehe S. 170). Zweifel an der Methode der Rangfolgenbildung sind erlaubt, wenn man die Türkei mit Spanien vergleicht. Die Spanier haben zwei Silber- und drei Bronzemedaillen mehr, aber eine goldene weniger. Anhänger des Mottos »The winner takes it all« (Nur der Sieger zählt) mögen das richtig finden. Aber wie ist das dann mit Platz sieben und acht? Die Anzahl der Sieger ist gleich. Ist die eine Silbermedaille mehr für die Ukraine wirklich mehr wert als vier zusätzliche Bronzemedaillen der Polen? Hörte man nicht oft: Hauptsache, aufs Treppchen?

Als mögliches Kriterium für eine gerechtere Reihenfolge schlagen wir vor: Gold zählt vier Punkte, Silber zwei Punkte, Bronze einen Punkt. An der Spitze würde das in diesem Fall nichts ändern. Aber Spanien und Polen würden sich jetzt Rang fünf teilen (ehemals sechs und acht); die Türkei würde vom fünften auf den achten Rang fallen.

Das zeigt in einfacher Form, welchen Einfluss die Ranking-Kriterien auf die Reihenfolge haben können.

Ideen zu Aufgabe 3 (arbeitnehmerfreundliche Unternehmen)

Für Arbeitnehmer wichtige Fakten und Indikatoren könnten sein:

- stabile Arbeitsplätze (etwa Anzahl der Entlassungen pro 100 Mitarbeiter und Jahr);
- gute Entlohnung (etwa das mittlere Einkommen der Mitarbeiter);
- Anzahl der angesammelten Überstunden;
- menschen- und familienfreundliche Arbeitszeiten;
- Qualität der Mitbestimmung (gibt es einen Betriebsrat? Hat der Betriebsrat etwas zu sagen?);
- Wie ist die Atmosphäre im Betrieb unter Kollegen und mit Vorgesetzten?
- Gibt es gesundheitsschädliche Arbeitsbedingungen (als Minuspunkt)?
- Gibt es ein betriebliches Vorschlagswesen?
- Gibt es soziale Einrichtungen wie Kantine und Kinderbetreuung?
- Gibt es dauerhafte Fortbildung?
- Gibt es Ausbildungsplätze, und werden die Auszubildenden übernommen?
- Gibt es Anschluss an öffentliche Verkehrsmittel?

Jetzt müssen wir jeden der Indikatoren so genau beschreiben, dass er in allen Betrieben gleichartig gemessen werden kann. Wir erörtern die Problematik an der Frage der stabilen

Arbeitsplätze. Geht es um die Bewertung der Vergangenheit oder der näheren Zukunft? Wenn Vergangenheit, wie lange zurück? Dürfen die Arbeitsplätze in Krisenzeiten etwas gewackelt haben? Selbst scheinbar klare Indikatoren verweigern sich oft einer einfachen Bewertung.

Zum Schluss müssen Sie für alle ausgewählten Indikatoren noch deren Anteil am Gesamtergebnis festlegen. Alle gleich zu gewichten, wie es oft gemacht wird, ist sicherlich keine gute Lösung. Aber welche Gewichtung dann? Kann die für alle Betriebe, vom Stahlwerk bis zur Internetagentur, und für alle Beschäftigten gleich sein?

Fazit: Das meiste lässt sich wohl eher nicht in eine »natürliche« Reihenfolge bringen. Wer trotzdem ein Ergebnis präsentiert, gaukelt.

Ideen zu Aufgabe 4 (Kindergeld)

Der optische Eindruck des rasant wachsenden Kindergeldes beruht auf zwei Tricks (siehe das Kapitel »Auf der Suche nach dem Warum«):

- Die für die Darstellung genutzte y-Achse beginnt bei 100 Euro und nicht bei 0 Euro. Ein Kindergeld in Höhe von 100 Euro würde also grafisch als nicht vorhanden erscheinen.
- Die flächige Darstellung quadriert die tatsächliche Steigerung.

Die Verbindung beider Tricks führt zu dem abstrusen Ergebnis, dass eine Steigerung um 22,7 Prozent (2000 gegenüber 1998) optisch als Verzehnfachung dargestellt wurde (also als

Steigerung um 1000 Prozent). Wir erlauben uns, den Autoren hier grobe Absicht zu unterstellen. Eine saubere Darstellung sähe so aus:

Entwicklung des Kindergeldes für das erste und das zweite Kind
(Angaben in Euro)

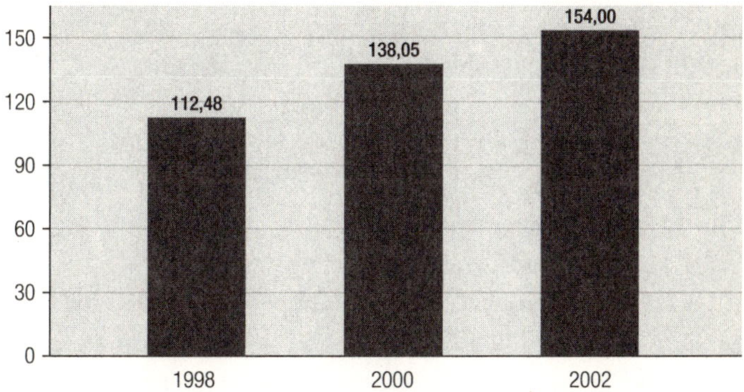

Ideen zu Aufgabe 5 (Krankenkassen)

Es ist unklar, für welches Gebiet die Angaben berechnet wurden. Vor 1990 sicherlich nur für die alten Bundesländer, aber danach? Der relativ starke Anstieg der Leistungsausgaben ab etwa 1992 lässt ganz Deutschland vermuten. Das sollte aber erwähnt werden. Leider hat meine Nachfrage bei ver.di keine Aufklärung ergeben. Für den vergessenen Aspekt der Einnahmeschwäche ist die Grafik trotzdem aufschlussreich.

Vertretbar sind dagegen:

- Beginn der y-Achse bei 100;
- Fortsetzung über die Wiedervereinigung hinweg;

- der Vergleich von Krankenkassenmitgliedern mit Einwohnern (beim BIP).

Der Beginn mit 100 ist bei Wachstumsprozessen sogar sinnvoll, da alle Prozente unter 100 kein Wachstum mehr sind. 100 stellt also eine Art Nulllinie für das Wachstum dar.

Der zweite Punkt ist nicht ganz eindeutig. Fachleute sprechen da gerne von Kettenindex. Deshalb das Beispieljahr 1991 mit fiktiven Prozentzahlen: Hatte ein Westdeutscher bis 1990 eine Ausgabensteigerung von 150 Prozent gegenüber 1980 und legten in Deutschland die Ausgaben 1990 um 10 Prozent zu, hat er jetzt 165 Prozent gegenüber 1980. Das geht inhaltlich allerdings nur sauber, wenn die 10 Prozent nicht überwiegend auf die neuen Bundesländer zurückzuführen sind.

Diese Schwäche der Grafik kommt aber gar nicht zum Tragen, da es um den Vergleich mit dem Bruttoinlandsprodukt geht und nicht um die Höhe der Ausgabensteigerungen selbst.

Ideen zu Aufgabe 6 (erschossene Kinder)

Den Anstieg der Kriminalität in den USA haben wir auch in Europa wahrgenommen. Und dass Täter und Opfer oft jünger sind, ist kein Geheimnis. Also bestätigt die Meldung scheinbar unser Vorwissen und wird deshalb leicht als korrekt angenommen.

Doch jetzt machen Sie bitte eine Überschlagsrechnung, wie in der Checkliste unter Punkt 6 vorgeschlagen:

Hätte es 1950 nur ein erschossenes Kind gegeben, wären es 1951 zwei, 1952 vier, 1953 acht und so weiter gewesen. Was hier so harmlos anfängt, ist das exponentielle Wachstum, das wir schon aus der Geschichte mit dem Reiskorn und dem Schachbrett kennen. Die Zahlen explodieren recht schnell und wären 1995 bei Veröffentlichung des Werkes schon bei 2^{45} (nämlich die Anzahl der Jahre nach dem Anfang 1950). Das sind gut 35 Billionen oder 5 Tausend Mal die heutige Weltbevölkerung! Also grotesker Unsinn. Der Autor hat ganz einfach eine Studie falsch zitiert, die besagte, dass die Anzahl der erschossenen Kinder sich seit 1950 verdoppelt habe. Nicht pro Jahr, sondern insgesamt! Und viele haben ohne zu denken nachgeplappert.

Ideen zu Aufgabe 7 (Marktanteil beim Fernsehen)

Wann wurde die Sendung gebracht, und wie viele Menschen hingen zu dieser Tageszeit insgesamt vor dem Bildschirm? Wurde die Sendung weit hinten ins Nachtprogramm geschoben, und es saßen bundesweit nur 300 Menschen vor dem TV, dann bestünde der Marktanteil von 60 Prozent gerade einmal aus 180 Personen: Jens und Gerlinde, Frauke und Gerd, Frau Hornung und Frau Petry, Frau Ramb, Christoph und Caro, Frau Hein, Frau Viviani, Frau Kuka, Frank und Susanne, Katharina, Yvonne, Werner, Manfred, Friederike … Die meisten davon würden wir wohl persönlich kennen.

Ideen zu Aufgabe 8 (Klausur)

Fangen wir mit der Panikmache an:

Letztes Semester 1 Durchgefallener bei 50 Klausurteilnehmern, jetzt 2 von 100. Auch das wäre eine Verdopplung (der absoluten Zahl der Durchgefallenen).

Auch wenn jetzt von 50 Teilnehmern 2 durchgefallen wären, wäre es unfair, nur von einer Verdopplung zu sprechen, ohne weitere Angaben.

Den Protest gut nachvollziehen könnte ich bei folgendem Verlauf:

Letztes Semester 20 von 50 durchgefallen, jetzt 40 von 50, also satte 80 Prozent der Teilnehmer.

Ideen zu Aufgabe 9 (Nettovermögen)

Es handelt sich hier um die Mittelwerte Median und Durchschnitt (arithmetisches Mittel, siehe S. 163 f.). Hier ist, wie fast immer bei der Verteilung von Vermögen oder Einkommen, das arithmetische Mittel das größere (88 000 Euro pro Person!), der Median der kleine (15 300 Euro pro Person).

Die Wirkung der Mittelwerte kann man gut bei einer fiktiven Konstruktion mit 5 Werten sehen.

Der Median ist die Mitte. Zum Beispiel:

0 5000 15 000 30 000 x

x muss in dieser Sortierung nur größer oder gleich 30 000 sein. Wenn das arithmetische Mittel genau 90 000 Euro beträgt, ist die Gesamtsumme aller Werte 450 000 Euro

(450 000 : 5 = 90 000), also

$$0 + 5000 + 15\,000 + 30\,000 + x = 450\,000 \rightarrow x = 400\,000 \text{ Euro.}$$

Sie sehen hier anschaulich, wie ein großer Wert das arithmetische Mittel nach oben treibt. Dabei sind 400 000 Euro Vermögen für die wirklich Reichen ein paar Erdnüsse (Peanuts).

Ideen zu Aufgabe 10 (Schwarzfahrer)

In der Geschichte, die in ähnlicher Form tatsächlich passiert ist, habe ich ganz rücksichtsvoll auf drei Aspekte hingewiesen:

1. Die Anzahl der Schwarzfahrer ist nur sehr ungenau abschätzbar. Man kennt höchstens die Anzahl der Erwischten; Hochrechnungen sind unsicher. (Übrigens dürfte die Anzahl der erwischten Schwarzfahrer durch die schärferen Kontrollen zunächst angestiegen sein.)
2. Wie nachhaltig wird der Erfolg sein (wenn es überhaupt einen gab)? Was passiert, wenn die notorischen Schwarzfahrer mitbekommen, dass die Welle der Kontrollen vorbei ist?
3. Die Verkehrsbetriebe standen in der Kritik und haben für ihre sechsmonatige Kontrollaktion viel Geld ausgegeben. Sie mussten jetzt etwas Positives vorweisen. Also wird man bei der Auftragsvergabe für die Studie schon klargemacht haben, in welche Richtung zu schauen war (»Wes Brot ich ess, des Lied ich sing…« siehe das Kapitel »Die glatt gebügelte Sonntagsfrage«). Hätte das privat finanzierte Forschungsinstitut es gewagt, das falsche Ergebnis zu bringen, wäre die Studie wahrscheinlich »wegen methodischer Mängel«, die man immer finden kann, nicht veröffentlicht worden.

Das heißt nicht, dass das Ergebnis der Studie falsch ist. Aber bei einer solchen Konstellation können wir der Aussage nicht trauen.

Ideen zu Aufgabe 11 (jugendliche Straftäter)

Als Laien auf dem Gebiet der Kinder- und Jugendjustiz haben wir Sympathien für die Ansicht des Kriminologen. Auf den ersten Blick erscheint die Argumentation plausibel, aber …

- Der beobachtete Trend ist wahrscheinlich für über 14-Jährige festgestellt worden. Eine Übertragung auf unter 14-Jährige (außerhalb des Beobachtungsgebietes) ist zweifelhaft (siehe das Kapitel »Die Magie der Prognose«).
- Vermutlich gibt es eine Hintergrundvariable (siehe das Kapitel »Auf der Suche nach dem Warum«): die Schwere der Tat. Jugendliche werden wahrscheinlich nur bei sehr schweren Taten eingesperrt, erwachsene Täter dagegen auch bei weniger schweren Verbrechen. Dass Schwerverbrecher eine höhere Rückfallquote als Kleinkriminelle haben, dürfte auf der Hand liegen.
- Formal gibt es noch ein Argument: Wer jünger ist, hat auch mehr Jahre für den Rückfall zur Verfügung. Bei einer Lebenserwartung von durchschnittlich über 70 Jahren dürfte dieser Aspekt im beobachteten Vergleich aber keine bemerkbare Rolle spielen.

Ideen zu Aufgabe 12 (Raucher und Nichtraucher)

Die Überlebenswahrscheinlichkeiten sind in beiden Altersgruppen bei den Nichtrauchern höher. Für die 55- bis 64-Jährigen ergibt sich 67 zu 56 Prozent, für die Älteren 22 zu 19 Prozent. Demnach leben Nichtraucher, wie zu erwarten war, länger.

Fassen wir aber beide Gruppen zusammen, sieht die Sache plötzlich anders aus:

Altersgruppe	**55 bis 74 Jahre**	
	Raucher	Nichtraucher
Anzahl	151	250
davon lebten 20 Jahre später noch	71	109
in Prozent	47	44

O Schreck, die Raucher leben länger! Und jetzt ist der Widerspruch des Einleitungssatzes offensichtlich. Das berüchtigte Simpson-Paradox hat zugeschlagen (siehe das Kapitel »Wunder der Statistik«). Dazu hatten wir im Resümee festgestellt: »Der Detailblick gewinnt, oder anders gesagt: Die Wahrheit ist stets konkret.« Sie sind nämlich als Person entweder in der einen oder in der anderen Altersgruppe, und egal, wo Sie sind, als Nichtraucher leben Sie durchschnittlich länger. Der Gesamtüberblick täuscht also.

Das Interessante, aber auch Tückische an diesem Beispiel ist seine Realitätsnähe. Es kommt nicht nur aus einer realen Studie, sondern erscheint auch irgendwie normal! In der jüngeren Gruppe ist der Anteil der Raucher etwa 50 Prozent. Da Raucher schneller sterben, wird im höheren Alter der Raucheranteil geringer sein. Und genau so ist es hier: Der Raucheranteil schrumpft auf 22 Prozent. Genau das ist aber der Grund, weshalb in der Zusammenfassung die Nichtraucher eine größere Sterblichkeit haben: Es befinden sich deutlich mehr Nichtraucher als Raucher in der älteren Gruppe, die aus natürlichen Gründen eine höhere Sterblichkeit hat.

Manchmal bietet die Wirklichkeit uns doch das Simpson-Paradox auf dem Präsentierteller. Unsere Vorsichtsmaßnahmen aus dem Kapitel »Wunder der Statistik« und der Checkliste sind bei wichtigen Entscheidungen folglich sehr ernst zu nehmen.

1 Zitiert nach: *Mit Zahlen lügen. Quarks & Co,* November 2006.

2 Zitiert nach GEO 4/2003, S. 127.

3 Daten aus DIW-Wochenbericht 4/2009.

4 Hans-Peter Beck-Bornholdt/Hans-Hermann Dubben: *Der Hund, der Eier legt,* a. a.O., S. 199–200.

Epilog

Es ist Ihnen sicher nicht verborgen geblieben, dass auch wir, die Autoren dieses Buches, nicht »objektiv« sind und nicht ohne persönliche Interessen und Voreingenommenheiten durchs Leben gehen, genauso wenig wie die Menschen, die wir hier kritisiert haben.

- Wir haben Interessen – zum Beispiel den Wunsch nach einer gerechteren, friedlicheren, demokratischeren Welt; aber auch ökonomische Interessen als Professor beziehungsweise als freier Werbetexter und Autor.
- Wir haben blinde Flecken in der Wahrnehmung – vielleicht, um uns vor unangenehmen Wahrheiten zu schützen oder um eine schöne Story in unseren Vorträgen zum Besten geben zu können.
- Wir haben nicht alles durchschaut, manches übersehen und Ihnen vielleicht unwissentlich Falsches verkauft.

Aber wir wissen: Mit kritischem Nachdenken vermeiden Sie oft, einer Fehleinschätzung zum Opfer zu fallen. Dabei wollten wir Ihnen helfen. Wenn Ihnen das auch noch Spaß gemacht hat, umso besser. Denn missmutig und verkniffen werden wir die Welt, selbst im Kleinen, nicht positiv verändern können.

Besuchen Sie uns im Internet auf www.luegen-mit-zahlen.de! Dort finden Sie aktuelle Beispiele, Sie können mitdiskutieren, Fragen stellen und eigene Erlebnisse mit lügenhaften Zahlen erzählen. Sollten wir erfahren, dass wir mit einem unserer Beispiele daneben lagen, werden wir das dort klar stellen.

Hinweis zu den Zitaten und Abbildungen

An alle, deren gesprochenes Wort wir in diesem Buch wiedergegeben haben: Das Gesagte haben wir zum Teil nach Jahren aus der Erinnerung zitiert, auf den Kern zusammengefasst und im Interesse der Leser etwas peppiger oder zugespitzter formuliert. Dabei haben wir Wert darauf gelegt, den Inhalt nicht zu verändern. Die Wiedergabe als wörtlicher Dialog dient einzig der besseren Lesbarkeit des Textes.

Im Buch befinden sich zahlreiche Grafiken und Diagramme, die wir inhaltlich aus der Tages- und Wochenpresse oder ihren Internet-Auftritten entnommen haben: Der Spiegel, Die Zeit, Focus, Frankfurter Allgemeine Zeitung, Kölner Stadt-Anzeiger, Neue Westfälische, Süddeutsche Zeitung. Einige haben wir aus Walter Krämers Buch *So lügt man mit Statistik* und aus einem Script der WDR-Fernsehserie *Quarks & Co* zitiert. Um das Urheberrecht der Autoren zu wahren, haben wir diese Abbildungen nicht originalgetreu wiedergegeben, sondern ihrem Sinn und ihrer Aussage entsprechend nachgebaut.

Danksagung

Wie fast immer gibt es viele Geburtshelfer für dieses Buch, ohne die das Werk wesentlich später erschienen oder merklich schlechter geraten wäre. Allen denen gilt unser herzlicher Dank!

Besonders danken wir Nicole Dedenbach, Alexander Gröber, Jessica Hein, Julia Hornung, Barbara Petry, Elisa Ramb und Annalisa Viviani.

Die Grafiken erstellten Alexander Gröber und Julia Hornung, die Cartoons zeichnete Brigitte Kuka für uns. Wir sind begeistert!

Und natürlich gratulieren wir beiden uns gegenseitig zu der wundervollen und fruchtbaren Zusammenarbeit, die dieses Buch hat entstehen lassen. Aber das machen wir lieber persönlich.

Ein persönliches Wort von mir, Gerd Bosbach:

Meiner Frau, Frauke Bosbach, habe ich ganz viel zu verdanken: aufschlussreiche Diskussionen, wertvolle Hinweise auf Lügen, viel Geduld und Zuneigung während des Schreibens. Und ganz viel mehr, das nicht direkt mit dem Buch zusammenhängt. Danke, liebe Frauke!

Allen Erwähnten danke ich für ihre nette Art und das ehrliche Interesse. Das war sehr motivierend und half durch manch harte Stunde.

Den vielen Lügnern, die mich zum Spezialisten für Statistikmissbrauch gemacht haben, danke ich explizit nicht. Ohne ihr Wirken wäre das Buch zwar nicht erschienen, das Leben aber trotzdem schöner.

Gerd Bosbach, Köln
Jens Jürgen Korff, Bielefeld *im Herbst 2010*

Literaturhinweise

Beck-Bornholdt, Hans-Peter/Dubben, Hans-Hermann: *Der Hund, der Eier legt: Erkennen von Fehlinformation durch Querdenken*. Reinbek 1997.

Bosbach, Gerd/Bingler, Klaus: »Der Mythos von einer Kostenexplosion im Gesundheitswesen«, in: *Soziale Sicherheit* 9/2007.

Bosbach, Gerd/Bingler, Klaus: »Droht eine Kostenlawine im Gesundheitswesen? Irrtümer und Fakten zu den Folgen einer alternden Gesellschaft«, in: *Soziale Sicherheit* 1/2008.

Bosbach, Gerd: »Demographische Entwicklung – Realität und mediale Aufbereitung«, in: *Berliner Debatte Initial* 3/2006.

Heintze, Cornelia: *Statistische Erfassung der öffentlichen Bildungsfinanzierung: Deutschland im internationalen Vergleich*. Studie im Auftrag der Max-Trager-Stiftung, Leipzig 2010.

Hirschel, Dierk: »Armut und Reichtum«, in: *Schwarzbuch Deutschland: Das Handbuch der vermissten Informationen*, hg. von Walter van Rossum und Gabriele Gillen. Reinbek 2009, S. 46–57.

Huff, Darrell: *Wie lügt man mit Statistik*. Zürich 1956.

Krämer, Walter: *So lügt man mit Statistik*. Frankfurt a. M. 1998.

Müller, Albrecht: *Machtwahn: Wie eine mittelmäßige Führungselite uns zugrunde richtet*. München 2007.

Script zur WDR-Sendereihe Quarks & Co.: »Mit Zahlen lügen«. Oktober 2006.

Ulmer, Fritz: *Der Dreh mit den Prozentzahlen*. Wuppertal 1994.

Register